湖北省高职院校
课程思政优秀案例选编

组织编写　湖北省职业技术教育学会
　　　　　湖北职业技术学院课程思政教学研究中心
执行主编　黄享苟　席　波
副 主 编　周　文　汪行光　王洪涛　曾少武
主　　审　李洪渠　郭国文　郭　沙

西安电子科技大学出版社

内 容 简 介

课程思政建设是落实立德树人根本任务的战略举措。本书选取湖北高职院校结合区域特色和专业特点推进课程思政建设的优秀案例 50 个，按照理工、人文、医学大类汇编，每个案例都由案例背景、主要做法、教育效果、特色创新四个部分组成。

本书所选案例注重因材施教，突出了职业精神、工匠精神、劳模精神的培养；注重发挥校企双主体优势，将行业企业文化及时引入课堂；注重因地制宜，用具有湖北特点的中华优秀传统文化、红色文化育人。本书图文并茂，通俗易懂，可供广大教育工作者，特别是职业院校的广大教师阅读。

图书在版编目 (CIP) 数据

湖北省高职院校课程思政优秀案例选编／黄享苟，席波主编 . -- 西安：西安电子科技大学出版社，2025. 6. -- ISBN 978-7-5606-7559-6

Ⅰ . G711

中国国家版本馆 CIP 数据核字第 20254R12Y4 号

策　　划　　杨丕勇
责任编辑　　杨丕勇
出版发行　　西安电子科技大学出版社（西安市太白南路 2 号）
电　　话　　(029)88202421　88201467　　　邮　　编　　710071
网　　址　　www.xduph.com　　　　　　电子邮箱　　xdupfxb001@163.com
经　　销　　新华书店
印刷单位　　陕西精工印务有限公司
版　　次　　2025 年 6 月第 1 版　　　2025 年 6 月第 1 次印刷
开　　本　　787 毫米 ×1092 毫米　1/16　　　印　　张　　21.5
字　　数　　442 千字
定　　价　　87.00 元

ISBN 978-7-5606-7559-6

XDUP 7860001-1

＊＊＊ 如有印装问题可调换 ＊＊＊

前　言

　　为落实立德树人根本任务，贯彻《高等学校课程思政建设指导纲要》要求，加快推进各类课程与思政课程同向同行，形成大思政格局，湖北省职业技术教育学会组织开展了"湖北省高职院校课程思政特色案例"征集活动，共收到湖北省40所高职院校投报的86个案例。经过组织专家遴选，评选出优秀案例50个，其中理工类20个、人文类20个、医学类10个。这些案例体现了湖北高职院校结合湖北区域特色和专业特点深入推进课程思政建设的先进经验和做法，具有示范性和推广性。

　　本书案例体现了职业性，定位于生产、管理、服务一线的技术技能人才培养，特别强调工匠精神、劳动精神、劳模精神、职业道德和规范的培养。例如，"银行授信业务"案例，既帮助学生树立关心国计民生的大格局，也培养学生关注客户具体需求的小情怀，引导学生做扎根一线、吃苦耐劳的普通劳动者。

　　本书案例体现了开放性，课程发挥校企"双主体"优势，及时将产业文化引进校园、企业文化引进课堂，把"思政小课堂"同"社会大课堂"结合起来。例如，"铁路轨道维护"案例，以南昆铁路、京张铁路、成昆铁路、中欧班列铁路、川藏铁路五个国家重大铁路项目为情境，构建主题为"我为祖国护铁路"的体系化课程思政，实现临场赋能、情境育人，培养有情怀、能吃苦、干得好、留得住的"轨道卫士"。

　　本书案例体现了实践性，课程将育人向社团、社区、社会延伸，让学生在做中学、做中悟，在身临其境、学以致用中体验、内化、升华思想。例如，"天然药物学"案例，以药用植物园为依托，根据药用植物生长情况，利用课外活动时间和周末，组织学生到园地参加整地、栽种、浇水、施肥、采收、加工中药等劳动，培养学生的劳动精神，培植其中医药情怀。

　　本书案例体现了区域性，课程思政以中国特色社会主义取得的举世瞩目的成就为内容支撑，以弘扬具有湖北区域特点的中华优秀传统文化、革命文化和社会主义先进文化为根基，把道理讲深讲透讲活。例如，"导游实务"案例，将武当文化融入"食、住、行、游、购、娱"旅游六要素的教学过程中，让学生在学习导游技能的同时深刻领略武当文化和中国传统文化的深厚底蕴，讲好中国故事。"运输管理实务"案例，深度挖掘和传播三峡地域长江航运文化，将长江航运文化凝聚成"精诚融和信"职业精神和素养，并将其融入课程教学和人才培养中。

本书案例还体现了课程改革的系统性。课程思政改革是一项系统改革，必须与课程改革同步推进，坚持以学生为中心，以产出为导向，彰显职业教育类型特征，体现数字化转型新要求，科学合理拓展课程的广度、深度和温度。例如，"母婴护理"案例，以"关爱母婴"为中心，将"政治认同、劳模精神"贯穿始终，结合岗位需求把课程内容整合为"认识女性、孕育生命、迎接新生、产后呵护、生育保健"五大模块，赋予"科学精神、医者精神、人文素养"三大思政教育主题，打破思政教育与专业教学的樊篱。"声乐"案例，将声乐作品演唱教学内容重构为"感恩题材、军旅爱国题材、中国梦题材、红色题材、地方民歌题材"，再以不同题材作品为模块，遴选具有鲜明思政内容和演唱特点的声乐作品并引入各教学模块中。"室内施工图深化设计"案例，将课程内容重构为"美丽乡居""传统空间""智慧空间"三个项目九个任务，以"启湖北情、育工匠技、培创新意"为培育路径，通过"融文化、融人物、融故事、融规范"四种思政载体类型，形成课程思政内容体系。

希望通过本案例集的出版，推广课程思政的先进经验，扩大高职院校之间的合作交流，营造课程思政建设的浓厚氛围，共同探索一条具有职教类型特征和荆楚区域特色的课程思政发展之路。

编　者

2024.11

目　　录

理　工　类

人 文 类

医 学 类

1

理 工 类

一、我为祖国护铁路

——"铁路轨道维护：钢轨维护"课程思政案例

武汉铁路职业技术学院　刘祥基　张震宇　唐皓　张荣

我国铁路区跨大、运力强、速度快，建设水平引领全球。但铁路沿线地质、气候情况极为复杂，对铁路的运行安全产生了极大威胁。保证铁路的安全运行，是对习近平总书记总体国家安全观的深刻落实。

铁路轨道维护是保障铁路安全可靠运行最重要的一环。为了培养高素质铁路轨道维护人员，教学团队创建新型课堂模式"临场课堂"，以五个国家重大铁路项目为情境构建主题为"我为祖国护铁路"的体系化课程思政，实现临场赋能、情境育人，培养有情怀、能吃苦、干得好、留得住的"轨道卫士"。

一、案例背景

（一）教学内容

"铁路轨道维护"课程是铁道工程技术专业的核心课程，共 64 学时、4 学分。本课程主要培养具有铁路一线维护作业能力的技术技能人才。课程采用"一转两入"的构建思路，将铁路工务典型岗位任务转化为学习任务，将铁路线路工职业资格等级鉴定标准纳入考查标准，并融入铁路轨道维修比赛赛项作为技能训练重点，把内容重构成五大学习项目。

根据各学习项目的任务主体特点，分别创设以南昆铁路、京张铁路、成昆铁路、中欧班列铁路、川藏铁路五个国家重大铁路项目为背景的学习情境，将学习项目和思政教育通过学习情境有机融合，构建"教学—情境—思政"一体化的内容体系。本案例为学习项目二：钢轨维护，涵盖钢轨检查、维修以及方案制定三大模块七个任务，共计 16 学时，详见图 1。

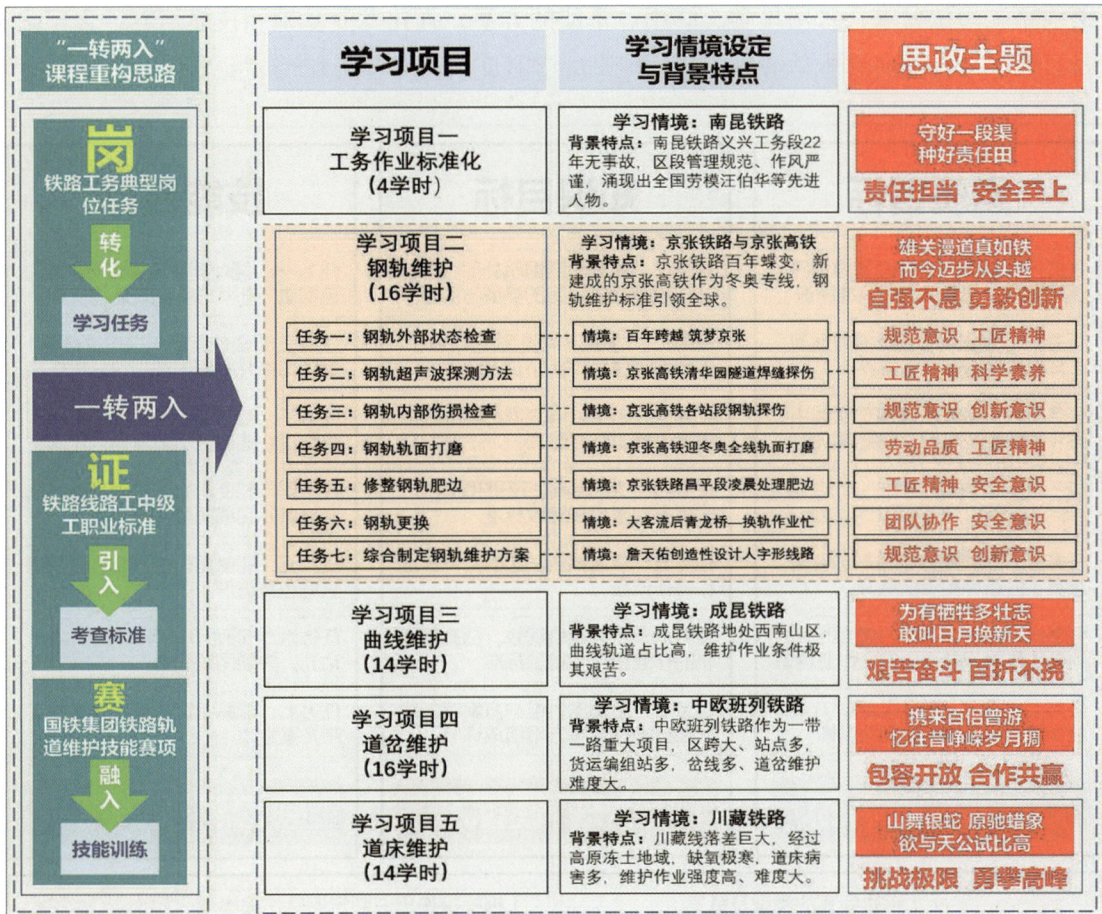

图1 "教学—情境—思政"一体化的内容体系

（二）学情分析

授课对象为2020级铁道工程技术专业2班学生，共33人。通过分析发现，该班学生主要情况如下：

（1）知识和技能基础：已学习铁路轨道的施工，熟悉轨道的结构，能够识读轨道构造图纸并使用简单的轨道检查工具；

（2）认知与实践能力：对相关专业概念、理论具备一定的理解能力，并能提出合理的见解，能够自行探索和使用简单维护工具；

（3）学习特点：学习专注力不足，不愿学习复杂的理论，有动手操作意愿，但浅尝辄止，缺乏持续研琢技能的恒心，易受挫折。

（三）教学目标及重难点

针对学生群体特点，以国家专业教学标准为指导，落实人才培养方案与课程标准，对接铁路线路工岗位要求，采用易学、够用、重能的方案，强化专业基础和技能培养，合理确定教学目标。结合课前具体学情分析与历年来的学习反馈，综合研判教学重难点，见图2。

素质目标	知识目标	技能目标
任务一：通过外观检查着重培养工匠精神、规范意识和标准意识	任务一：掌握检查钢轨外部状态的方法以及钢轨病害的类型与危害	任务一：能使用手工检查手段检查钢轨外部状态并判定病害类型
任务二：通过学习探伤原理逐渐形成探索精神和科学素养	任务二：掌握不同类型探头探伤的出波规律和探头矫正方法	任务二：会使用通用探伤仪检查钢轨伤损并根据出波规律分析伤损
任务三：在探伤小车探伤实践中逐步养成规范意识、创新意识	任务三：探伤小车的构造与检测原理、检测注意事项	任务三：会使用探伤小车检查钢轨伤损并能通过出波准判定病害
任务四：在钢轨打磨作业中着重培养劳动品质，并锻炼学生的体魄	任务四：掌握钢轨打磨的作用与病害整治限度和验收标准	任务四：能使用轨面打磨机进行轨面打磨并完成质量验收
任务五：通过整修钢轨肥边着重培养工匠精神和责任意识	任务五：掌握钢轨肥边的整修标准和操作流程	任务五：能使用仿形打磨机修整钢轨肥边并仿形
任务六：通过换轨作业着重培养团队协作意识并强化安全作业意识	任务六：掌握钢轨锯轨、钻孔和换轨的作业程序与检验标准	任务六：能使用专用机具锯轨和钻孔，并能团队配合
任务七：通过制定钢轨维护方案逐步培养规范意识和创新精神	任务七：熟知钢轨维护方案编制依据和标准并列举方案组成环节	任务七：能编制钢轨维护方案并实施方案验收
立自强 勇创新	知原理 懂标准	会检测 能维护

重点综述	1.钢轨病害的类型及危害	1.根据探伤出波判定钢轨伤损类型	难点综述
	2.钢轨病害的检查方法	2.钢轨仿形打磨机的操作	
	3.钢轨打磨标准作业及质量验收	3.钢轨锯轨机的安全操作	
	4.钢轨更换标准作业及质量回检	4.钢轨更换的团队化作业	
	5.钢轨维护方案的编制	5.钢轨维护方案的实施	

重点解决方法	以临场课堂为抓手，教师现场演示操作、学生临场探究学习，通过多次临场训练逐步深化巩固技能	通过教师针对性纠错指导、小组竞赛以及铁路工务三维仿真培训软件模拟操作，提高学生处理突发问题的能力	难点解决方法

图2 教学目标与重点、难点

（四）教学策略

采用"场域驱动、探究学习、企业鉴定、阶梯成长"的整体教学策略。在学习项目二中，以校企共建的铁路病害协同整治中心为平台，模拟京张铁路一线钢轨维护的作业场境、案例、制度和任务，多管齐下构筑学习场域。引导学生通过多次临场自主探究发现问题、分析问题、解决问题，再结合企业专家线上指导点评，逐步实现技能提升，持续提高专业能力。同时以京张铁路的百年巨变为背景设置思政教育情境，通过"课前学—课中育—课后悟"的方式，将京张铁路百年历史、核心精神在情境教学过程中渗透到每个教学环节，实现在场域中学习、在情境中育人，见图3。

图3　整体教学策略

二、主要做法

教学实施以 PBL 教学模式为基础，采用临场课堂情境式教学，通过设置模拟情境，在工作环境、制度等多个方面对接现场，积极开展探究式学习。让学生在课前早临场探索任务，课中多次临场分析和解决问题，课后反复临场巩固提升技能。在实施过程中引用京张铁路的历史文化、京张高铁的线路维护背景案例，将思政教育结合任务特点有机融入。

下面以任务四钢轨轨面打磨为例，分别从课程实施、思政融入和评价过程三个方面介绍教学实施过程。

（一）场域教学探究学习，在实境中强化技能

课前教师在实训场地布置情境并设置任务，在智慧职教平台发布课前评测试题以及早临场任务书，学生在智慧职教平台接受任务并学习微课。测试合格的小组，接收预习任务书并

进入实训场地实施临场预习，完成对钢轨轨面的检查，并做好病害标记。

　　课中采取"分析问题—解决问题—总结提升"课堂策略。首先采用小游戏的方式实施导学，引出本节课的主题，然后要求学生根据课前预习的知识提出解决问题的办法——钢轨轨面打磨。在实施轨面打磨的任务驱动下，通过教师演示教学、学生使用软件模拟操作、小组合作上轨训练、教师纠错靶向指导、总结知识要点，将操作技能分解突破、逐步深化。在课堂实施过程中，将传统教学方式和现代信息技术结合，采用直播＋三维仿真软件＋实时数据统计评价的方式，保证课堂学习的趣味性、高效性。

　　课后各组反复临场巩固和提升深化技能，并将轨面打磨临场作业录成视频提交企业教师鉴定。经企业教师评定后，优秀作业视频作为学习资源进入教学资源库，有错误的视频由教师制作成教学素材收入素材库。具体实施过程如图4所示。

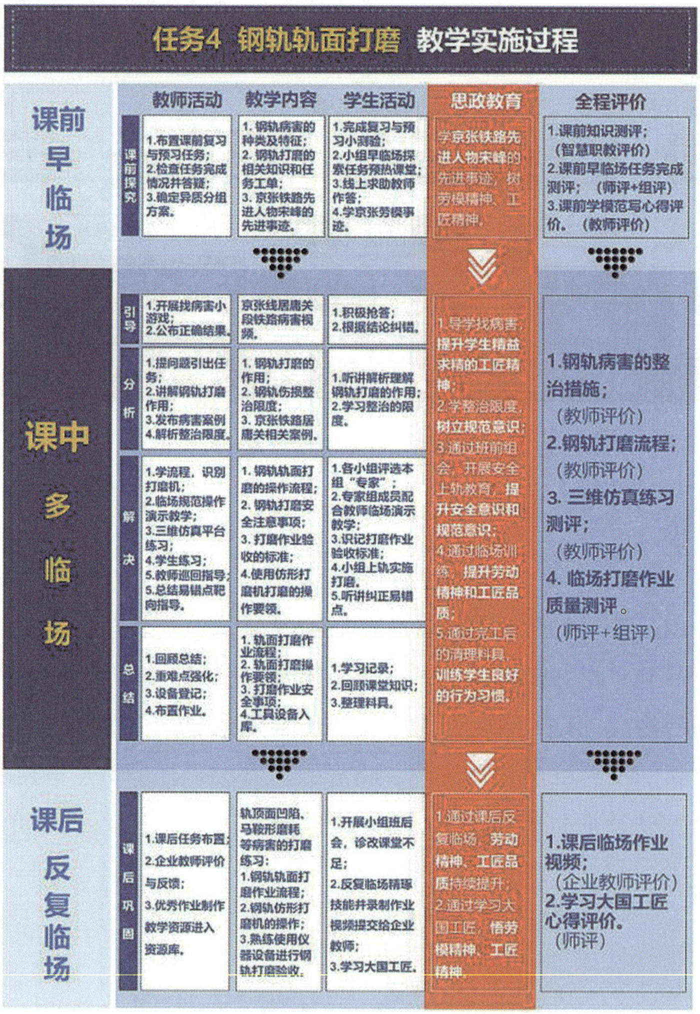

图4　项目二任务四轨面打磨教学实施过程

（二）情境思政全程育人，在行动中塑造品质

通过课前学、课中育、课后悟，将思政教育在耳濡目染、身体力行中入耳、入脑、入心、入行。

课前，利用自习时间，学生集体学习京张铁路先进人物事迹并讲述学习心得，激励学生向劳模看齐。

在课中阶段，通过轨面打磨技能训练、转运重型设备和小组精细化生产组织等行为实施过程育人，锻炼学生的工匠品质、劳动精神和团队合作能力，适时将作业规章、安全要求潜移默化地传递给学生，提升学生的安全与规范意识。

课后通过反复临场完成实训作业，在实作中反复巩固行业规范标准、安全作业要点等，持续提升安全与责任意识，并通过课后讲大国工匠的故事悟劳模精神、工匠品质。

三、教育效果

（一）任务对岗真题砺能，专业技能更加优秀

通过成绩考核、调研走访、企业反馈等方式发现学生的素质、知识与能力三维目标都能按照预先设定的要求有效达成，根据"成长树园"模型分析，学生整体的情况表现为技能成长速度快、专业水准高。

（二）情境教学思政先行，职业素养显著提升

通过调查问卷、网上测评和走访调研，反映出学生对铁路事业更具职业情怀。统计数据反映，2022年上半年参加志愿服务的学生有132人次，暑期参与下沉社区进行志愿工作的有27人，9人参加暑运志愿服务，其中6人获得"优秀志愿者"称号，1人荣获铁路局站段特殊表扬。通过校企合作项目实践活动，铁路企业反映学生规则意识、纪律意识、安全意识、责任意识较强，善于动脑和探索新问题，企业评价较高。

（三）趣味课堂乐学活学，学习风气越发优良

临场课堂把课堂建在铁道线上，模拟情景的设置使学生仿佛置身工作现场，课堂案例生动，学习资源趣味性强，课堂教学形式多样。学生在学习中孕育情怀，在训练中提升担当，学习态度更加端正，学习风气更加优良，见图5。

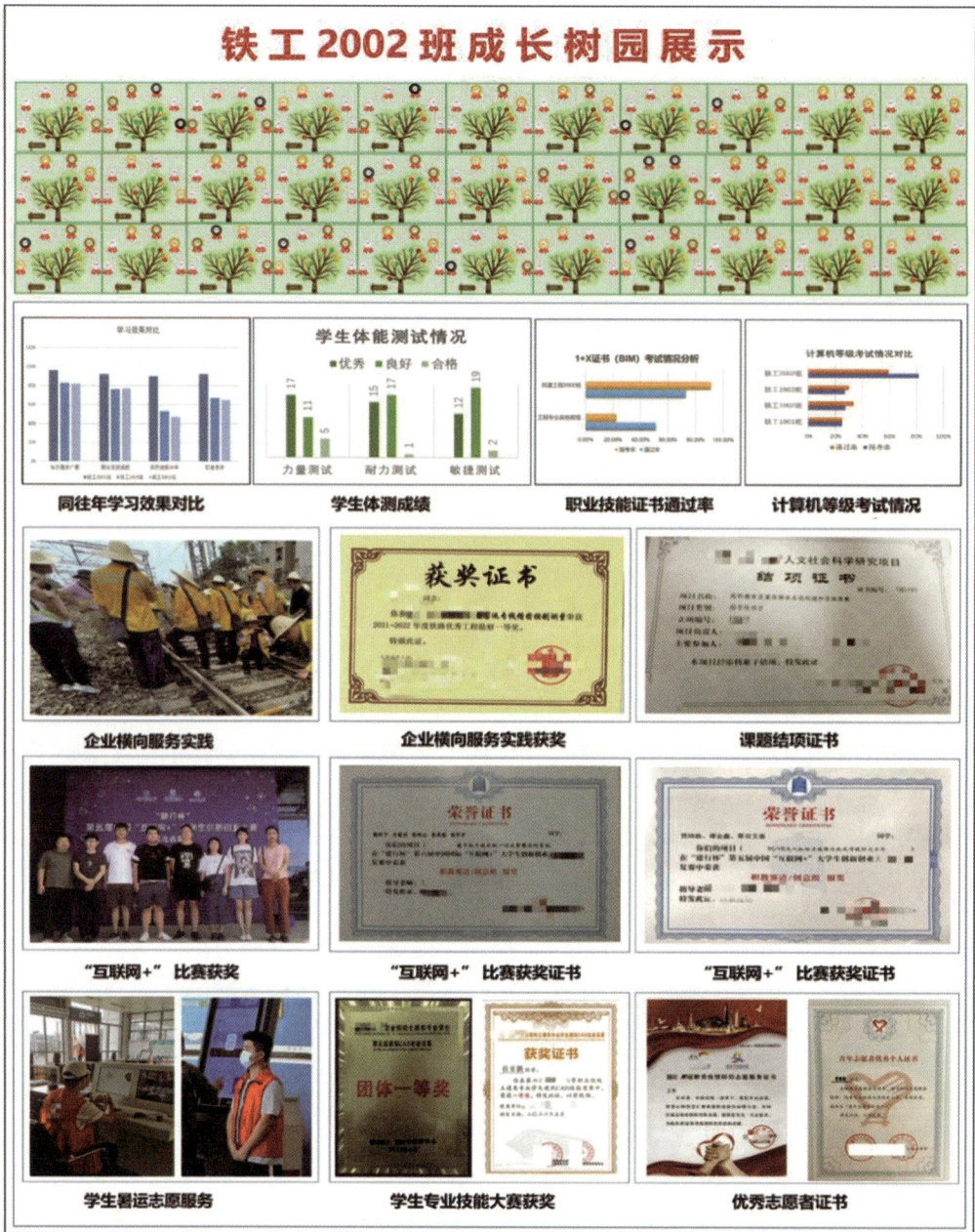

图 5　学习效果展示

四、特色创新

（一）创建"临场课堂"新型理实一体教学模式

临场课堂从作业场境、工作任务、工作制度、技能标准等多个方面高度还原铁路生产一线，通过构筑学习场域，实现岗课紧密对接，铁路一线作业的新技术、新工艺能更加及时地引入课程，使学生能够快速融入一线作业环境，及时掌握一线岗位最新作业技能，上岗后适应岗位时间大大缩短，减少了企业培养成本，实现了学岗无缝接轨。该课堂模式作为我校独创的教学成果之一，已获得国家级教学成果二等奖。

（二）创建"情境思政"新式工科课程思政体系

根据专业特点，进行"教学—情境—思政"一体化设计，实现课堂有情境、内容有深度、思政有高度。通过课前学、课中育、课后悟的方式，在一个个情境故事、情境人物、情境案例、情境任务中，将中国铁路的历史文化、精神传承潜移默化地融入课堂，让思政教育实现入耳、入脑、入心、入行，系统地培养了有深厚情怀、有扎实学识、有精湛技能、有责任担当的"轨道卫士"。

二、乡居设计精技能　文化传承守匠心

——"室内施工图深化设计"课程思政案例

武汉船舶职业技术学院　尹文静

一、案例背景

（一）课程介绍

"室内施工图深化设计"是环境艺术设计专业核心课程。本课程基于国家乡村振兴政策、湖北省产业发展规划，结合建筑装饰行业助理室内设计师岗位对集成化设计人才的新需求，对接"1+X室内设计职业技能等级证书"标准和"全国职业院校技能大赛建筑装饰技术应用赛项规程"要求，旨在让学生掌握室内材料的选择方法、工艺构造方式和施工图的规范绘制流程。

（二）案例内容分析

本课程共分为三个项目9个任务，本案例选自项目一任务2乡村民居立面施工图设计任务，4学时。

（三）教学对象及分析

本案例的授课对象为高职环境艺术设计专业大二学生，通过对前导课程、前一个任务以及在线学习平台的数据统计，发现学生存在"三喜三弱"特征，见图1。

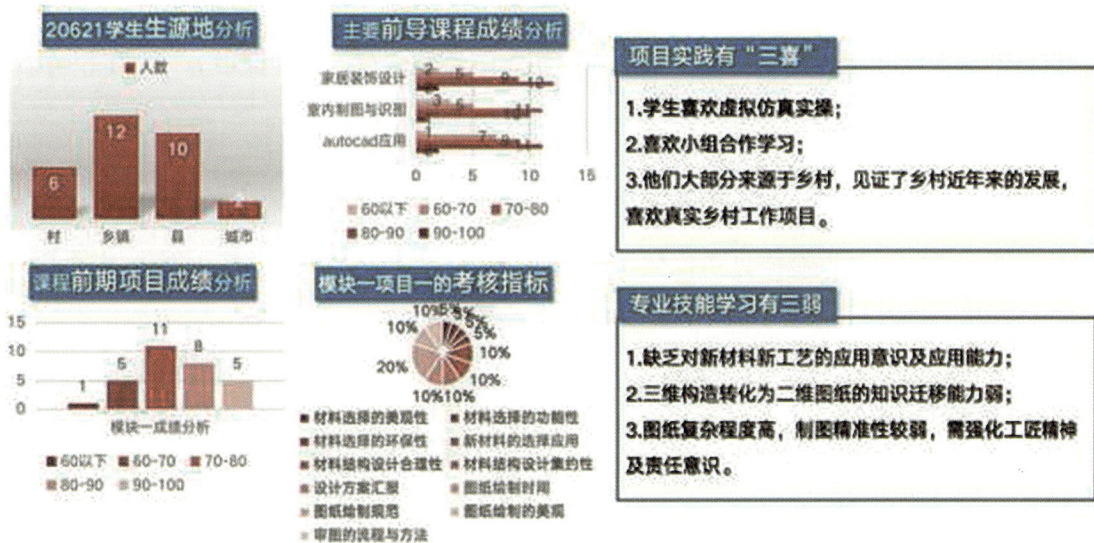

图 1　学情分析

（四）教学目标

基于以上分析，确定本次课程的三维教学目标及教学重难点，见图 2。

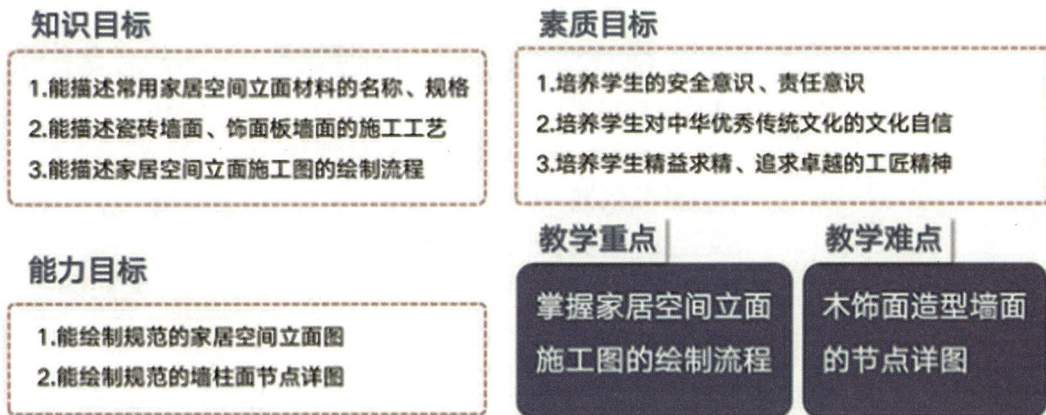

图 2　教学目标及重难点

（五）教学策略

基于学生"三喜三弱"特点，通过实施教学内容项目化、工作过程系统化、资源手段信息化，逐渐实现学生的"模仿—思考—迁移—内化"四阶能力螺旋提升。

1. 教学内容项目化

教学项目融入新材料、新工艺，结合企业装饰建材库和家装工程虚拟仿真实训平台，引入企业图纸审核清单，培养学生职业技能。

2. 工作过程系统化

以行动导向六步法为理论指导，基于真实施工图绘制流程，设计课中五环节（论方案—析材料—解构造—明流程—审图纸），建构学生实际工作能力。

3. 资源手段数字化

采用中国大学慕课"室内施工图深化设计"课程平台、学习通教学平台、家装工程施工虚拟仿真实训平台、新形态活页式教材《室内施工图设计》，全程支撑线上线下混合式教学及学习目标达成度分析。

二、主要做法

（一）设计思路与理念

1. 传承湖北地域文化，构建"一核四融"课程思政内容体系

围绕岗位职业能力，遵循能力培养规律，将"新材料、新规范、新技术、新工艺"纳入课程内容，重构教学内容。课程以守正创新为核心，传承湖北地域文化，培育学生的家国情怀、工匠精神和创新思维，使学生成长为具备"善选材、懂工艺、长制图、敢创新"的高素质技术技能人才，见图3。

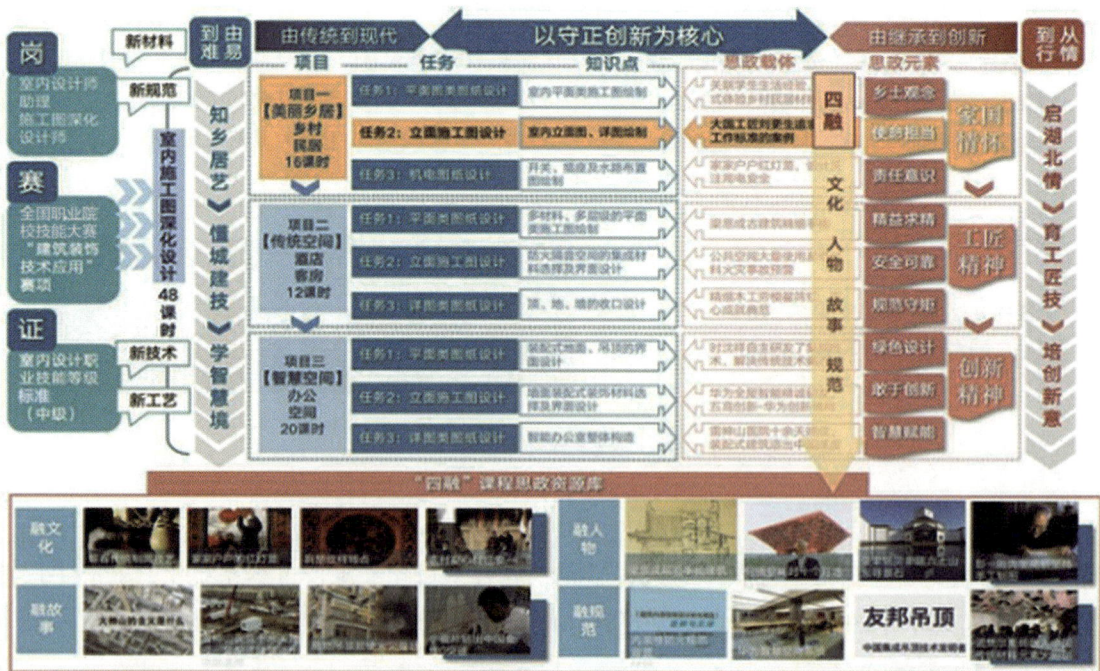

图3 内容体系

专业教学由易到难、由传统到现代，以"知乡居艺、懂城建技、学智慧境"为设计思路，将课程重构为"美丽乡居""传统空间""智慧空间"三个项目、九个任务；课程思政从情到行、由继承到创新，以"启湖北情、育工匠技、培创新意"为培育路径，通过"融文化、融人物、融故事、融规范"四种思政载体类型，形成课程思政内容体系。

2. 打造"一主线五环节多点融入"课程思政教学模式

课程打造"一主线五环节多点融入"课程思政教学模式，以弘扬家国情怀为主线，通过寻找思政主线与教学载体的契合点、教学内容与思政载体的切入点、学生学习与思政元素的兴奋点、素质目标与思政载体的融合点等多点融入教学过程五环节，提升课程思政润物无声的效能，见图4。

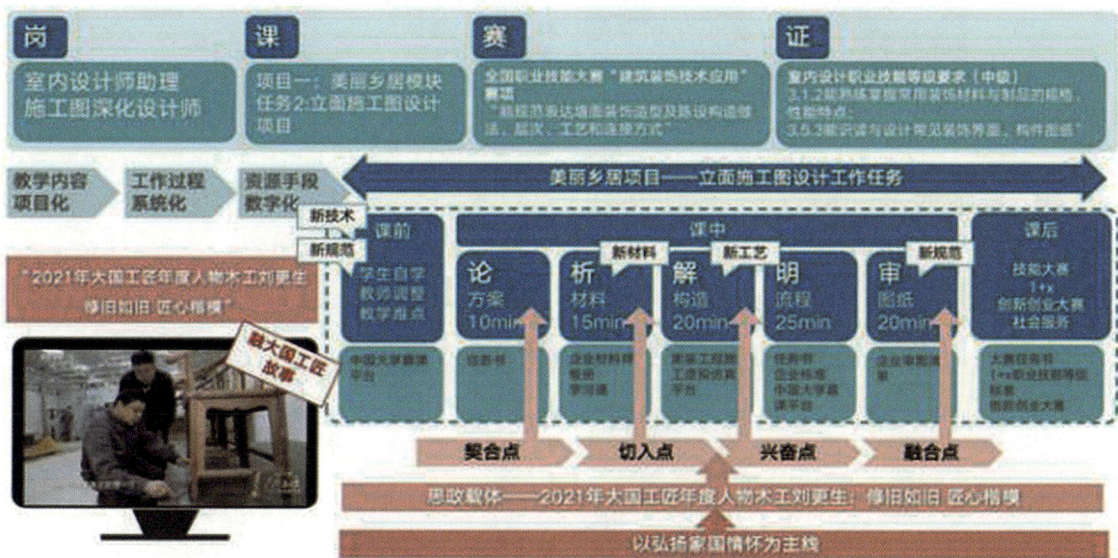

图 4　教学模式

（二）设计与实施

"乡居设计精技能、文化传承守匠心"教学案例内容如下：

赛证融通确定内容：对接"全国职业院校技能大赛建筑装饰技术应用赛项规程"和"室内设计职业技能等级标准（中级）"，确定本次任务为学习乡村民居立面施工图的材料选择、施工工艺及图纸绘制流程。

四融资源提炼载体：选取"四融"课程思政资源库中的"融故事"——"2021年大国工匠年度人物木工刘更生：修旧如旧、匠心楷模"，树立学生文化自信，培育他们对文化传承的责任使命，强化学生精益求精、追求极致的工匠精神，见图5。

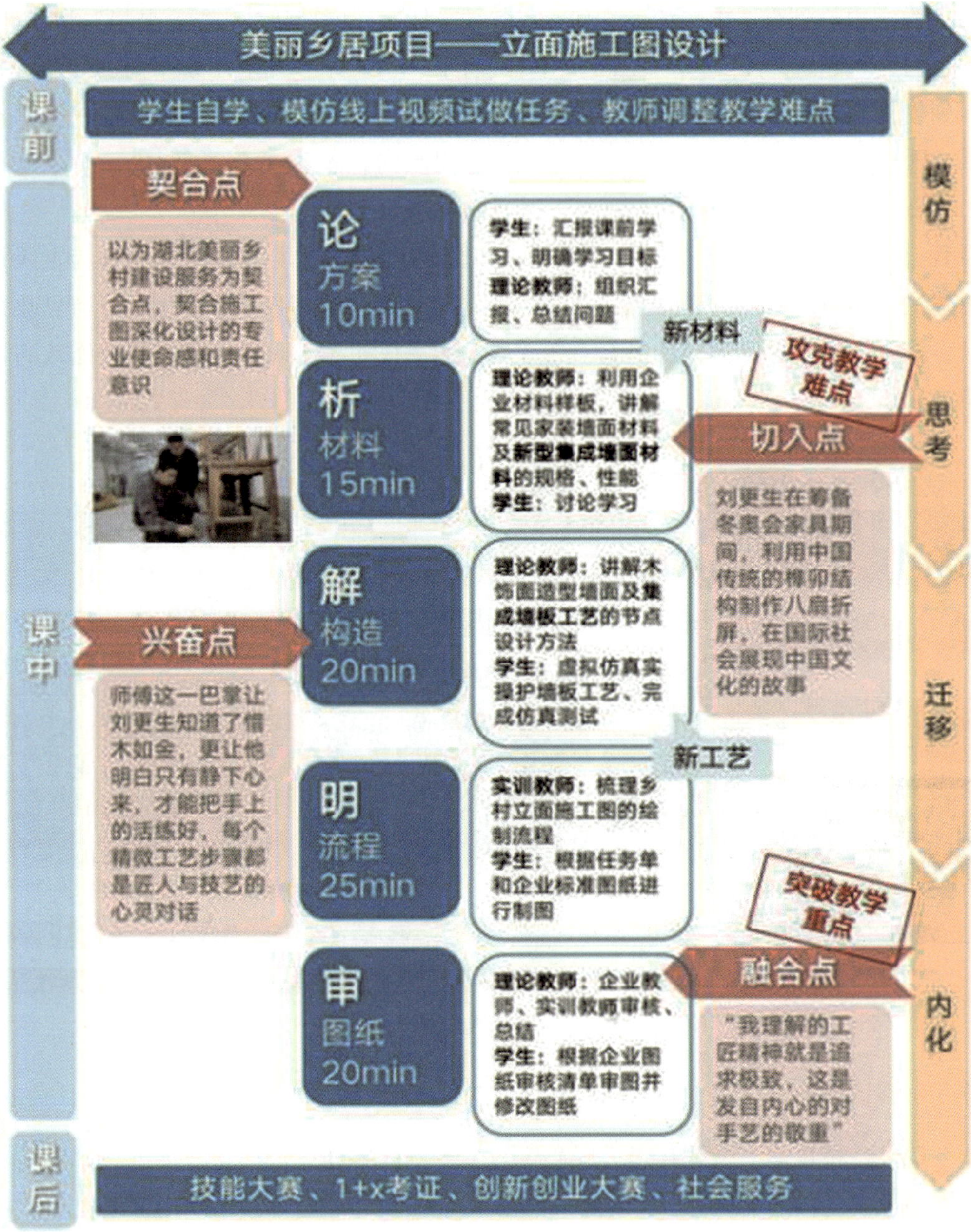

图 5　教学实施总体设计

1. 课前导学

学生在中国大学慕课平台完成"立面施工图绘制流程梳理"视频学习，整理方案资料，模仿教师视频完成立面图绘制及线上知识测试；通过自学测试分析，教师调整教学难点。

2. 课中研学

（1）论方案：学生进行课前学习材料工艺知识分享，明确学习目标，以湖北美丽乡村建设项目为契合点，契合施工图设计的专业使命感和责任意识。

（2）析材料：结合学生课前学习难点，利用企业提供的墙面瓷砖及饰面板材料样板，讲解常见家装墙面材料及集成墙板的材料规格、性能。以材料选择为切入点，引入"2021年大国工匠年度人物刘更生：修旧如旧、匠心楷模"，突出他在筹备冬奥会家具期间，利用中国传统的榫卯结构制作八扇折屏，教导学生在选择材料时要符合经济性与环保性等常规要素，更要发掘了解湖北本土特色建材，突出展现湖北乡村独特的风貌特点。

（3）解构造：利用"家装工程施工虚拟仿真实训平台"展示木饰面板、集成板材墙面的施工工艺。理论教师以虚拟仿真操作为学生的兴奋点，讲解刘更生将精益求精的精神运用到实操中，培育学生对职业的敬意，让学生掌握墙面工程的施工工艺及规范。学生完成仿真实操测试，破解教学难点。

（4）明流程：实训教师梳理乡村立面施工图的绘制流程。教师根据1+X证书标准，设置时间节点，安排学生小组分工完成立面施工图完善设计并提交到学习通课程平台。

（5）审图纸：学生小组根据任务单中的企业图纸审核清单在学习通课程平台进行组间互审，企业导师在线审核。实训导师与企业导师共同总结评价，发现对于复杂性程度高的图纸，学生易出现图纸尺寸不对应、标注缺乏规范性等问题。以图纸修改为融合点，引入视频中刘更生制定的严苛的"冬奥标准"——国家对红木家具平整度误差的要求是小于0.2毫米，刘更生制定了更为严格的误差小于0.1毫米的标准。将精益求精、追求卓越的工匠精神与行业标准、岗位需求相融合，达成思政素养目标。学生小组根据审核清单进行图纸修改，并汇报总结，突破教学重点。

3. 课后拓展

课后根据学生的职业画像，制图速度快、绘制规范的学生入选"建筑装饰技术应用"竞赛小组进行赛题中立面施工图的绘制训练；创新思维活跃的学生组建"互联网+"创新创业小组，引导学生将美丽乡村设计作品融入创新创业大赛，提高学生的研究能力和创新能力。

4. 教学评价

创建"二层六阶、三维增值"的评价体系，根据岗位能力要求设立基础指标与高阶指标两个评价等级，形成六个评价指标，并细分成16个观测点。将"材料选用合理性、工作流程熟练性、图纸制作规范性"三个重要职业能力形成三维增值评价指标,关注学生的个体成长，见图6。

素质目标★ 能力目标★ 知识目标★

评价等级	评价指标	观测点	教学目标	评价主体	数据记录主体	评价标准
基础指标 70%	识记	线上视频学习	★ ★	教师评价	中国大学慕课	思政点 根据学习时长和视频中间问题
		笔记（思维导图）	★★★	小组互评	学习通	小组成员互评，提交即得60分，有图+20分，4级以上+10分，有感想+10
	理解	知识点测试	★ ★	教师评价	中国大学慕课	题库自动出分数，允许三次答题，按平均分纪录
		新材料讨论	★ ★	教师评价	学习通	思政点 参与得60，深度讨论+20，回复它人+20
		工艺知识点测试	★	教师评价	中国大学慕课	对照标准打分
	应用	图纸绘制规范	★ ★	教师评价	教师+学生	思政点 根据图纸审核清单打分评价
		虚拟仿真构造搭建	★★★	教师评价	虚拟仿真平台	机考，系统自动计算成绩，构建完整30%，时间30%，流畅30%
		通用节点改造	★	教师评价	教师	思政点 根据节点审图清单进行打分评价
高阶指标 30%	分析	讨论交流	★ ★	小组互评+教师评	中国大学慕课	小组任务组织流畅+2分，讨论结果有深度+5分。
		思维导图	★★	小组互评+教师评	学习通	思政点 +2分，有感悟+2分，有精神内涵+2，科学性+2
		呈现汇报	★★	小组互评+教师评	教师	思政点 +2分，有感悟+2分，有精神内涵+2，科学性+2
	评价	任务流程完整性	★★	教师评价	小组组长	按时完成+5，流程科学+5，少一步-2分
		物料针制作准确美观	★	小组互评+教师评	小组组长	完成度90%以上+10分，80%以上+5分，70%以上+2分，其他+1分
		一环节一评价实施性	★★	小组自评	小组组长	少一个环节-1分
	创造	实训项目拓展	★	教师评价	教师	完成一个拓展项目实验+5分
		材料构造创新	★★	教师评价+企业评价	教师	思政点 手册编写方案+5分，编写工作手册+10分，有情感融入+10分

图 6　教学评价

三、教育效果

（一）工学结合，达成学习目标

课程精选真实美丽乡村建设项目，使学生在实际项目工作过程中，掌握墙面材料的选择方法、护墙板及新型集成墙板构造方式和立面施工图的规范绘制流程等技能，将文化传承、精益求精、工匠精神内化于心、外化于行，提升了职业素养，达成了学习目标。

（二）赛证融通，增强适岗能力

通过赛证融通，近三年本专业学生参加湖北省职业院校技能大赛获得一等奖两项、二等奖五项、三等奖一项；近五年学生获得湖北省“挑战杯”“互联网 +”大赛金银铜奖多项；师生研发获批国家实用新型专利 15 项，培育了学生的工匠精神和创新精神，增强了学生的适岗能力。

（三）课后实践，提升职业认同

2023 年 5 月，课程团队带领学生团队完成的“寒婆岭村美丽乡村设计方案”通过村两委验收及高度认可；19 级学生熊炜炜积极参与社会志愿活动，获得“全国优秀共青团员”称号。在社会服务过程中，学生对湖北地域文化的认识从认同到热爱，增强了文化自信，提升了职业认同。

四、特色创新

（一）内容创新

以传承建设美丽楚文化乡村为使命，坚持技术技能型人才培养目标与职业岗位实际工作任务需求相一致的原则，引入"新材料、新技术、新工艺、新规范"，重构美丽乡村建设沉浸式真实项目学习内容。

（二）实践创新

构建"一核四融"内容体系创新，创新"一主线五环节多点融入"课程思政教学模式，强调课程思政融入专业教学的灵活性、针对性和有效性，呈现思政与专业同心同向的育人新局面。

三、挖掘色彩内涵　树立文化自信　培养"四有"人才

——"用户界面设计：红色口袋书产品配色单元"课程思政案例

武汉职业技术学院　梁莎　金鑫　黄治坤

一、案例背景

（一）课程定位

"用户界面设计"课程是移动应用开发专业的专业基础课，课程依托国家专业标准、移动应用开发专业人才培养方案及课程标准，重在培养集扎实的专业知识、娴熟的操作技能、较高的创新素质于一身的移动应用开发人才。本课程采用项目式教学，项目来源于大赛、教研、乡振、智造，突出移动终端用户界面设计的4大应用场景——民生应用、党建应用、政企应用、工业应用。课程以学生为中心，对接岗位核心能力，梳理了一条课程思政线，通过对思政元素的挖掘、浸润、反哺达到培养"四有"人才的思政目标，如图1所示。

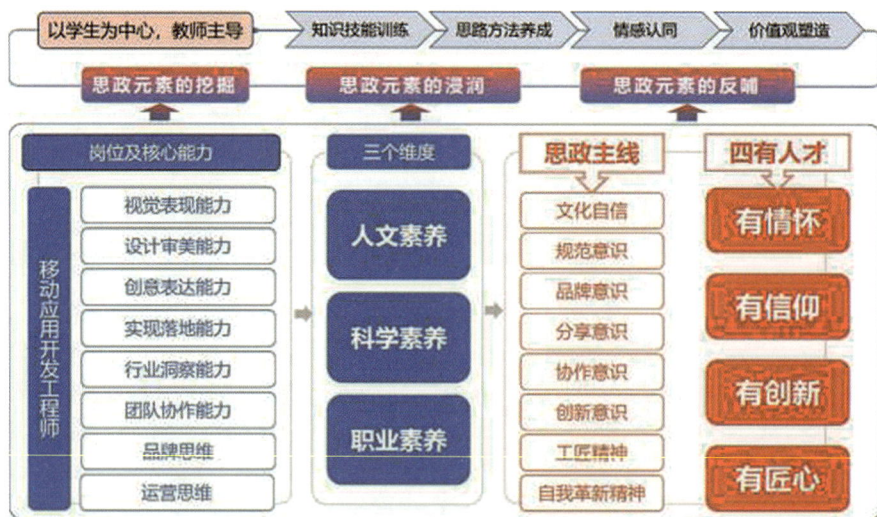

图1　课程思政体系图

本课程思政案例选取的是项目二红色口袋书 APP 界面设计之产品配色。该项目源于省级课题"用创新激发红色教育活力——基于 VR 技术的'红色口袋书'APP 的运用",课题旨在通过对湖北省红色文化的研究,让红色教育在新时代的年轻人中保持新鲜和热度。同时,该项目也是全国职业院校技能大赛移动应用开发赛项的样题内容之一,主要考核学生对移动端产品原型图设计与制作的整体驾驭能力。对于移动端产品来说,色彩具有向用户传递情感引起共鸣、传递独特的品牌特性、树立品牌形象的作用。

本课程单元围绕单元主题,有机融入中国传统文化和现代应用场景,让学生经过"体验＋探索＋协作＋共创"四步实现"劳育""美育"双育融合,同时引导学生用所学知识、技能传播红色文化,阐释中国故事。

（二）学情分析

本课程主体对象是移动应用开发专业 2 年级学生,他们主要来自中等职业技术学校,通过湖北省技能高考的方式进入高职院校继续完成学业。中职学生较普高生来说存在以下特点:自尊心较强,实践动手能力强,已经掌握了 Photoshop 图像处理软件的基本技能。由于中高职同属于职业教育体系,一脉相承,因此学生能更好地适应学习环境。就本课程单元学习内容而言,学生存在"三知三不知"——有色彩基本认知,但不知色彩背后蕴藏的中国故事;有工具应用认知,但不知如何运用工具制定合适的产品配色方案;有职业基础认知,但不知如何应用科学严谨的方法分析产品配色需求。

（三）教学目标

课程以学生为中心,从学生学习的角度将课程划分为六个方面,分别是核心知识、学以致用、知识迁移、换位思考、关注民情以及学会学习,并根据六个方面将教学目标分为知识、能力及素质三个维度进行培养。注重提升学生的审美水平、团队协作精神和文化自信,注重培养学生的科学思维方法和职业素养,并结合"工匠精神"的培养,实现全方位、全过程育人,如图 2 所示。

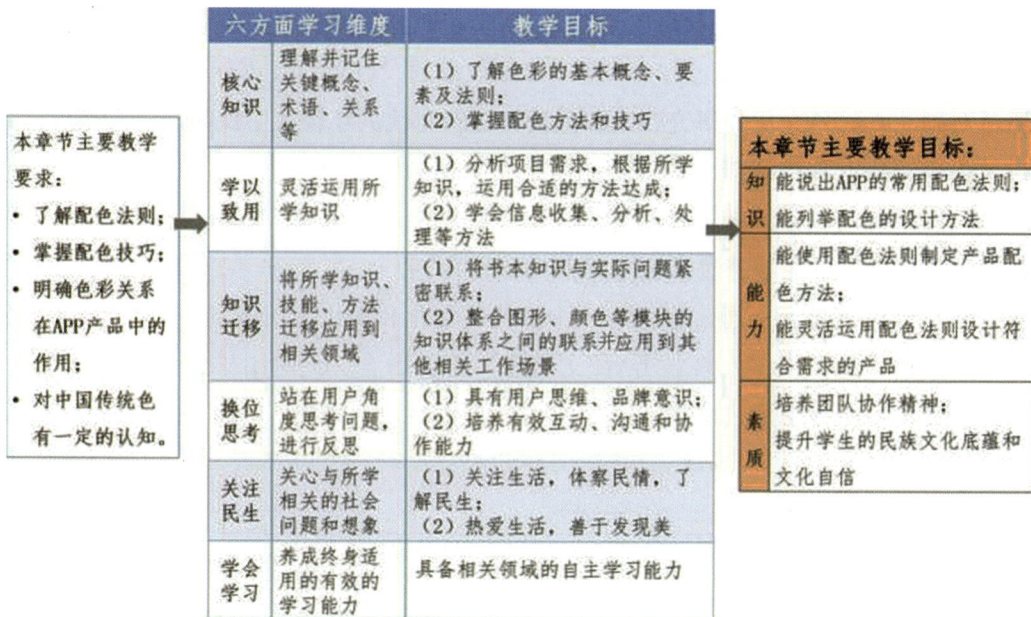

图 2　教学目标图

（四）教学策略

本课程基于 OBE（以成果为导向）的教学理念，借助 PBL 项目式教学方法，通过项目实战，将红色文化"装进手机"，让红色教育在指尖上焕发新的活力，突出科学与艺术、美育与应用的交互作用，帮助学生建立"功能－色彩设计－用户思维"三位一体的专业思维。通过运用"智慧树在线课程资源平台"+"学习通"实时互动平台+线上色彩感知游戏三方信息化资源，结合学生亲身体验，引导学生亲自探寻美的源头，将课堂理论知识讲解与课后思考相结合，培养学生理论联系实际、仔细观察、所学为所用的学习力；协调个体审美与大众审美之间的关系；增强团队合作的意识，培养具有协作精神、严谨求实科学态度的移动应用开发人才；引导学生树立文化自信，培养爱国情怀，全面提升学生感受美、鉴赏美、表现美、创造美的综合能力。

（五）教学评价

在课前、课中、课后对学生进行知识、能力、素质全方位评价，根据岗位能力标准，设置了"规范应用、产品思维、开发基础、团队协作、用户体验思维、测试思维、视觉表现"七维评价依据。评价方式采用综合评价、过程性评价和增值性评价，其中利用 KWL 卡片法，让学生创建"个人学习卡片"，促使增值性评价落地，创建了"人人渴望成才、人人努力成才、人人皆可成才、人人尽展其才"的良好局面。

二、主要做法

（一）"双育结合"，实现"劳育心""美育德"

课前，教师在"学习通"平台上发布界面规范的相关测试题，布置查阅党史资料任务及"校园美景"色卡制作，将劳动教育和美育结合起来融入教学任务中，帮助学生体会不同颜色的视觉效果带给人眼的感受，让学生认识到最美的颜色均来自于大自然。学生在"学习通"平台领取学习任务，完成界面规范的相关测试及色卡制作，通过"智慧树"平台在线课程预习常用配色法则。

（二）师生共研，"求同存异"立"用户思维"

教师引导学生研究项目负责人提供的需求文档，理解本项目的主要内容；引导学生根据产品特点分析用户群体特征并进行思考。学生开始研究分析项目需求文档，着重了解项目的主要内容；组内展示课前完成的任务，讨论用户群体特征，进一步思考符合需求的配色方案及风格。

（三）点拨引导，传民族文化，树文化自信

在讲授不同色彩会传递给用户不同情绪时，结合中国传统文化进行引入。例如红色，《尚书》中就有记载"以五采彰施於五色，作服，汝明"，赤、黄、青、黑、白五色观是中国色的基础，其中赤指的就是红色。古人给颜色起了极富诗意的名字，谈古论今道出我们荆楚文化的颜色特点——"朱画其内，墨染其外"，提及荆楚人民忠诚、勇敢、正直的特质，继而引出我们国人的骄傲——"中国红"，培养学生的爱国情怀，树立文化自信。通过分析国内民族企业 APP 产品案例，介绍 UI 设计中色彩的类型占比关系应如何应用，培养职业规范意识，如图 3 所示。

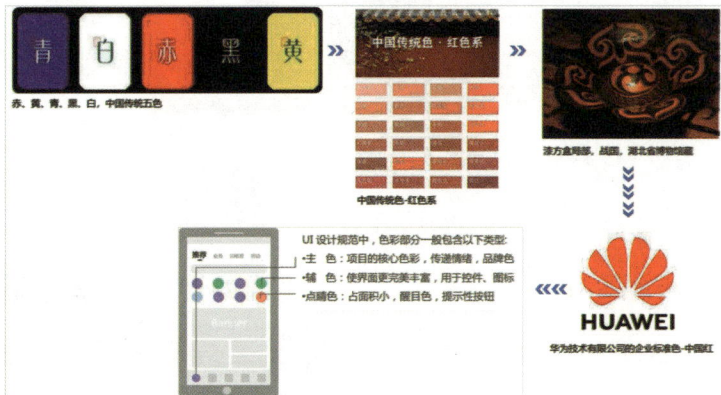

图 3　思政元素融入

（四）分组合作，"精益求精"创优品

以组间 PK 的方式开展项目配色设计。学生依据教师的讲解，进一步研究项目需求，寻找符合项目整体调性的配色方案。教师针对错误的操作提出修改建议，助力学生进一步掌握制作技巧。通过分组合作，学生团队不断优化方案，培养学生团队的协作精神及精益求精的"工匠精神"。

三、教育效果

（一）积极合作习旧知、探新知，知识目标有效达成

学生的知识、能力、素养由"学了"向"学会"转变，学生的学习状态由被动学习向"乐学、善学、会学"转变。整个学习过程中师生、生生之间的交流互动频率增多，时长增加，实现了资源共享、协作学习和针对性辅导，充分调动了学生的学习兴趣和主观能动性，夯实了学生的理论基础。通过在线平台大数据反馈，学生养成了合作学习习惯和合作意识。

（二）潜心研析"中国红"，全力传递红色文化，能力目标有效达成

学生通过完成"红色口袋书"APP 的界面设计提升专业技能，课题项目导师对其进行筛选、择优录用。在整个教研联动过程中，给学生的学习营造了良性、公平、公开、公正的竞争学习氛围，既规范了学生开发项目的思维与流程，还增强了学生尽快转换职业角色的紧迫感，同时也培养了学生的团队合作精神、创新意识及设计能力，如图 4 所示。

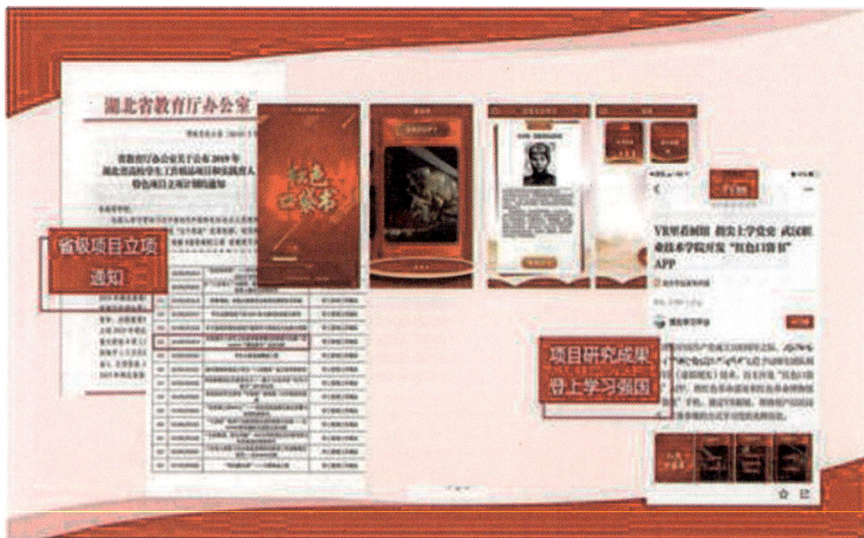

图 4 "红色口袋书"APP 效果展示

（三）专业技能迁移应用，勤工俭学为校服务，素质目标有效达成

学生以勤工俭学的方式为学校设计了系列海报，专业技能的拓展应用提高了学生的审美能力和设计水平，设计作品被采纳和推送增强了学生学习的自信心，同时促进了学生和学校之间的情感互动，使学生愿意用所学知识为校服务，以校为荣。

（四）研创双驱，科教互通，师生共研互联网产品实现教学成果转化

本教学团队以学生为中心，在与企业合作中挖掘学生的创作潜力，在各种创新创业大赛中激发学生的创新思维，让他们完成了一系列方便、实用、适用的移动互联产品，如图5所示。

序号	项目名称	产品说明	投入使用时间
1	Writings	供个人记录日常生活的APP	2016年在苹果应用商店上架
2	Pet World(萌宠家)	给喜欢养宠物的用户提供服务平台的APP	2017年在苹果应用商店上架
3	湖北省技能高考考场查询移动端应用系统	用于考生考试前通过该产品查找考试场地并获取考场具体信息	2018年
4	返校考勤微信小程序	可实时统计全系包括各班级返校情况，帮助院系及时掌握全系最新返校数据	2018年
5	成绩查询微信小程序	学生可以在线查询考试成绩，为辅导员提供学生申请奖学金的成绩数据	2018年
6	社团管理平台	供学校团委管理社团，给同学们提供社团的各方面信息	2019年
7	积分乐购	掌上商城，让用户可以直接通过平台购买所需物品的APP	2019年在苹果应用商店上架
8	红色口袋书APP	运用虚拟现实技术向学生介绍党建知识，实现情境化浸入式教学（省级课题）	2021年

图5　师生共同研发的成果

四、特色创新

（一）特色

1. 因时而进，引入真实项目重构课程内容，强化培育数字时代"四有"人才

项目来源于党建活动省级课题及大赛样题，并融入腾讯界面设计"1+X"职业技能等级证书考核内容。多源化项目实战案例开启学生创新思维养成之门，促使学生在合作共创项目时达到规范一致、视觉合理、细节统一、功能完善的技能标准。通过挖掘色彩内核，传递传

统文化，培养学生成为有情怀、有信仰、有创新、有匠心的"四有人才"，树立建设"数字中国"的职业使命感。

2. 因事而为，坚持成果导向，"研创双驱"积累了丰硕的教学成果

在"互联网+"时代背景下推行创新创业教育必须优化大学生的知识结构，构建新的大学生创新创业教育模式以提高学生创新能力。本教学团队以学生为中心，在与企业合作中挖掘学生的创作潜力，在各种创新创业大赛中激发学生的创新思维，完成了一系列方便、实用、适用的移动互联产品。

（二）创新

课程从"人文素养""科学素养""职业素养"三个维度培养学生，采用横向课题＋技能大赛＋课程作业的项目式教学，把基于工作过程为导向的企业项目、技能大赛样题与课程作业相结合，并设立科学的成果评价体系，使校企合作、以研促学落到实处，实现"美育"+"劳育"融合育人。

四、安全隐患大于天　质量责任重如山

——"地基与基础工程施工：基础梁钢筋构件施工"课程思政案例

湖北职业技术学院　张敏华

一、案例背景

"地基与基础工程施工"是建筑工程技术专业的核心课程，见图1。该课程培养学生掌握地基基础工程施工的基本知识、工艺流程和施工原理，具备地基基础工程施工图交底、施工管理、质量验收等职业技能，培养学生严谨细致、精益求精的工匠精神和吃苦耐劳、安全第一、质量为本的职业素养。

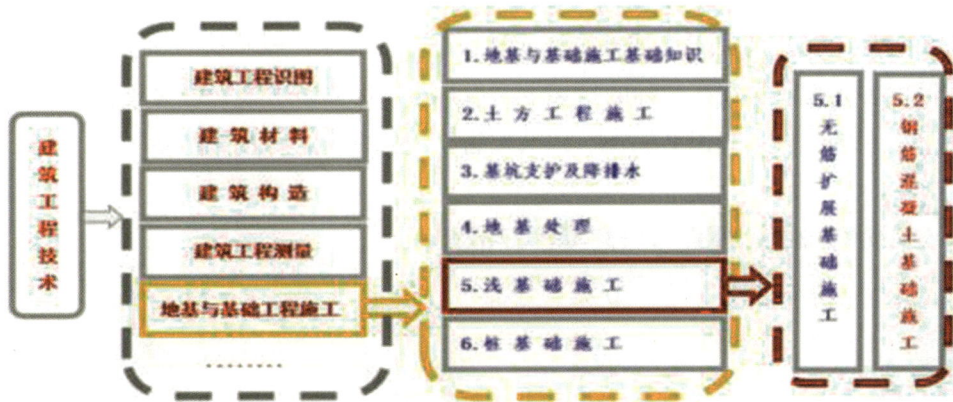

图 1　建筑工程技术专业核心课程架构

该课程是在第三学期开课，学习本课程之前学生已具备施工图识读、建筑构造等专业基础知识，对真实的工程项目表示出很强的兴趣，对施工流程及标准了解不多，不喜欢"满堂灌"的教学方式，喜欢现场教学、虚拟仿真、微视频等学习方式。

"基础梁钢筋构件施工"是学习单元五"钢筋混凝土基础施工"中的教学内容。通过本次课的学习，学生能陈述基础梁钢筋构件制作工艺流程及施工要点，具备基础梁钢筋构件施工基本的技术交底能力，树立标准规范意识、质量安全意识以及精益求精的工匠精神（见图2），把"安全隐患大于天、质量责任重如山"的职业素养内化于心、外化于行。

图 2　教学目标

二、主要做法

（一）课程思政设计思路

课程思政元素挖掘紧扣专业课程特征和建筑行业热点（2紧扣）；在思政载体上，聚焦"工匠精神、质量安全、节能环保"等职业精神培养（3聚焦）；在教学设计上，在教学目标、学情分析、课程内容、教学资源、教学策略、教学过程、教学评价、教学效果等8个方面渗透思政内容，并将这8个方面在课程思政设计上融为一体（8渗透）；在教学实施上，将统筹与协同相结合、线上与线下相结合、理论与实践相结合（3结合）。"2383"课程思政模式如图3所示。

坚持"以学生为中心、工学结合、德技并修"设计思路，将思政元素有效融合在课前、课中和课后各环节，将岗位工作任务设计成学习任务，让学生模拟岗位工作任务进行动手实践，激发其学习兴趣。学生在教师的指导下"边学边做、边做边学、边学边思、边做边悟"，在沉浸式体验中知行合一、以劳树德、以劳增智、以知促行，如图4所示。

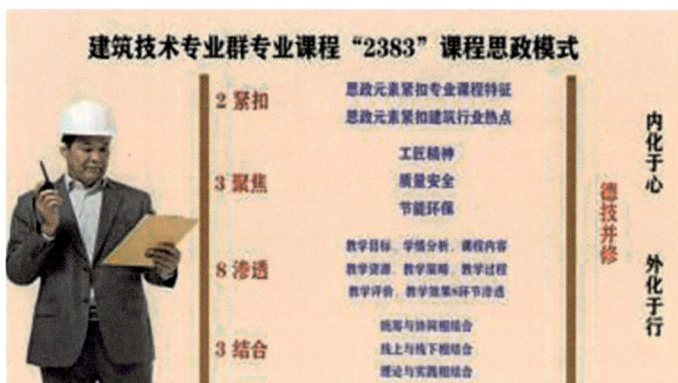

图 3　"2383"课程思政模式

图 4　课程思政设计

（二）课程思政实施过程

1. 教学流程设计

教学流程设计如图5所示。

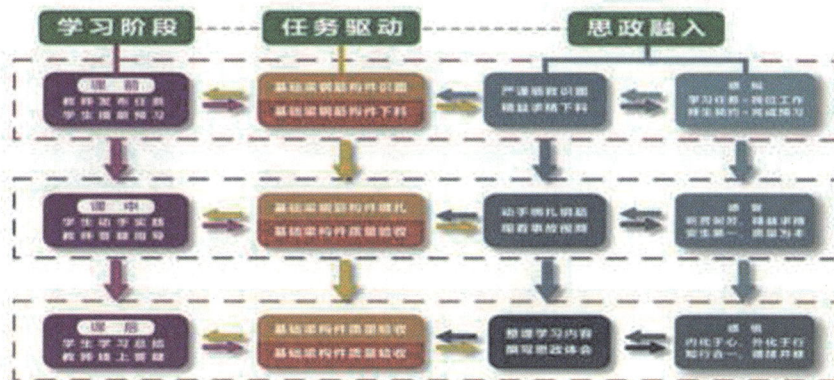

图 5　教学流程设计

2. 教学实施过程

教学过程——课前"认领任务"

教学内容	学生活动	学生学习微课	国家标准学习
认领任务 1. 发布学校某教学楼的"基础梁钢筋构件施工"任务工单。 2. 基础梁构件施工微课。 3. 基础梁构造图集再学习。	1. 学生服从老师安排，按照约定严谨细致、按照标准完成任务工单。 2. 学生利用所学的知识做好钢筋下料单。 3. 将钢筋下料单拍照上传职教云，在线发给老师检查。		国家建筑标准设计图集 22G101-1 混凝土结构施工图 平面整体表示方法制图规则和构造详图 （现浇混凝土框架、剪力墙、梁、板） 中国建筑标准设计研究院
	教师活动	**职教云发布任务**	**收集学生学习数据**
	1. 职教云发布任务，案例、微课。要求学生认真完成。 2. 登录后台，根据学生学习情况优化教学设计。 3. 在线与学生讨论"识图错误的后果"，用反向思维让学生主动感受到，识图过程一定要严谨细致。		
课程思政	在线与学生互动讨论，用反向思维让学生主动感受到：识图错就会导致施工错，施工错会导致工程返工、增加成本、质量安全、官司缠身、赔款损失等一系列麻烦。让学生深刻感受到学习任务就是岗位工作任务，图纸是工程语言，要严守标准及规范，识图过程一定要严谨细致，钢筋下料必须要精益求精。		
设计意图	1. 拓展学习时空，回顾识图等已学内容，观看视频学习新课内容。 2. 采集数据，科学分组，针对学习难点优化教学设计。 3. 培养学生严守标准及规范、严谨细致、精益求精的职业素养。		

教学过程——课中"做中学习"

教学内容	学生活动	小组长汇报	组员研讨并分工
做中学习（听汇报）（15Min） 1.小组长汇报课前任务。 2.基础梁构件施工初探。	1.汇报课前学习任务。 2.听取教师对学生任务完成情况的点评。 3.小组研讨基础梁施工图纸，并进行任务分工。小组成员发挥各自特长、相互学习、取长补短。		
	教师活动	**小组汇报投票**	**答疑小组提问**
	1.听取学生汇报，指出学生学习薄弱环节内容。 2.反馈学生学习成果及得分。 3.协调学生任务分工。		
课程思政	学生在团队协作过程中，深刻体会"众人拾柴火焰高"的道理，培养学生团队意识。		
设计意图	1.学生在学习任务中开启课堂，培养学生团队意识和课堂主体意识。 2.在线自测评价、小组投票评价、教师评价，多元评价促学促教。		
教学内容	**学生活动**	**小组绑扎基础梁**	**小组探寻施工要点**
做中学习（钢筋绑扎）（45Min） 1.对照施工图完成基础梁钢筋构件绑扎。	1.各小组对照国家现行规范标准要求进行钢筋绑扎。 2.各小组边讨论钢筋绑扎流程，边动手和思考。 3.小组成员团结协作、分工合作。		
	教师活动	**实物模型展示中心**	**一起总结**
2.总结出钢筋绑扎流程及施工要点。	1.教师引导学生严格遵循国家标准，要求钢筋数量、规格、位置、间距正确。 2.教师边巡查边对学生进行答疑。		

教学内容	学生活动	小组长汇报	组员研讨并分工
课程思政	强化学生标准、规范意识，培养团结协作精神和严谨细致、精益求精的职业素养。		
设计意图	1. 采用探究式的学习方式，发挥学生学习的主观能动性。 2. 采用实物模型进行教学，与工作岗位对接，理论联系实际，突出学习重点。		

教学内容	学生活动	观看汶川地震视频	交互质量验收
做中学习 （质量验收） （30Min） 1. 房屋的稳定性、安全性与钢筋构件施工质量高度相关。 2. 对绑扎的基础梁钢筋进行施工质量验收。	1. 观看汶川地震中触目惊心的房屋倒塌、人员伤亡等相关视频。 2. 切切实实感受到"安全隐患大于天、质量责任重如山"。 3. 小组交互进行质量验收。 4. 对不符合质量要求的立行立改。		
	教师活动	地震中失去父母的女孩	情感讲述质量安全
	1. 播放汶川地震中触目惊心的房屋倒塌、人员伤亡等相关视频。 2. 一起分析如何避免事故发生。 3. 组织学生进行质量验收和绑扎优化。		

课程思政	组织学生观看汶川地震中触目惊心的房屋倒塌、人员伤亡等相关视频，让学生切切实实感受到"安全隐患大于天、质量责任重如山"。一起总结：房屋的稳定性、安全性与钢筋构件施工质量高度相关，强调钢筋构件制作质量好坏是人命关天的大事。
设计意图	1. 任务驱动，学生自主探究学习内容，学生学做一体，增强学习实效。 2. 在沉浸式体验中强化学生精益求精的工匠精神和质量意识、安全意识。

教学过程——课后"拓展技能"

教学内容	学生活动	从身边的建筑中出题	提升难度
拓展技能（提升难度） 1.增加任务难度，基础梁转角处施工工艺要点。 2.线上进行学习效果测试。 3.思政强化。	1.总结完成学校图新大楼中基础梁转角处施工工艺要点。 2.完成学习测试，在微信群中针对工程施工中的质量、安全谈感悟。		
	教师活动	**学习数据分析**	**在线批阅作业**
	1.根据职教云数据反馈，对学习效果差的学生进行跟进。 2.和企业教师一起，组织学生在微信群中谈感悟，进行引导和强化。		
课程思政	学校教师和企业教师一起，在微信群里组织质量、安全大讨论，要求每一个学生谈一句将来针对质量、安全方面的问题自己该如何做。与学生互动，引导和强化学生的质量安全意识。		
设计意图	1.任务驱动，拓展空间，最大限度地培养学生的岗位工作能力和职业素养。 2.让企业教师参与人才培养过程，最大限度地保证学习内容与岗位内容对接。		

三、教育效果

（一）学生在沉浸式体验中知行合一、德技并修

将"工匠精神""质量意识""安全意识"等思政元素有机融合在教学各环节，从感受、感知到感悟，逐层递进，在沉浸式体验中以劳树德、知行合一、德技并修，将"安全隐患大于天、质量责任重如山"等职业素养内化于心、外化于行。

（二）学生的学习积极性被有效激发、实效明显

通过沉浸式的熏陶、潜移默化的影响，学生的学习积极性得到有效激发，学习成效十分明显，为各类技能大赛奠定了坚实的基础。学生在2022年金砖国家职业技能大赛建筑信息模型（BIM）赛项中获得国内选拔赛一等奖、国际赛二等奖；在全省工程造价与建筑工程识图大赛中获得一等奖。

四、特色创新

（一）创新专业群课程思政模式，明确课程思政建设路径

创新了"2383"建筑技术专业群课程思政模式，明确了课程思政建设方向及建设重点，指导教师充分挖掘课程蕴含的思政元素，科学选择思政资源，将思政内容渗透到教学各环节，有效解决了教师开展课程思政难、成效不足的问题。

（二）将工作任务变成学习任务，在沉浸式体验中德技并修

将岗位工作任务变成学习任务，激发学生的学习兴趣；学生"边学边做、边做边学、边学边思、边做边悟"，在沉浸式体验中以知促行，达到了"润物细无声"的育人效果。

五、毫厘必究　天下为工

——"水利工程测量：四等水准测量"课程思政案例

湖北水利水电职业技术学院　聂琳娟　黄泽钧　田福娟　龙立华　徐卫卓

一、案例背景

（一）课程简介

"水利工程测量"课程是为适应水利"十四五"高质量发展需求，落实立德树人的根本任务，结合我校湖北省双高校 A 档办学定位及湖北省高等职业教育特色专业水利工程专业的培养要求而开设的。课程定位为专业基础课，主要目标是使学生具备水利工程建设勘察设计、施工竣工、运营管理各阶段的测绘职业技能，培养服务中部地区中小型水利工程设计、施工与管理，能适应产业数字化转型升级的高素质技术技能人才，如图1所示。

图 1　课程基本信息

本教学案例四等水准测量的教学内容，是水利工程测量的核心内容，也是水利工程专业人才培养方案及课程标准中对应的核心技能。本案例以"四等水准的测、记、算"三大任务为内容重构专业教学主线，以"固核心价值观、培职业素养、育工匠精神"为思政教学主线，在人物榜样中弘扬爱国主义教育，在方法认知中融入职业精神教育，在数据计算中开展法治观念教育，在综合实践中锤炼吃苦耐劳品质。

（二）教学对象及分析

本案例授课对象为水利工程专业一年级学生，学情分析如图2所示。

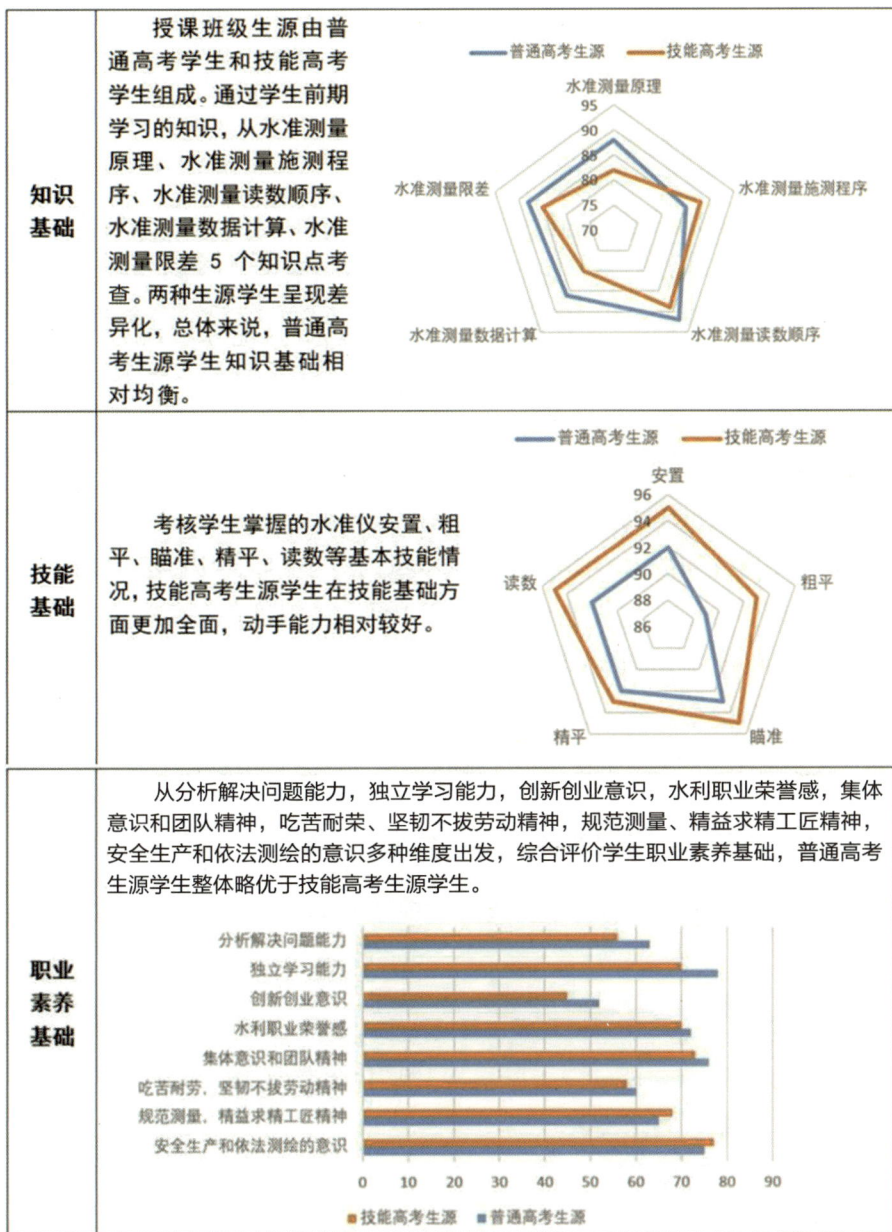

知识基础	授课班级生源由普通高考学生和技能高考学生组成。通过学生前期学习的知识，从水准测量原理、水准测量施测程序、水准测量读数顺序、水准测量数据计算、水准测量限差5个知识点考查。两种生源学生呈现差异化，总体来说，普通高考生源学生知识基础相对均衡。
技能基础	考核学生掌握的水准仪安置、粗平、瞄准、精平、读数等基本技能情况，技能高考生源学生在技能基础方面更加全面，动手能力相对较好。
职业素养基础	从分析解决问题能力，独立学习能力，创新创业意识，水利职业荣誉感，集体意识和团队精神，吃苦耐荣、坚韧不拔劳动精神，规范测量、精益求精工匠精神，安全生产和依法测绘的意识多种维度出发，综合评价学生职业素养基础，普通高考生源学生整体略优于技能高考生源学生。

| 学习特点 | 教学采用多种教学方法，分析表明学生们更加偏好线上线下混合式教学、案例教学法、任务驱动法、项目教学法、角色扮演法、小组PK法、演示教学法，对传统的单纯线下面授和单一线上直播兴趣较低。 | 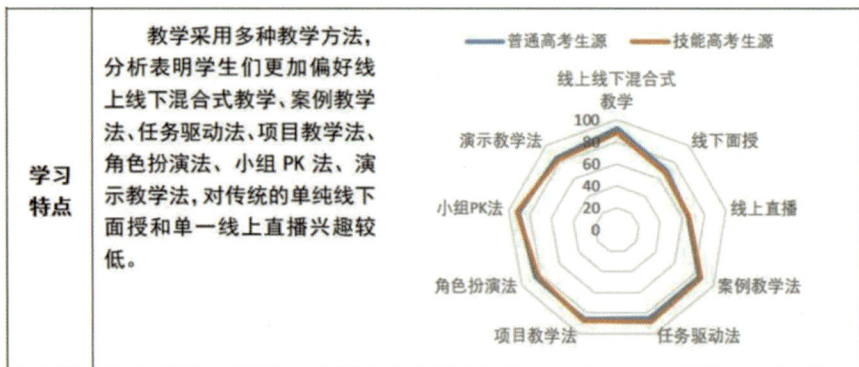 |

图2 学情分析

（三）教学目标

根据教学内容，梳理知识点、技能点和素养点，确定知识目标为掌握四等水准施测方法、掌握四等水准测量的计算方法、掌握四等水准测量的各项限差；技能目标为能正确施测四等水准、能规范记录四等水准测量观测数据、能正确计算四等水准测量观测数据；素养目标为具备自主学习、团队协作、严谨求实、吃苦耐劳的精神，具备依规记录、安全观测、精益求精、勇攀高峰的"珠峰精神"，具备职业荣誉感、服务乡村振兴的意识。

本案例针对水利工程专业学生未来工作岗位的要求和学生自身的特点，利用课堂教学这一主渠道，在传授四等水准施测、记录与计算等专业知识的同时，培养学生的专业应用能力和职业素养。案例中有完整的内容体系与知识构架，在这些点位当中蕴含着不同维度的思政元素，内容多少不同、分散位置不同，通过深挖课程内容中的工匠精神、团队协作、吃苦耐劳等思政元素，将思政教育精准切入教学内容。同时，结合行业底蕴、课程特色，将珠峰测量、"英雄大队"国测一大队事迹等方面的素材转化为思政育人资源，使课程知识技能素养点与思政育人目标一一映射，实现思政育人目标与教学目标的有机衔接，全面覆盖，如图3所示。

图3 思政育人目标的设计

（四）教学策略

贯彻以学生为中心的绿色育人理念，融思政于课堂，综合应用任务驱动法、案例教学法、项目教学法等多种教学方法，以线上线下混合的教学模式，线上运用云端课程平台和虚拟仿真平台，线下将课堂搬到项目现场实施课堂教学。教学中使案例进教材、课堂出教室、活动进社会，有效激发学生的学习积极性，为服务智慧水利培育两匠人才，如图 4 所示。

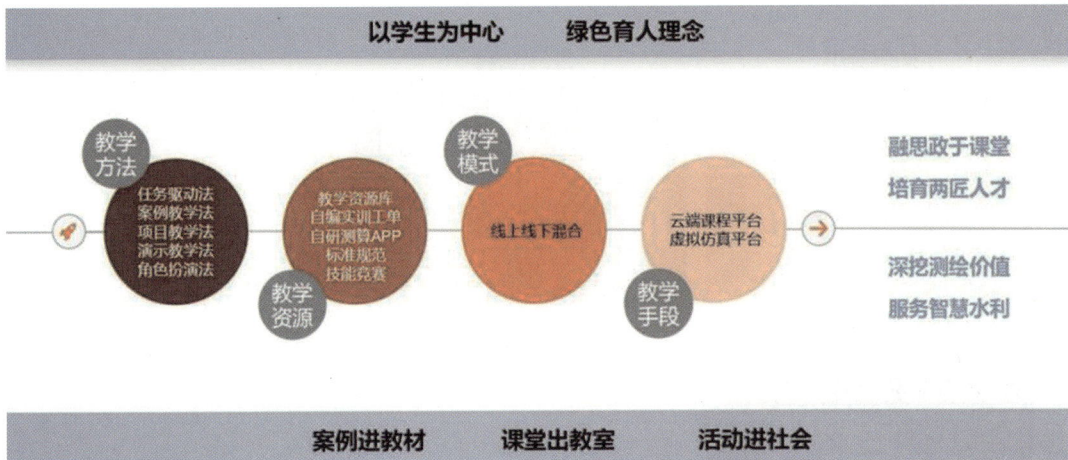

图 4　教学策略

二、主要做法

将教学实施过程分为课前探知、情境导学、身临其境、实战演练、课后拓学五个环节，使知识在应用中内化于心、能力在实践中递进提升，将课程思政贯穿教学过程始终，通过五讲五练五评，螺旋提升学生综合能力。教学组织与思政融入如图 5 所示。

	教学活动设计	教学内容	思政元素	思政融入方式
课前 ①	课前探知 1讲：任务导读 1练：云端演练 1评：企业评价	课程平台领取"四好公路"踏勘选点任务 利用"天地图"完成任务上传课程平台 企业教师点评	自主学习 团队协作 乡村振兴	推　课前利用平台推送乡村振兴"四好公路"选点任务，培养学生自主探究、团队协作能力，具有乡村振兴意识。
②	情境导学 45min 2讲：创设情境 2练：强化技能 2评：对标纠错	观看珠峰测量、感动中国视频 边讲边练数据记录计算 数据记录计算评价	家国情怀 珠峰精神 科技自信	悟　利用珠峰测量、感动中国视频，厚植学生家国情怀，奋发践行珠峰精神，以测绘仪器进步激发学生科技自信。
课中 ③	身临其境 45min 3讲：正确示范 3练：仿真演练 3评：平台纠错	示范虚拟仿真实训四等水准测量 自主完成虚拟四等水准测记算 虚拟仿真实训平台自动纠错数据记录	精益求精 规范操作 正确记录	启　虚拟仿真沉浸式体验四等水准，养成依规操作、正确记录、精益求精的工匠精神。
④	实战演练 90min 4讲：现场讲解 4练：分组练习 4评：综合评价	"四好公路"现场教学 小组互评分组实践，测算APP纠错数据计算 教师综合评价	安全意识 规范操作 职业自豪感	导　分组实践，现场实践，培养学生安全意识，规范操作，测量数据应求真求实求精，初步具备职业自豪感。
课后 ⑤	课后拓学 5讲：公益宣讲 5练：拓展强化 5评：社会评价	"世界水日""中国水周"社区公益活动撰写利用水准测量监测地面沉降科普资料	创新能力 服务社会 职业认同感	做　以所学知识服务公益宣传，培养学生创新意识、服务社会能力，增强职业认同感。

图 5　教学组织与思政融入

（一）课前探知环节

　　课前，依托我院服务湖北省英山县乐家冲村乡村振兴惠民项目工程——修建"四好公路"项目，在课程平台推送四等水准测量选点任务（见图 6）。学生分组，团结协作，利用"天地图"软件，完成公路水准路线的布设工作，并且将成果上传到课程平台（见图 7）。企业教师云端点评各组任务完成情况，使学生进一步明确水准点的选点布设要求。通过课前探知环节，初步培养了学生自主探究、团队协作的能力以及服务乡村振兴的意识。

图 6　任务导读

图 7　云端演练

（二）情境导学环节

以 2020 年重测珠峰创设教学情境，以"英雄大队"国测一大队的"珠峰精神"、家国情怀感染学生，以珠峰测量所彰显的我国综合实力及测绘技术的创新进步增强学生的科技自信（见图 8）。观看四等水准测量操作演示视频，对比旧知，总结四等水准测量一测站的观测顺序，并在课程平台完成正确的排序（见图 9）。教师点评，正确的加分，错误的纠正并鼓励，帮助学生总结测站观测顺序的规律为"后后前前、黑红黑红"。

以一测站观测为例，强调测量工作中应该边测、边记、边算。边讲边练，学生同步完成实训工单上的数据记录、计算后，上传至课程平台（见图 10）。随机抽取点评学生记录，使学生明晰数据记录要求，具有法律意识，牢记测量数据应求真、求实、求精；点评学生数据计算，使学生明晰数据计算方法，具有规范意识，计算结果应满足规范及各项规定。引导学生"循规蹈矩"，避免人生"行差踏错"。

图 8　创设情境

图 9　平台互动

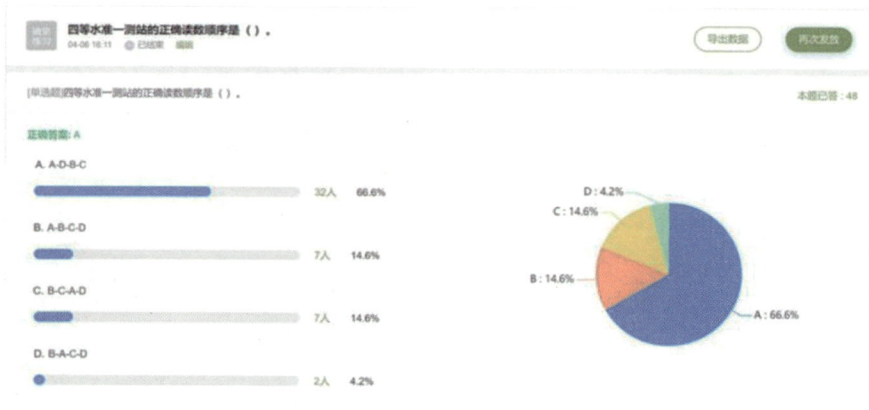

图 10　课堂练习

（三）身临其境环节

利用虚拟仿真实训平台的深度模拟测绘环境，让学生身临其境般地沉浸在数字孪生的环境中，进行四等水准观测、记录、计算。从物品栏中选取水准尺，放置在已知后视点上，选取水准仪安置在适当位置，在前后距离相同的地方放尺垫、立前尺，完成水准仪整平工作后，按后后前前、黑红黑红的顺序依次瞄准后尺、前尺，调焦读数，在虚拟仿真平台同步完成数据记录及计算工作（见图11）。通过师生、生生互动合作，完成四等水准的仿真演练，培养学生精益求精、规范操作、正确记录的责任担当。

图 11　仿真演练

（四）实战演练环节

每组学生根据课前图上所选水准点位，在实地完成水准点的布设。教师针对一测站的观测记录和计算进行操作演示，培养学生依规安全测量的意识。学生分组实践（见图12），教师全程指导，最后由教师以企业生产标准点评实战演练（见图13），厚植学生精益求精的职业核心素养，使学生树立投身水利的职业志向。

图 12　分组练习

图 13　综合评价

（五）课后拓学环节

以为第三十五届"中国水周"社区公益活动撰写利用水准测量监测地面沉降的科普资料为主题，制作科普展板（见图 14），深化学生四等水准专业知识与技能掌握程度，同时培养学生服务社会的意识，拓宽课堂教学的深度与广度。

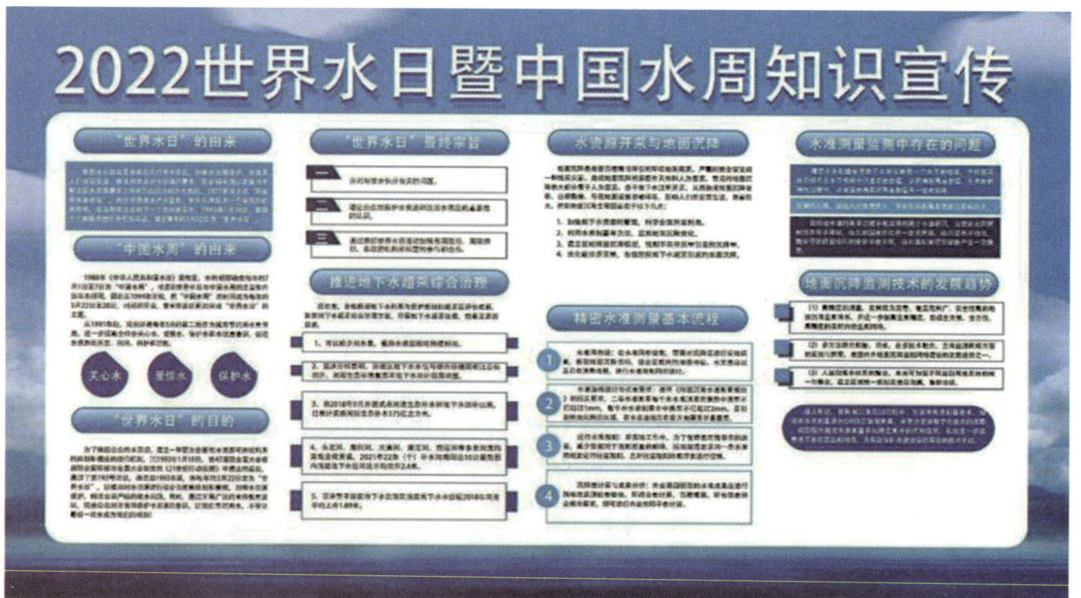

图 14　学生制作宣传展板

三、教育效果

（一）学习效果

涵盖四等水准测量任务的准备、过程、结果各个环节，细化三维学习目标的评价内容（见表1），借助信息化手段，多维度、多主体、多阶段地开展学生学习效果评价。整个量表的指标设计可感可评可测，能全面客观地反映学生在本次学习任务中的素养表现。

表 1　四等水准测量评价量表

评价指标	评价内容	权重	评价方式
知识目标	水准测量原理	0.3	发布课堂活动、章节测验、课后作业、分组任务等，由课程平台自动统计成绩
	水准测量施测程序		
	水准测量读数顺序		
	水准测量数据计算		
	水准测量限差		
技能目标	安置	0.5	技能考核与学生自评、组内互评、组间互评、教师评价相结合
	粗平		
	瞄准		
	精平		
	读数		
素质目标	分析解决问题能力	0.2	问卷调查与学生自评、组内互评、组间互评、教师评价、社会评价相结合
	自主独立学习能力		
	集体意识团队精神		
	吃苦耐劳劳动精神		
	精益求精工匠精神		
	安全生产依法测绘		
	爱岗敬业职业荣誉		
	创新意识服务社会		

依据四等水准测量评价量表对学生任务完成前后的知识、技能、素质目标达成情况进行统计分析（见图15），发现通过实施思政领航、融浸课堂，学生的责任感和职业素养明显提高，同时专业知识掌握度、技能熟练度、知识迁移应用能力也得到较大提升。

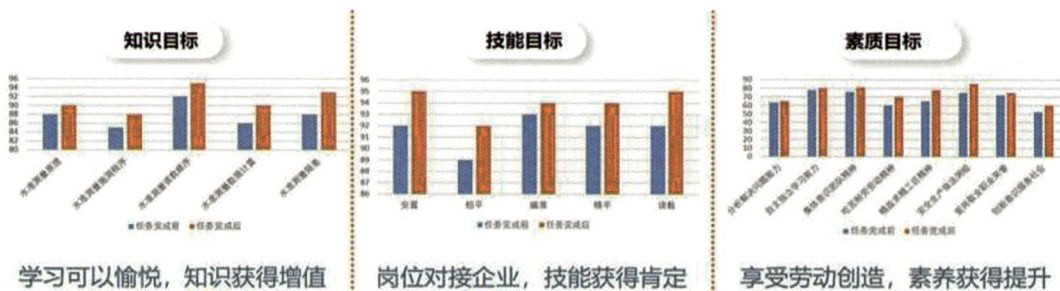

图 15　学生学习效果

（二）教学评价

以"德技并融、德技并修、德技并进"双主线推进课程教学，综合应用任务驱动法、案例教学法、项目教学法等多种教学方法，以线上线下混合的教学模式实施课堂教学，思政育人成效显著（见图16、图17）。经过五个教学环节层层递进的思政融入，形成师生"知情意行"共鸣、同生共荣的课程思政学习共同体。

开课部门	教师姓名	课程名称	对教师评价
水利工程系	聂琳娟	水利工程测量	95.85
建筑工程系	聂琳娟	水利工程测量	96.79

图 16　教务系统评价截图

图 17　部分学生评语

（三）改革成效

"水利工程测量"课程建设纳入学校"提质培优""双高计划"项目建设，课程建设成果获职业院校水利专业课程思政优秀教学案例一等奖、第七届水利行业现代数字教学资源大赛二等奖、学校首届教学成果奖二等奖，并获批学校在线精品课程及校级思政课程。

课程建设与教学实施，有力推动了团队教师信息化教学能力提升，教学相长，2 名教师获得国家级教学大赛一等奖，2 名教师获得省部级教学大赛奖，学生累计 103 人次获得 25 项国家及省部级技能竞赛奖励。

四、特色创新

（一）"双线两翼"融入课程思政

为服务智慧水利、培育两匠人才，不仅要求学生具备"毫厘必究"的精湛技能，还应具备"天下为工"的内在品质。

本案例整体性设计专业教学与思政教学双主线，一条线以专业培养为主，培养学生水准测量的测、记、算能力；一条线以社会主义核心价值观、劳模精神、劳动精神、工匠精神为主，培养学生的家国情怀、职业道德、综合素养。在教学中，以专业课程知识为载体，形成知识点翼，根据知识点和学情分析结果，按思政隐性效果运行规律选取相应的思政元素形成思政元素翼。知识点翼和思政元素翼两翼共生、同向同行、同频共振（见图18），双线培养、双重复合，在"传道"中"授业"，在"授业"中"育人"，突破思政教育与专业教育"两层皮"的浅结合，形成完整的育人链，实现"德"与"技"、"人"与"才"的双协同。

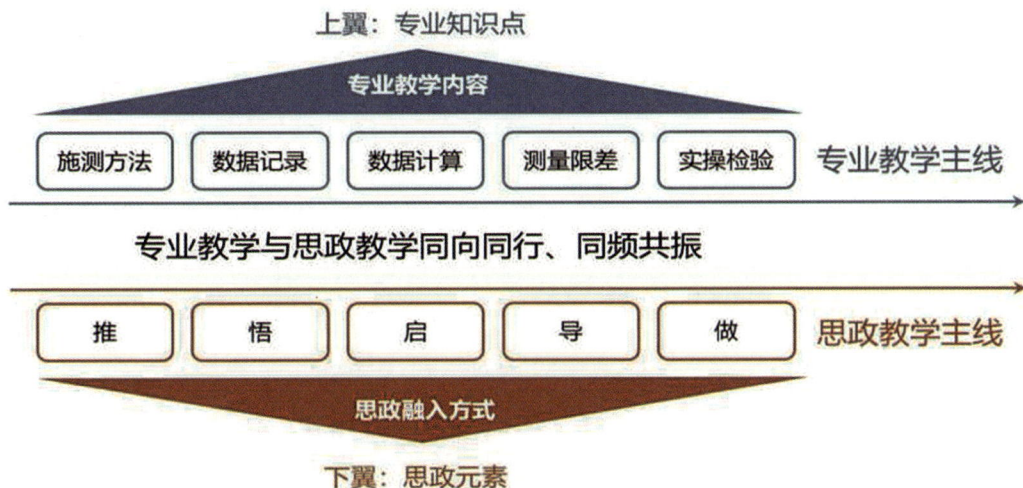

图 18 "双线两翼"课程思政融入模式

（二）"信息化＋"助力课程思政

充分运用信息化技术，将大国重器、重大工程、测绘文化、人物榜样、技术前沿、现实事件、法律法规等内容打造成线上云端课程平台学习资源，将鲜活生动的思政资源转化为直抵学生心灵的育人力量，使学生在专业教育的全过程接受主流价值观的洗礼，唤起学生心灵深处对家国情怀、价值理念、职业精神等方面的情感共鸣，达到自我教育的实效，实现硬知识的软融入。

六、立德树人铸就教育之魂
工匠精神筑牢数字高地

——"静态网页高级开发"课程思政典型案例

武汉船舶职业技术学院　雷琳

一、课程思政总体建设情况

武汉船舶职业技术学院拥有70余年的军工文化背景,坚持"立足船舶、服务军工、面向社会"的办学定位,为课程思政建设提供了丰富的资源。现代信息技术专业群以培养思想素质过硬、专业技能扎实、人文底蕴深厚的数字化创新型人才为目标,实现模块共享,思政共融。

依据《高等学校课程思政建设指导纲要》等文件精神,根据现代信息技术专业群学生特点以及课程知识点进行深度分析,确定了课程思政建设目标:基于职业教育数字化转型背景,落实立德树人根本任务,注重学生中国精神和工匠精神培养。授课过程中实施理实一体化教学,总授课学时为64,其中讲授学时32,实践学时32,共计3学分。依托船院"兴船报国"的校本特色,以搭建并不断优化"船舶资源库"页面开发项目为载体,优化课程思政内容供给,将价值塑造、知识传授和能力培养紧密融合,构建了"1234"课程思政育人模式(见图1),提升学生数字素养,培养具有中国精神、工匠精神的Web前端工程师。

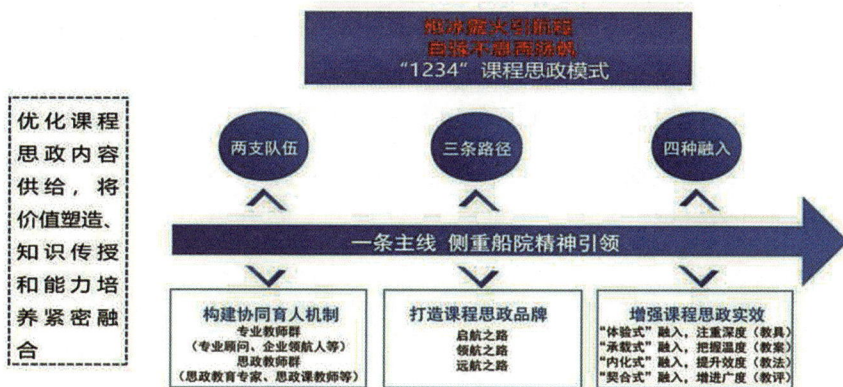

图1　"1234"课程思政模式

培育学生爱党爱国爱校,在设计"船舶资源库"页面项目过程中不忘责任与担当;

培养学生数字意识,结合首页布局等项目制作,创新数字教学模式,提升数字素养;

培育学生攻艰克难,学习 HTML5、CSS3 中新增技能时所面临的新时代机遇和任务,能够勇敢坚毅,迎难而上;

增强学生安全意识,结合表单安全等知识点,切实加强总体国家安全观教育;

鼓励学生自我革新,打破浏览器限制,制作个性多媒体;

增进学生应变本领,设置 Canvas 由基础绘图到高级定制的任务,培养居安思危的意识,掌握转危为机的本领。

二、课程思政教学实践

(一)学生基本情况

21751 班为云计算技术专业班级,人数 29 人。学生学过 C 语言,有一定代码编程基础,能够设计简单的界面,对 Web 设计与开发接受度较高。学生思维活跃,善于运用网络学习,但是独立开发简单页面能力较弱,创新性和主动性不够。针对以上问题,本课程采用现代项目化教学方式,运用数字化教学资源,将课程思政浸润至专业课教学中。

(二)探究了"四步四合"协同育人新路径

将课堂作为输入爱党爱国、工匠精神、数字素养的主阵地,依照人才培养的内在逻辑,通过"四步",即一步颗粒化知识点整合;二步课程项目设计;三步课程思政元素凝炼;四步课程思政教学资源的开发,达到"格局耦合、层级配合、元素适合、主体融合",探究了课程思政与专业教学协同育人新路径。

(三)挖掘了突显"工匠精神"的课程思政元素

以"船舶资源库"页面开发为载体,设计四大项目、六个任务,采用数字化教学方法,培养学生主动观察发现问题、全面调研提出问题、小组讨论分析问题、案例实践解决问题的能力,建构科学思维观,厚植中国精神,弘扬工匠精神,达到思政载体和专业知识相融通,思政素养和职业素养共提升。以"船舶资源库-首页布局"真实项目为例,鼓励学生收集中国船舶发展、航母"三胎"等素材融入至开发过程中,如图 2 所示。

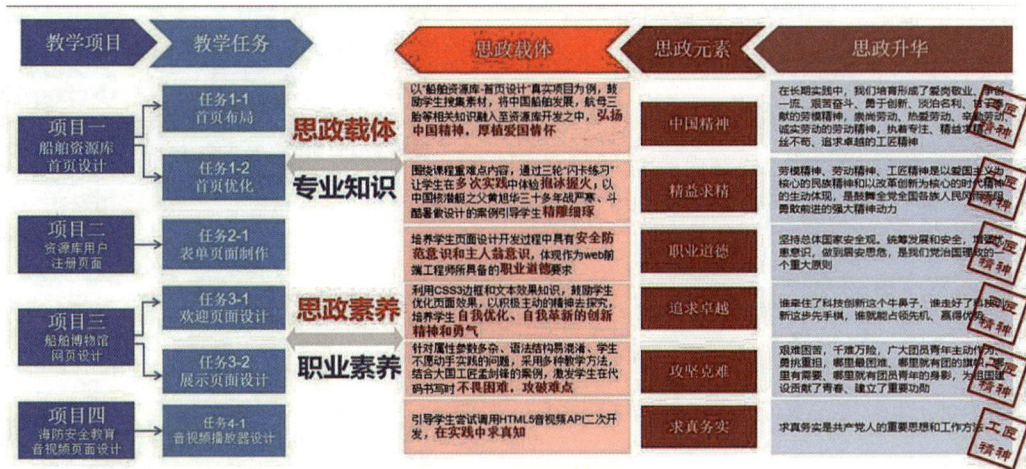

图 2　突出"工匠精神"的课程思政元素

（四）打造了课程思政教育资源

深入挖掘思想政治教育资源，在"启航之路"中，激发学生学习热情，提升自主学习能力，结合学习强国、学校课程思政示范课等，建构了思政云平台；"领航之路"将思政元素贯穿现场教学全过程，建设了思政资源库；"远航之路"拓展课后思政外延，以技能竞赛、党团学活动、就业指导等多形式深化课程思政内涵，如开展思政大讲堂等活动。

（五）构建了"1234"课程思政模式

"静态网页高级开发"课程结合武汉船院"为国家工业化和国防现代化而奋斗"的初心使命，坚持"兴船报国育英才"的特色发展之路，发挥数字化设计优势，搭建"船舶资源库"Web前端页面开发项目，结合项目体验式教学方式，着力构建突显"工匠精神"的"1234"课程思政模式。

1. 一条主线，侧重工匠精神引领

结合"抱冰握火、自强不息"的学院精神，将"中国精神""工匠精神"贯穿课程思政全过程，发挥数字资源禀赋，彰显新工科优势，涵养胸怀"中华民族伟大复兴战略全局"之责任与担当，服务兴船报国，服务区域经济，将个人成长、专业发展与国家富强、民族复兴相融合。

2. 两支队伍，构建协同育人机制

课程思政教师群由以专家顾问、企业领航人等构成的专业教师团队和以思政教育专家、思政课教师等构成的思政教师团队组成，构建了协同育人机制。

3. 三条路径，打造课程思政品牌

在项目实施的前中后过程中，构建"启航之路""领航之路""远航之路"三条路径，打造了课程思政铸魂育人的文化特色与品牌。

4. 四种融入，增强课程思政实效

（1）教具"体验式"融入思政目标，挖掘深度。

在重难点教学设计中，结合思政目标，运用闪卡、VSCODE等教具（见图3），挖掘思政内涵，体验思政魅力。

（2）教案"承载式"融入思政内容，蕴含温度。

注重在教案中融入思政内容，单列思政教育目标，在教学设计中突出标记思政教育的设计，实现教案承载思政。

（3）教法"内化式"融入思政教育，提升效度。

合理运用数字化教学方法，结合QQ群、"云上自习室""云课堂智慧职教"的应用，将思政教育内化至学生的思想意识中。

图3 教具使用

（4）教评"契合式"融入思政理念，增进广度。

评价时注重定性评价和发展性评价与思政内容的契合度、与前导课程和进阶课程的关联度。

（六）课程教学过程设计

结合"抱冰握火、自强不息"的学院精神，将"中国精神""工匠精神"贯穿课程思政全过程，探究课程与思政融合点，凝炼课程目标，将思政内容贯穿教学内容、教学方法等课程教学全过程，依托项目体验式教学方式，以潜移默化的方式达到思政升华的效果，如图4所示。

图4 学生作品展示

三、课程评价与成效

（一）课程考核评价机制建设情况

逐步建立多层次、新标准、多主体、新内涵的课程考核评价机制，如图 5 所示。

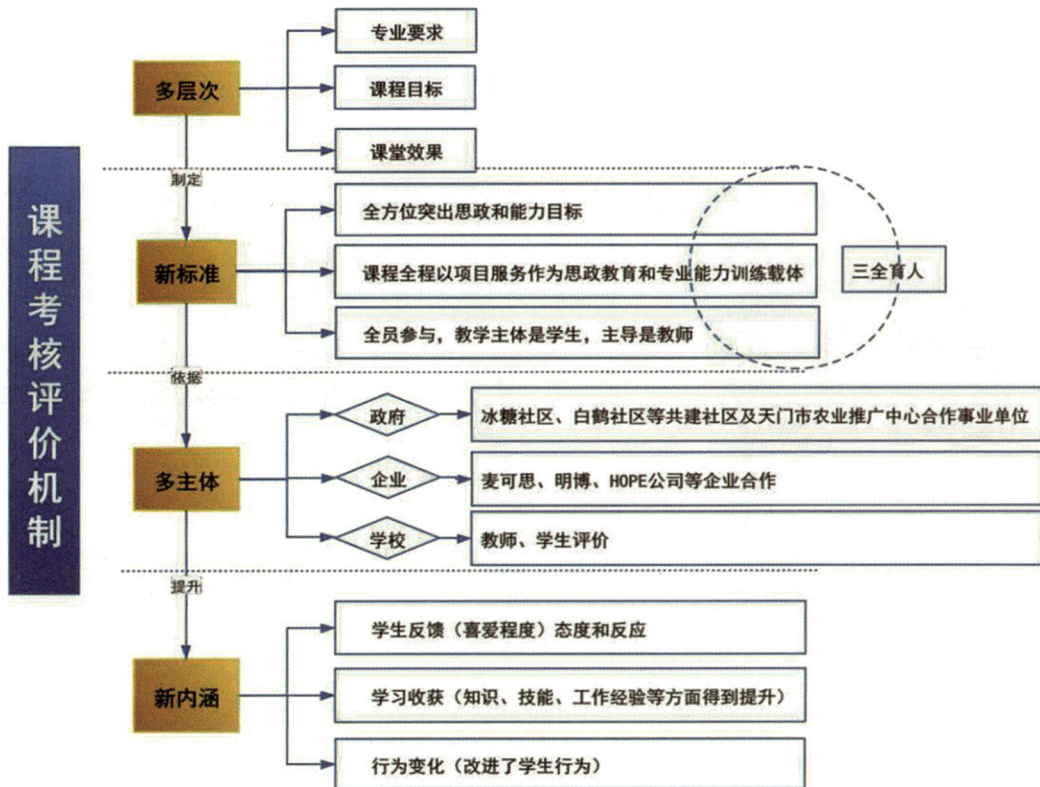

图 5　课程考核评价机制建设

（1）多层次：从专业、课程、课堂效果三个层面进行顶层设计；

（2）新标准：制定了全方位突出思政和能力目标、全过程开展实际工作项目、全员参与课程思政的新标准；

（3）多主体：依据政府、企业、学校三方不同主体的需求来建构考核机制、评价机制；

（4）新内涵：根据学生对这门课程的反馈、学习后的收获、课程后行为的变化来提升课程的新内涵。

通过麦可思第三方评价反映，学生德育效果明显提升。如 2018 届和 2019 届分别有 94%、95% 的人表示自己在德育方面得到提升；近三年观测员对本课程的评价平均分为 94.7（满分 95）；近三年学生对本课程的评价平均分为 93.5（满分 95）。

（二）课程思政效果

以搭建并不断优化"船舶资源库"页面开发项目为载体，践行"抱冰握火、自强不息"的船院精神，将"中国精神""工匠精神"贯穿课程思政全过程，有效对接"1+X"Web前端开发证书，实现了"德、教、学、做、考"的统一。

结合专业教育，力求学以致用。技能大赛成果丰硕，课证融通精准育人。

贯穿爱国教育，厚植中国精神，全国大学生自强之星梅康身虽折翼，但心向阳光；双胞胎兄弟热血青春献军营，逐梦深蓝砺精兵，如图6所示。

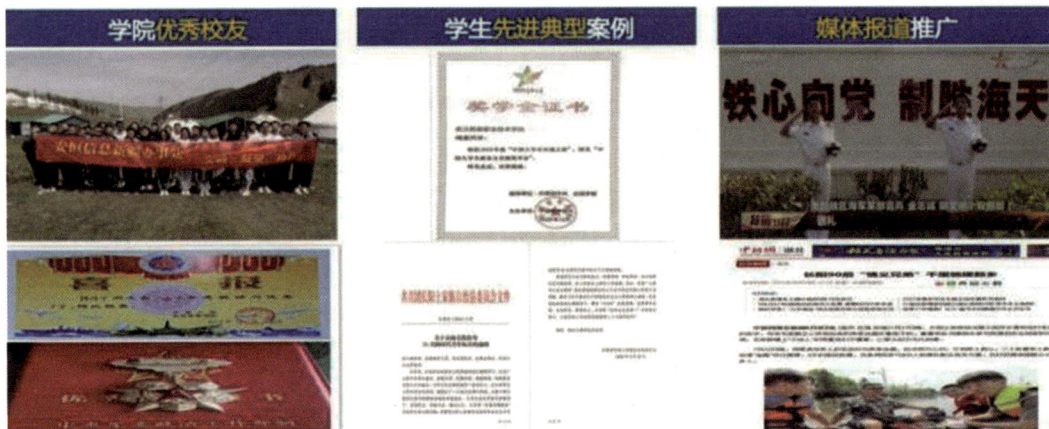

图6　先进典型案例

经过多年高质量课程思政实施，"静态网页高级开发"课程入选湖北省课程思政示范项目，如图7所示。

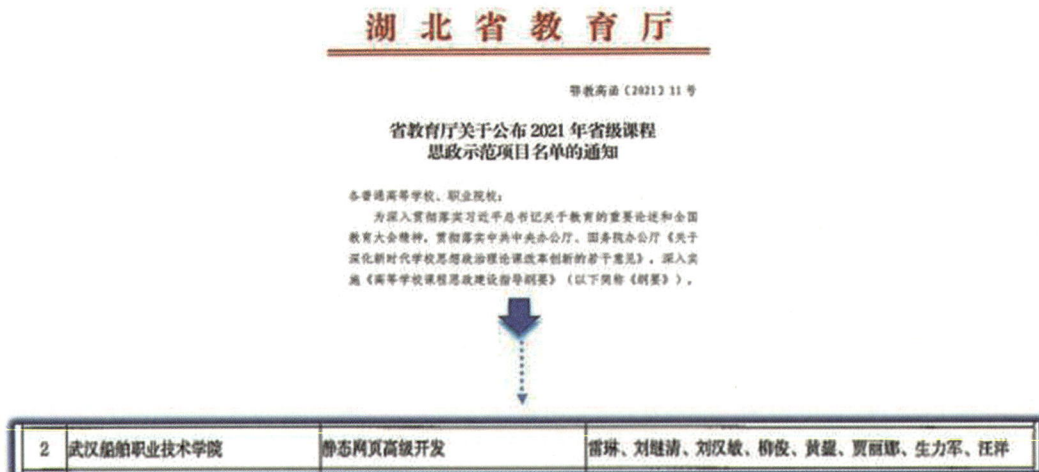

图7　课程入选湖北省课程思政示范项目

（三）示范辐射推广

实现了专业群平台课程模块共享，将本课程的课程思政涵化到现代信息技术专业群全部专业；作为学校"双高"计划专业群课程思政示范性课程，入选湖北省课程思政示范项目；已辐射至部分兄弟院校；后期拟计划推广辐射至全国其他专业院校，打造国家级示范课程和团队。

四、特色创新与反思

（1）创新了"1234"课程思政建设新模式；

（2）构建了与专业内容融合的"思政云平台、思政资源库、思政大讲堂"等；

（3）探索了"四步四合"课程思政建设新路径。

（4）反思：一要持续强化课程思政团队建设，不断提升教学质量；

二要进一步完善课程思政资源数字化供给，重视课程思政内容的时效性；

三要深化校企合作，共同优化课程思政元素等。

七、触电急救——自动苏生器

——"化工安全技术"课程思政教学案例

湖北三峡职业技术学院　刘君子

一、案例背景

（一）教学内容简介

"化工安全技术"是我校省级绿色化工智能制造专业群中应用化工技术专业的核心课程，开设于第三学期，共 56 学时。课程对照国家专业教学标准，对接本地化工职教联盟企业安全生产岗位需求，结合绿色化工专业群人才培养方案，选用"十三五"职业教育国家规划教材《化工安全技术》、参考"现代化工 HSE"大赛指导教程，以及化工总控工"1+X"职业技能等级考核标准，在资源库课程的基础上重构教学内容，形成了"人-机-料-法"四大模块、六个项目及二十六个任务，校企共同开发《化工安全技术操作手册》。本次课选自模块二项目二任务四，所需学时 2 学时，如图 1 所示。

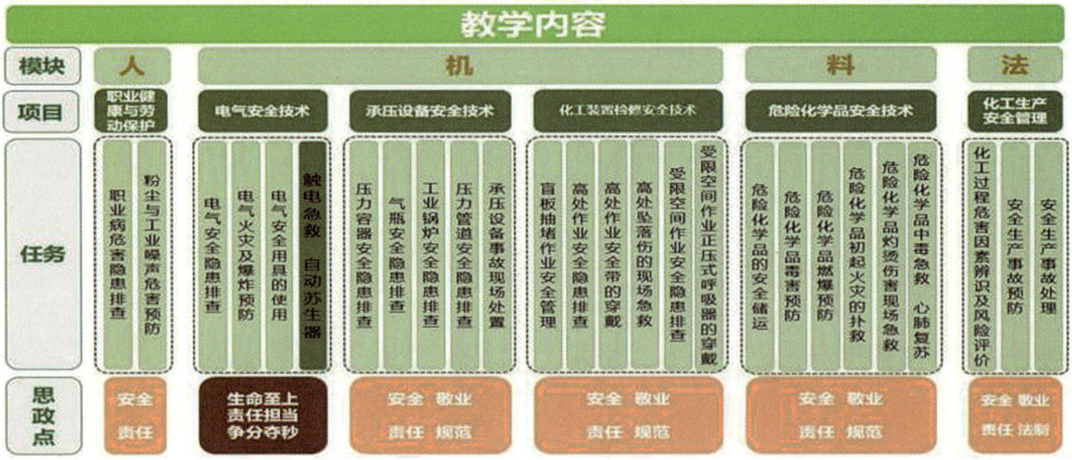

注：本课程共56学时，以上理实一体教学共52学时，春、秋学期各有一次课堂期末考核，共4学时。

图 1　教学内容简介

（二）教学对象及分析

授课对象为 2019 级应用化工技术专业一班的学生。前期分析与测评结果见图 2。

（三）教学目标

根据国家课程标准与重构的教学内容，结合学情分析，设定了本次课的三维目标，如图 2 所示。

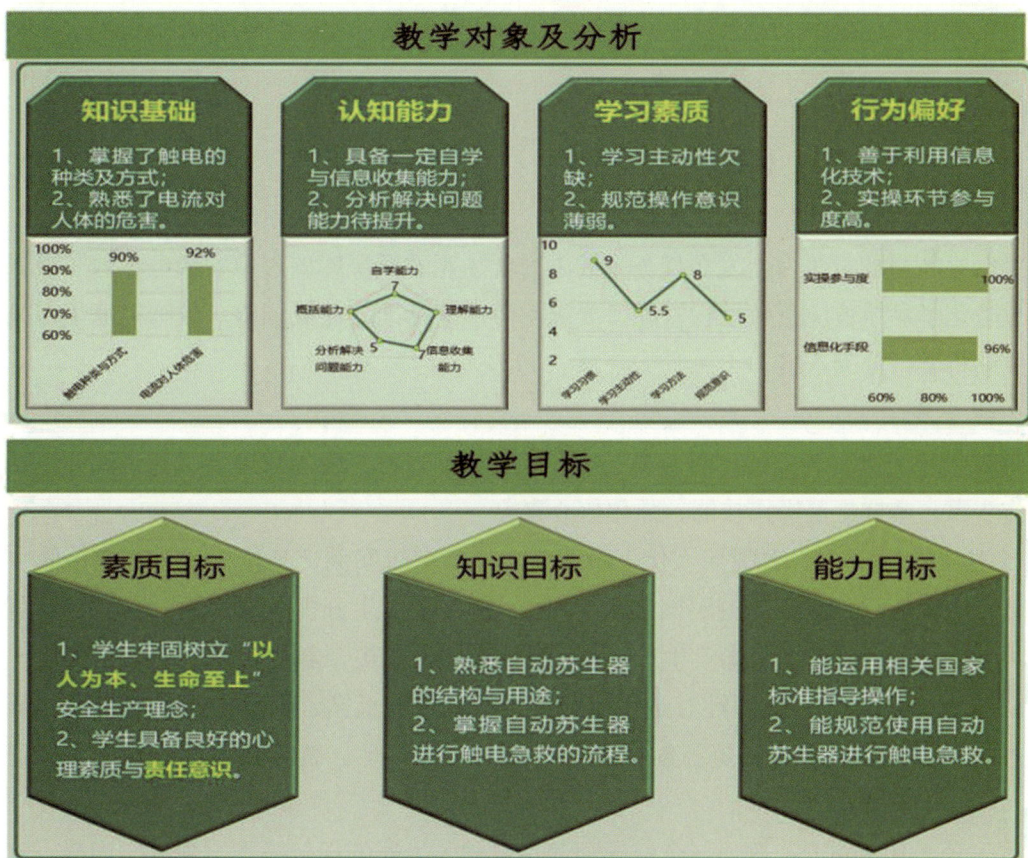

图 2　教学对象及分析、教学目标

思政目标：以人为本、生命至上、责任意识；
教学重点：掌握使用自动苏生器进行触电急救的流程；
教学难点：会规范使用自动苏生器进行触电急救。

（四）教学策略

本次课基于建构主义教学理论，以学生为主体，教师为主导，采用了"双线并行三阶递进七步提升"的线上线下混合式教学模式，将课堂设置在产业学院安全技能培训中心，本校教师与企业导师同堂开展"双线"教学，将课堂延展为"课前探学、课中练学、课后拓学"三个阶段，课中按照理实一体七步骤，即"导案例、讲新知、展示范、训实操、纠错误、赛技能、作总结"开展教学，教师通过运用案例分析、任务驱动等教学方法，引导学生开展自主学习、合作探究，实现"学中做，做中学"。

在教学的全过程，参照产业学院企业安全生产标准与现代化工 HSE 大赛评分标准，通过智慧职教平台"一平三端"，开展实时考核，引入企业导师、专业教师，学生实施全员评价，层层突破重难点，强调"生命至上、责任担当、争分夺秒"，达成教学目标。

二、主要做法

1. 课前探学

教师在智慧职教平台上发布任务指导书，学生观看资源库课程中"触电急救"微课，查阅《危险化学品单位应急救援物资配备要求》等国家标准，完成测验。教师根据学习风格、测试成绩将学生分为八组。

2. 课中践学

通过"导、讲、展、训、纠、赛、作"七步，学习各类应急救援器材和自动苏生器的规范操作步骤，掌握规范操作技能，强化核心素养。

导案例（7 min）：教师导入化工企业安全生产事故案例"某化工厂员工在检修中控配电室低压电容柜时，违规带电操作，触电倒地昏迷"，让学生分析案例，选择合适的救援器材，将结果发送至平台，教师引导学生选择自动苏生器进行触电急救。

讲新知（8 min）：教师针对学生课前自学情况进行反馈，同学们都已了解了各类应急救援器材，但对自动苏生器进行触电急救的流程掌握不足，教师利用思维导图对流程进行讲解。

展示范（10 min）：教师与企业导师演示自动苏生器的规范操作，强调牢固树立安全意识与应急救援意识，培养学生规范操作习惯，提升学生急救操作技能，实现校企协同育人。通过案例分析、新知讲解、双师示范，让学生掌握使用自动苏生器进行触电急救的流程，突破教学重点。

训实操（20 min）：根据化工安全技术操作手册，借助触电急救模拟 AR 体验系统，学生分组练习。教师与企业导师进行巡视指导并记录错误点。

纠错误（8 min）：实操完成后，教师针对学生技能错误点，进行示范纠错，同时，将以人为本、生命至上等思政元素自然融入，培养学生的规范意识与责任意识。

赛技能（27 min）：同学们及时改错后，每组推选两名代表参加技能大比拼，录制视频，投屏展示。其他同学对照标准进行评价，结合教师与企业导师评价结果，选出比武小能手。通过双师示范、分组实操、教师纠错、技能比拼，使学生能规范使用自动苏生器进行触电急救，化解教学难点。

作总结（10 min）：最后，教师引导学生就本次课进行总结，明确规范使用自动苏生器的重要性，再次强化以人为本、生命至上、责任担当的职业素养。

3. 课后拓学

技能评分 90 分以下的同学，在培训中心完成自动苏生器现场急救过程模拟演练，将视频发送至平台，教师评价反馈；90 分以上的同学以助教身份协助化工职教联盟企业进行新进员工安全培训，企业导师评价反馈。

三、教育效果

（一）任务驱动，学生参与度有所提高

采用任务驱动，组织分析案例、AR 实操等虚实结合的教学活动，激发学生学习兴趣，分析发现，该班学生与上届学生相比，课堂参与度从 78% 提升到 98%。

（二）课堂思政，素养目标达成度提升

将学生在学习过程中的核心素养纳入评价指标，采用三主体五环节及时采集、处理、评价信息，结果显示，在安全防护意识、规范意识、急救意识三个核心素养方面均得到显著提升。

（三）理实一体，知识能力目标达成

在企业化的实训环境中，遵循理实一体的教学理念，校企双师培训指导，通过课前测验、案例分析、双师示范、实操训练等环节，将教、学、做融为一体。95% 的同学掌握了知识目标，90% 的同学掌握了能力目标。

（四）教学改革，课程思政资源建成

构建师生手把手实践教学体系，营造师生肩并肩文化育人氛围。通过"以赛促学、以赛促教"的实践教学举措，达到思政目标。完成校级"化工安全技术"课程思政示范项目及其教学资源库的验收工作；建成"化工安全技术"课程思政数字化教材和课程思政案例库；选取的"选择和使用安全带"课程思政教学案例获得校级课程思政优秀教学案例。

（五）协同育人，教学成果硕果累累

依托产业学院，充分发挥"引领、传承、创新、共享"的功能，团队成员由产业教授、

专业教师、思政课骨干教师、学工教师和企业导师组成。湖北省职业院校教学能力大赛获得一等奖；"多元协同复合转型育训并举：绿色化工技能人才培养的探索与实践"获中国石油和化工教育教学优秀成果二等奖；"双元制背景下'三递进五协同六融合'行业单招育人体系创新与实践"获校级教学成果二等奖。

四、特色创新

（一）校企思政共育，厚植安全理念

通过学习化工行业安全生产法律法规，厚植安全生产理念。通过化工企业真实事故案例，引导学生进行安全隐患排查；企业导师展示规范操作，学生根据化工安全技术操作手册分组完成实训任务；教师针对学生关键技能错误点进行纠错和强化示范，培养学生以人为本的安全防护意识和事故应急处理能力。

将思政目标"以人为本、生命至上、责任意识"贯穿教学始终，在潜移默化中实现学生知识与技能、责任与担当的螺旋上升。

（二）校企导师互动，实行双师教学

参照校企联合制订的人才培养方案，专任教师与企业导师共同修订课程标准，以电气安全与触电急救为载体，在安全技能培训中心开展双师同堂教学，搭建理论学习、虚拟仿真、实操训练、跟班顶岗四级能力递进式安全培养新模式。

（三）校企资源互补，实现双方共享

校企双方共建产业学院安全技能培训中心，共同开发教培资源，打造企业安全生产先导培训课，为企业输送优质学生，完成企业员工安全培训，实现校企双方资源共享，助推省级绿色化工高水平专业群的建设。

（四）校企标准互融，实施双元育人

与本地化工行业领军企业开展深度合作，将用电安全防护和触电应急救援技能点融入到课程标准，实现课程设置与岗位需求相融通，育训结合，实施校企双元协同育人，打造高技能化工人才培养高地。

八、国货之光　匠心铸梦

—— "城市轨道交通信号基础设备维护：信号继电器维护"课程思政案例

武汉铁路职业技术学院　肖洁

一、案例背景

交通强国，铁路先行，伟大复兴的中国梦，呼唤有"劳模品质、鲁班技能、家国情怀"的技术技能人才。本单元以"国货之光，匠心铸梦"为主线，双师型教学团队为保障，岗课赛证创一路融通为过程，形成思政"领航、助航、护航"德技并修的教学链条，基于深度学习走向核心素养。

（一）课程分析

"城市轨道交通信号基础设备维护"是湖北省双高建设专业城市轨道交通通信信号技术的核心专业课程，是一门重要的理实一体课。聚焦城市轨道交通行业信号工、通信工等岗位（群）基础能力要求，有机衔接"1+X"证书标准和职业技能等级标准。在教授信号基础设备结构、工作原理及维护规则等专业知识，训练标准化检修、电气特性测试、故障处理等核心技能的同时，选择行业标准、作业流程、案例演练、技能大赛及实践反思等方面进行思政切入，教育引导学生立足时代，树立职业志向，培养学生工匠精神、劳动精神、合作精神，激发学生职业荣誉感和行业认同感，增强学生家国情怀和使命担当意识，基因式融入思政元素，形成迭代上升思政教学链条，如图1所示。

根据《高等学校课程

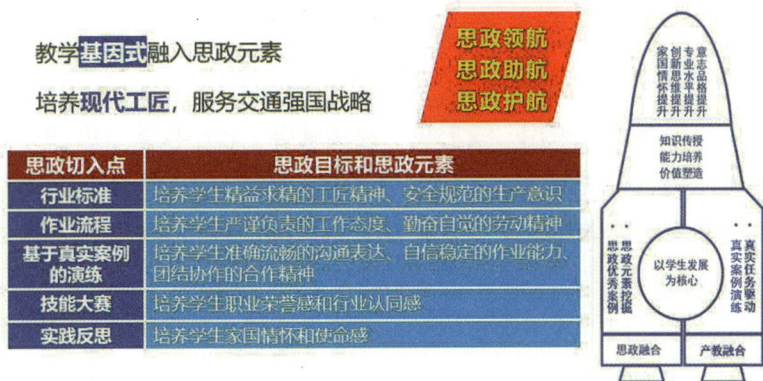

图 1　课程思政切入点

思政建设指导纲要》，对接"1+X"证书《城市轨道交通信号工国家职业技能标准》，基于能力递进的原则，课程组构建课程思政体系并实施课程内容重组和结构重建。本单元教学内容源自项目一"信号继电器维护"，按照从初级到高级的能力提升线路设计 4 个教学任务，共计 20 课时。

（二）学情分析

学生来自全国高中生源，是专业大二学生；具备一定的理论知识基础；能够使用工具检修和调试简单电气设备；缺乏吃苦耐劳、安全生产意识；规范操作能力、信息处理能力、计划决策能力、团队合作意识有待提高。

（三）教学目标

根据上述学情分析，在"课程思政"指导方向下，确定以下知识目标、技能目标、素质目标，利用基因式思政链推动技能进阶，如图 2 所示。

知识目标
- 掌握无极、有极、偏级、整流继电器的结构区别及工作原理
- 了解时间、交流二元二位继电器的结构和工作原理
- 了解信号继电器各种特性参数含义
- 掌握继电器的检修测试项目与标准
- 掌握继电器图形符号含义及电路分析方法

技能目标
- 能够根据继电器外观区分不同继电器
- 能够熟练说出各种继电器的部件名称
- 能够识读继电器的型号含义
- 能够正确判别继电器插座的接点编号
- 能够测量安全型继电器的电气参数
- 能结合故障现象和综合信息定位故障点
- 能按标准完成应急故障处理报告流程
- 能按标准完成应急故障处理登记、销记流程

素质目标
- 精益求精的工匠精神
- 勤奋自觉的劳动精神
- 安全规范的生产意识
- 严谨负责的工作态度
- 准确流畅的沟通表达
- 自信稳定的作业能力
- 团结协作的团队配合

基因式思政链推动技能进阶

以培养德才兼备、全面发展的轨道交通高素质人才为根本目标

图 2　教学目标

（四）教学策略

1. 教学组织与方法

产教融合，采用"线上线下虚实融合"教学模式，以任务为导向，营造结构化学习环境，将教学过程分为课前自主学习、课中探究学习、课后拓展延伸三个教学环节，职业核心素养和文化素养培养贯穿全程。根据"组间同质，组内异质"原则，将学生分为若干个小组，采用案例分析法、任务驱动法、角色扮演法、问题导向法、小组讨论法等，营造强国共鸣氛围，打造多样化线上线下虚实场景，不断增强学生劳动观念和职业精神。

2. 教学资源与手段

校企合作，重组多源教学资源并采用多种信息化教学手段。针对课程技能训练任务和要求，定制开发《城市轨道交通信号基础设备维护实训指导书》《中级信号工技能工作手册》活页式教材，甄选企业微课、工程案例等，辅以国家级资源库、远程虚拟仿真实训平台，拓展学习时空，培养学生自主学习意识，提高思辨能力。

二、主要做法

（一）立足专业岗位需求，量身打造思政链条

基于真实生产项目，思政链条贯穿课前、课中、课后三个环节，各环节都设置教师活动、学生活动并配套教学方法。课前，线上分散学习，思政领航。教师发布基于能力提升线路的任务工单，学生按照自己的能力水平选择任务，完成线上任务获取学习积分，有效培养学生自主学习意识和职业素养。课中，虚实交互集中学习，思政助航。采用"行动六步法"推进教学。引入岗位实际案例，营造维护工作沉浸体验，设计继电器认知、应用到维护层次化任务链推动技能进阶，将对标操作、精检细修和模范精神等思政要素融入任务链，自然代入岗位责任感，有效增强职业认同感，思政教育化有形于无形。课后，线上线下分散学习，思政护航。学生达成节点及进阶任务，参加"1+X"考证、信号技能大赛和双创比赛，提高实践能力、创新能力和综合素质，弘扬工匠精神，践行使命担当，如图3所示。

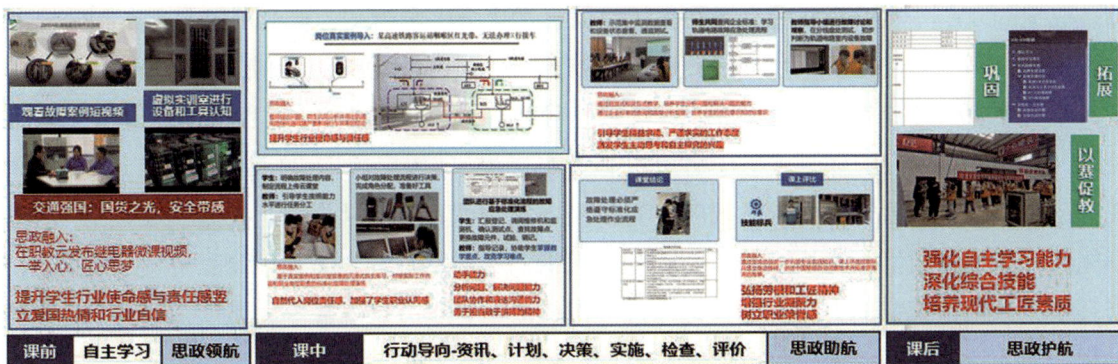

图 3 思政链条贯穿始终

（二）瞄准岗位工作任务，基因融入思政元素

课程面对的是轨道交通信号设备维护及信号设备制造为专业特征的学生，他们将来肩负着保障轨道运输安全、守护人民出行的神圣使命。新时代我国轨道交通基础设施建设取得了举世瞩目的成就，课程基因里蕴含的思政元素宏大而精彩，思政链与任务链互通、互补、互相支撑。教学全程中，教师、企业导师和学生协同作业。教师因地制宜隐形穿插历史、人文、实践案例，让学生产生知识、情感和价值的共鸣，自然而然地内化为价值取向和理想信念。

教师发布"国货之光,安全带感"信号继电器微课,阐述由我国自主研发的 AX 型安全型继电器,为轨道交通建设发展带来了足够信心和底气的故事,使学生竖立爱国热情和行业自信。师生共同分析岗位真实案例,得出继电器小故障影响交通运输大安全的结论,提升学生行业使命感与责任感。师生讨论巩固专业实践知识的同时,讲述中国轨道电路技术开拓者罗海涛的故事,教育学生传承中华文脉,讲仁爱,求大同。课程教学以德示人、以情感人、以志激人,实现学生个人梦想与家国梦相统一,达到潜移默化、润物无声的效果,如图 4 所示。

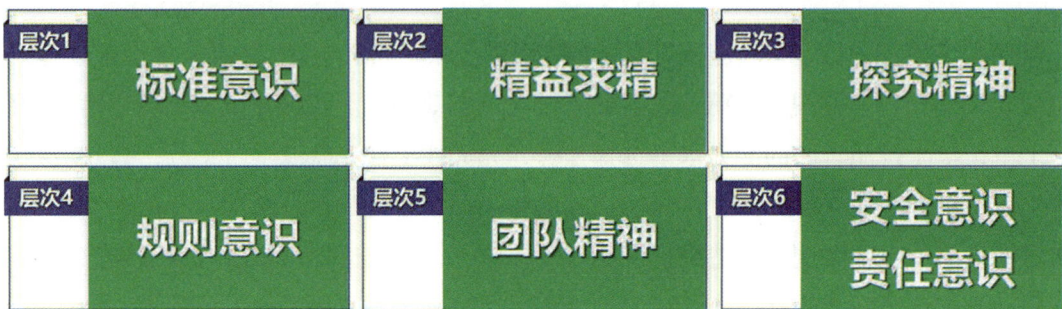

层次1 标准意识	层次2 精益求精	层次3 探究精神
层次4 规则意识	层次5 团队精神	层次6 安全意识 责任意识

图 4　思政要素基因式融入教学各层次

(三)对标人才培养质量,精准实施思政考核

教学内容考核评价设定为平时过程性考核(占综合成绩的 60%)与期末结果性考核(占综合成绩的 40%)相结合的综合考核方式。通过学生方(小组)、理论教师方(高职院校)、实践指导教师方(企业导师)"分阶段模块化"对学生进行评价。其成绩评价权重构成为"学生评价(30%)+理论教师评价(40%)+实践指导教师评价(30%)"。过程考核评价贯穿课前、课中、课后三个阶段,体现在教学各个进程。在过程评价中,创新融入思政考核,不仅考核知识、技能学习效果,还考核思政的教育效果,实现课程思政从设计、实施到反馈的完整教学闭环。通过分组操作考核团队精神和安全意识,资料整理环节考核信息素养能力,故障排查环节考核精检细修能力等,加权记入过程考核成绩,多方位关注学生素质成长,实现教学过程和人才培养质量的全面监控。

三、教育效果

思政效果:课后思政收获统计显示 98% 的学生对课程思政的温暖有了认同感,增强了民族自信和强国有我的家国情怀。课后实践活动极大提升了学生的职业精神和当代青年的使命担当,有力地促使素质目标达成。实现了教学的温度、厚度,情感的有效输出,引发了学生深层的思考。

教学效果:学生活动参与度高,教学目标全面达成。课堂表现情况动态统计显示,学生整体学习态度良好，95%的学生能在课前、课中、课后完成学习任务，学生获得小组、教师、企业导师三方评价主体的高度评价。

学生成长效果：近三年，学生"1+X"证书通过率达96%以上，参加各级各类比赛，获国赛三等奖4个，省赛一等奖2个、二等奖3个、三等奖5个，市赛一等奖4个、二等奖19个、三等奖8个，成长效果显著，如图5所示。

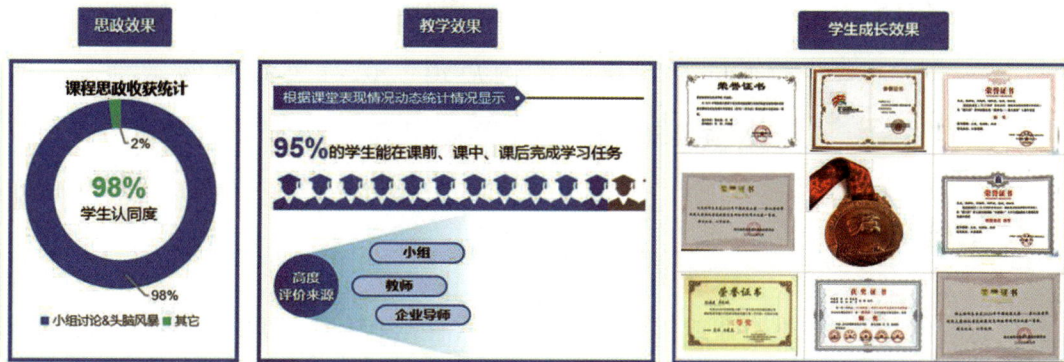

图5　教育效果

四、特色创新

1. 校企合作，思政链条全程育人

与武汉地铁、武汉电务段等企事业单位合作，制定课程思政建设目标，构建"链条式"课程思政育人模式。以信号继电器典型工作项目为载体，分层次制定各教学环节思政实践路径，确保学生素质、知识和技能的迭代提升。

2. 产教融合，思政基因润物无声

结合轨道交通产业，挖掘基因思政元素100余条，深度融合"加快建设交通强国"精神。因势利导顺势而为，无痕融入思政元素，依据学生身心成长规律和认知进阶特点螺旋上升推进思政教学，提升课程温度。

3. 工学结合，思政考核全面立体

结合实际工作岗位所需职业素养，校企合作开发融入思政考核的评价体系，制定考核目标，开展考核实施，全面、客观地对学生给予考核评价，充分发挥考核评价在思政教学、学生成长发展过程中的激励作用。

九、红色军工传承　职业使命塑造

——"工业机器人典型案例应用"课程思政案例

武汉船舶职业技术学院　王伟

一、案例背景

智能化时代，装备制造行业近年来发展飞速，急需升级转型，需要具备高技术技能和工匠精神的人才。面向湖北装备制造行业，辐射湖北船舶与海洋工程装备，将课堂作为输入爱党爱国、工匠精神、劳动伟大思政要素的主渠道，形成模式可借鉴、资源可共享的课程思政"三全育人"局面。

（一）课程内容及项目介绍

"工业机器人典型案例应用"是工业机器人技术专业的核心课程，其先修课程为"电气控制技术""工业机器人在线编程"等，其后续课程为"工业机器人与自动化系统集成"等。课程选用国家规划教材和校企合作开发教材。课程整体采用校企合作开发的模块化课程体系，以工业机器人5个典型应用为出发点，通过项目式教学，对工业机器人在分拣、码垛、装配、弧焊等行业应用中参数设定、程序编写及调试进行详细的讲解与分析，促进学生的专业知识、工匠精神以及职业使命的重塑。

本案例以模块二项目四"装配工作站的搭建与调试"为例。中国空间站采用的三舱基本构型中，两个实验舱都是与核心舱、节点舱轴向对接后，再转位到侧面停泊口，机械臂25吨的负载能力就考虑了实验舱进行转移的需求，对装配的要求高，体现了精益求精的专业要求，从而激发学生的民族自豪感与爱国热情，同时也体现了我国的制度优势。

（二）教学对象及分析

本课程授课对象为机器人技术专业订单班大二学生。通过大数据对学生学情进行调研、分析，学生具备基本的机器人操作基础知识，缺乏实际工程经验，缺乏解决问题的方法和能力，不善于沟通，职业使命感不强。

（三）单元教学目标

以项目四装配工作站的搭建与调试为例，根据学生特点，遵照专业教学标准和"1+X"证书标准的要求，确定图1所示的三维教学目标。

知识目标
1. 知晓装配机器人工作站的程序设计流程；
2. 知晓装配机器人工作站的程序调试方法。

能力目标
1. 能够正确创建装配机器人工作站的Smart组件；
2. 能够正确的调试Smart程序。

素质目标
1. 培养自主学习意识，团队合作精神；
2. 提升民族自豪感；
3. 树立工匠精神、培养职业使命感；
4. 培养学生创新意识和科学思维方法。

图 1 三维教学目标

（四）教学策略

1. 课程思政设计以爱国主义为主线系统化贯穿整个教学环节。从中国航天机械臂的装配入手，层层推进，最后落实到专业报国的爱国主义情怀。

2. 课程教学组织、任务设计采用"PBL 教学法"，融入思政养成四层级"感知、明理、力行、升华"，实现专业与思政协同育人。

3. 教学方法：针对学生职业使命感不强、工程经验不足、解决问题能力不强、不善于沟通和协作等问题，针对性地采用课程思政、任务驱动、PBL 教学法、小组讨论等策略。

4. 教学手段：教学中利用学习通平台等多种教学资源和手段，创设一种生动活泼的学习氛围，让学生在积极主动的心态下高效学习。

二、主要做法

（一）优化课程思政教学团队

以国家"万人计划"教学名师为引领，组建了由专业教师、思政教师和企业导师组成的"三师协同"课程思政教学团队。

（二）完善课程思政教学内容体系

依托团队，重构了"一传承，两对接，三阶段"的课程思政内容体系，红色军工价值传承为思政主线，将思政载体与课程知识对接，思政素养与职业素养对接，植入爱党爱国教育、工匠精神和劳动创造伟大等思政元素，凸显强基、铸魂、拓新三阶段。深度挖掘军工精神中"国家利益高于一切"的军工信仰，建立具有军工特色的课程思政内容资源库，如图2所示。

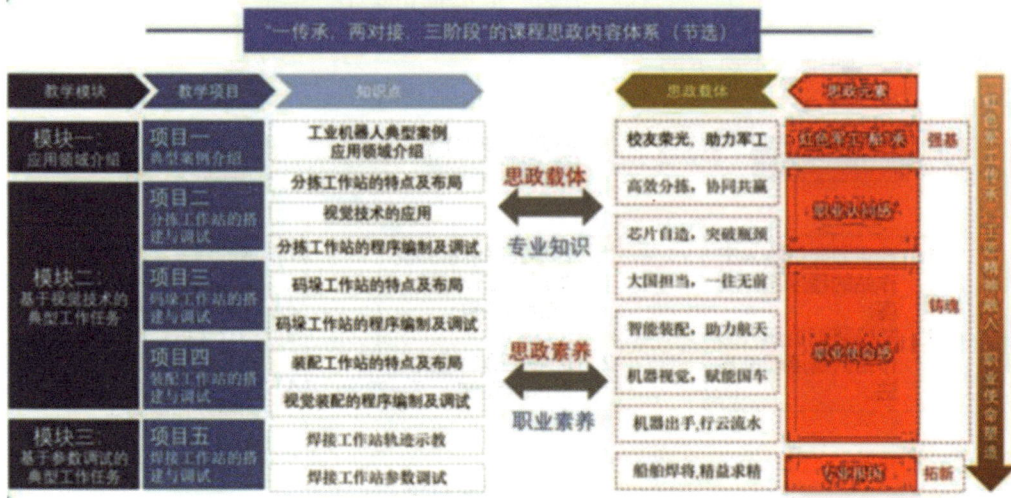

图2　课程思政内容体系

（三）构建课程思政教学模式

采用"问题、计划、行动、评价"四步骤PBL教学方法，融合"感知、明理、力行、升华"四层级思政养成理念，借助在线开放课程平台、学习强国平台、华航筑梦平台、学习通平台等四平台组织教学，使专业知识教育与思政教育同向同行，实现润物无声的教学效果，形成"四步四层四平台、双向同行协同育人"混合式教学模式，如图3所示。

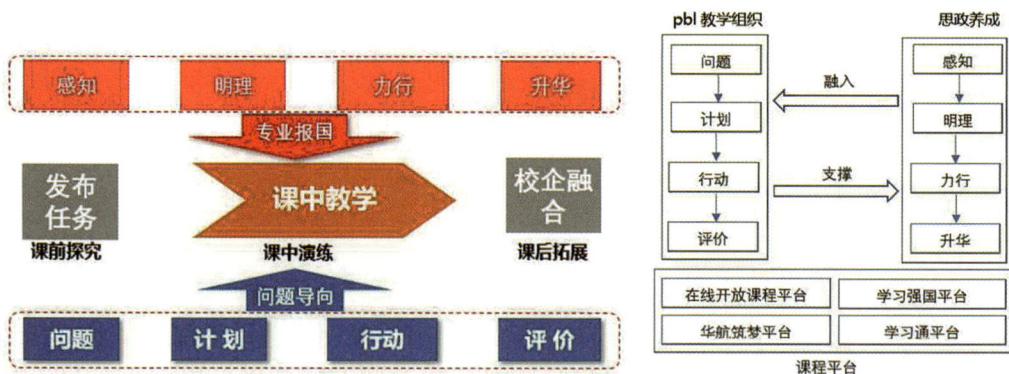

图3　四步四层四平台、双向同行协同育人"混合式教学模式

（四）实施过程

详细实施过程以模块二项目四"装配工作站的搭建与调试"为例，通过项目载体太空机械臂引入新技术、新工艺、新规范，助力中国制造，与世界比肩、与时代同行，培养学生创新精神，激发学生爱国热情与职业使命感，融入以PBL教学法为指导的教学过程，让学生

在学习专业技能的同时培育爱国意识、职业使命感等思政素养，实现知识传授、能力培养和军工核心价值塑造紧密融合。应用结合线上线下的混合式学习方式适应互联网时代学生的学习习惯，利于学生培养职业能力，形成科学的方法观。

序号	PBL 教学组织	教学过程		专业内容	思政养成
1	问题	课前探究		学生利用课程平台自主预习，准备装配工作站，完成课前测试。	为本次课学习奠定专业基础，为职业使命感的践行做好铺垫。
2		课中演练	感知	引入我国太空机械臂在外太空拖动实验舱实现分离、转位和再对接操作案例的典型装配案例，提出机器人改造项目。	激发学生民族自豪感与爱国热情。
3	讨论		明理	学生成立项目小组，头脑风暴机器人助力装配生产必要性，小组讨论确定实施方案。	激发学生作为工程人员的责任感与职业担当。
4	行动		力行	学生小组绘制机器人装配流程图，编写程序。通过虚拟仿真软件反复调试程序、优化参数，提升机器人装配效率。	受职业使命感驱动，不畏困难、精益求精完成改造项目，提高了装配效率以及装配精度，获得劳动满足感。

续表

序号	PBL 教学组织	教学过程	专业内容	思政养成
4	行动	课中演练		
5	评价	升华	小组讨论总结本次改造项目中攻克难点的方式方法，复盘项目要点。	意识到工匠精神在工程项目中的必要性，在践行中深化职业使命感。
6	课后拓展		探索多元化的改造方案；登录校企合作平台了解机器人在其他智能产线中的应用。	课后继续职业使命感的塑造。

三、教育效果

1. 教师成长：近年来，团队教师获金砖国家技能发展与技术创新大赛之欧亚公开赛移动机器人赛项银奖 1 项，机械行业职业教育技能大赛"湖北工匠杯"技术赛项一等奖，获批"湖北省技术能手" 6 人次，主持学院国家级教师教学创新团队建设、科研创新团队建设，连续 4 年获学校教师教学能力比赛一、二等奖，学校课程思政说课比赛二等奖。

2. 学生成效：毕业年级应征入伍志愿比例 5.93%，实际入伍比例 3.02%，远超全国同类院校平均水平。多名学生在新冠肺炎疫情期间以强烈的政治意识和担当精神，不辞辛劳，参与疫情防控工作，获得表彰。

四、特色创新

1. 创新"四步四层四平台、双向同行协同育人"混合式教学模式，实现专业教学与课程思政融合、教学过程与信息化平台结合，形成课程思政与专业教学的数字化育人新生态。

2. 创新"一传承，两对接，三阶段"的课程思政内容体系，根据智能制造企业相关岗位职业素质要求，将校园文化和企业文化深度融合，结合企业劳模等典型人物和典型案例资源，深度挖掘红色军工精神价值内涵。

五、课程考核评价

（一）评价方式

1. 多元评价：课程考核采取学生自评、学生互评、小组互评及老师评价相结合，对专业能力、社会能力、学习能力进行评价。

2. 过程评估：对学生完成工作任务的全过程进行评价，如资料检索、小组讨论、报告编写、项目实施、成果展示等。

3. 思政评价：根据课程教学过程中爱国敬业的表现，工匠精神和创新意识在课程中的具体体现，采用定性、定量相结合的形式进行考核评价。

（二）同行评价和学生评价

1. 企业评价：与北京华航唯实机器人科技有限公司进行校企合作，企业参与课程考核评价。

2. 观测员评价：近 3 年校内观测员对本课程的评价在 93 分以上（满分 95）。

3. 学生评教：近 3 年授课班级学生对本课程的评价在 92 分以上（满分 95）。

六、应用与推广

1. 建成高水平示范课程：凝炼"四步四层四平台、双向同行协同育人"的课程思政建设模式，获批校级课程思政示范课程，在全校范围内辐射国家级双高专业群和省级专业群，推广借鉴形成 5 门校级课程思政典型案例。

2. 示范辐射明显增强：中国教育报、湖北卫视等主流媒体对课程思政建设经验做法进行报道，团队在全国交通行指委、全国物流教指委、湖北省国培项目多次做公开推广，建设经验及模式被广泛借鉴。

十、三心七技育匠心巧手

——"建筑室内手绘表现"课程思政案例

黄冈职业技术学院　李顺华　刘国峰　何菁

一、案例背景

"建筑室内手绘表现"是建筑室内设计专业的核心课程之一，开设在第二学期，共68学时。它是建筑装饰行业方案设计师岗位、中国手绘艺术大赛、"1+X"室内设计职业技能等级考试的核心课程，是一门技能课，也是人文素质课，兼具技术与艺术的课程性质。本课程融合技术能力、美育素质、创意素养、思政引领，实施一体化培养德技双修的"匠心巧手"。

（一）课程教学内容简介

基于室内方案设计师岗位的工作要求，遵循国家专业教学标准，对接全国院校室内设计技能大赛赛点、"1+X"室内设计职业技能等级标准，以培育适应产业发展需求和新时代要求的"匠心巧手"为主线，依据能力生成规律，结合建筑装饰新业态、新技术，将方案设计师岗位中的典型工作任务与课程对接融通，有机融入"执着专注、精益求精、一丝不苟、追求卓越"为核心的工匠精神、"感知美、表现美、鉴赏美、创造美"的美育素养和创新意识，重构课程内容，由单一到综合、由模拟训练到真题实战，设置了"工具、单体、空间、方案"4个模块、28个学习任务，见图1。

（二）教学对象及分析

教学对象为建筑室内设计专业2021级01班学生，从知识基础、认知能力、学习风格、行为偏好4个方面，运用云平台信息数据，精准分析学情如下：

（1）知识基础：学生熟悉基本的素描、色彩知识和空间透视规律。

（2）认知能力：学生具备基本的造型能力和色彩表现能力，但与方案设计师岗位的要求相比还有较大差距。

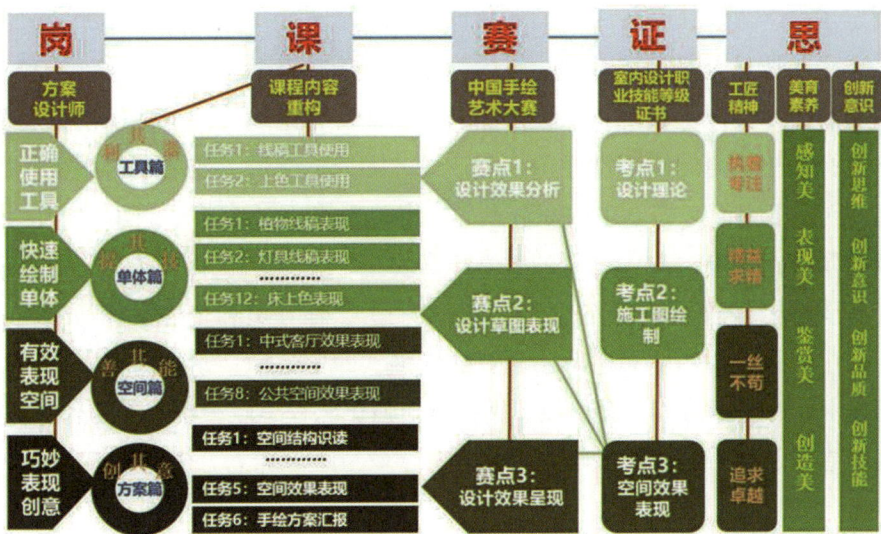

图 1 重构课程内容

（3）学习风格：绝大多数同学喜欢在做中学、乐中学。

（4）行为偏好：学生喜欢绘图，喜欢临摹仿造，喜欢虚实结合的新奇事物，但在反复的修改训练和处理复杂的空间任务时，耐心不够、信心不足。

（三）课程教学目标

根据专业培养方案和课程标准，对标方案设计师岗位要求及学生学情，明确了"匠心巧手"的课程目标。知识目标是熟记室内手绘表现基本技法、手绘方案创意方法及手绘方案表达的沟通方法；能力目标是能灵活运用技法、创意思维推导和选用、有效进行沟通；素质目标是具备匠作之心、求美之心、创新之心。教学重点是不同单体及空间的手绘技法；需要解决对接岗位要求、灵活运用手绘技法的教学难点。

（四）教学策略

一是构建了"三结合、七环节"的教学模式。

开展线上线下相结合、课内课外相结合、校内校外相结合的"三结合"混合式教学，将美育教育和创新素养融入课堂教学，通过"预习学技、试画验技、观摩研技、练画提技、交流评技、拓展固技、线上论技"七个环节，实现学生技能的螺旋提升。

二是采用了"全过程、大家晒"的教学手段。

以小组形式，抽取代表展示作品，对手绘作品的准确性、创意度和美感度评价。通过试作品、画作品、晒作品、评作品的过程，将"匠作之心、求美之心、创新之心"较好融入到任务完成全过程，让"三心"自然而然地滋润学生心田。

三是制定了"多方参，全程采"的考核评价。

课前、课中和课后全过程中教师、学生、企业设计师对学生进行思政素质和综合素养考核评价。从课前预习、课堂表现、课程作品、展示评价、论坛交流、成果汇报展览等多方面进行量化评价，关注学生的增值性评价。企业设计师依据岗位工作要求对学生作品从手绘质量、美观度、创意度方面考核学生的职业素养、审美素养、创新能力、团队协作等综合能力。

四是组建了"素质高、技术精"的教学团队。

组建了一支由专任教师（党员占比达二分之一）、辅导员和企业设计师组成的"三员"教学团队。通过加强教师团队思想政治教育，增强"四个自信"，提高育人意识，切实做到爱学生、有技术、有艺术修养、会传授、做榜样。强化课程思政教学改革工作，把知识传授、能力培养、思想引领融入到课程教学全过程。

二、主要做法

（一）课程思政目标细化

为达成"三心"课程思政目标，以技能提升为主线，在四个学习项目中分别设置"预习学技、试画验技、观摩研技、练画提技、交流评技、拓展固技、线上论技"七个步骤的教学过程，融合工匠精神、美育素质、创意素养的思政引领，实施一体化培养。课程四个学习项目对应的课程思政目标见表1。

表 1　课程思政目标细化

序号	工作任务	主要内容	课程思政目标	思政元素切入点	资源类别
1	灵活用工具	线稿工具使用、上色工具使用	培养爱国情怀、敬业精神、执着专注、感知美、创新思维	介绍建筑发展史中著名建筑设计师、室内设计师的经典作品、生动故事，让学生了解中国传统建筑文化、设计师岗位的魅力、成长过程中必须要具备的基本素养，产生爱国情怀、敬业精神、匠心精神和创新思维	视频、图片、案例
2	轻松画单体	植物、抱枕、窗帘、柜子、椅子、沙发、茶几、床等单体线稿表现和上色表现	培养精益求精、表现美、创新意识	通过课前预习、收集资料，课中对室内各单体试画、范画、练画、评画，课后练画、评画等环节不断进行作品比较和分析，让学生感知、表现、鉴赏、创造作品的美；小组协作，锤炼团队精神；不断修改作品，让作品精益求精，培养创新意识	视频、作品、图片
3	准确绘空间	居住空间（客厅、餐厅、卧室等）、公共空间线稿和上色表现	培养传统文化积淀、一丝不苟、鉴赏美、创新品质	通过课前预习、收集资料，课中对室内各空间试画、范画、练画、评画，课后练画、评画等环节不断进行作品比较和分析，让学生感知、表现、鉴赏、创造作品的美；小组协作，一丝不苟地修改作品，能鉴赏小组成员作品的优缺点，培养创新品质	视频、作品、图片、案例
4	巧妙表创意	结合各设计方案，创意刻画靓点单体细节	培养追求卓越的精神、创意美、创新技能	通过课前预习、收集资料，课中对手绘方案中创意点进行试画、范画、练画、评画，课后练画、评画等环节不断进行作品比较和分析，让学生探索、分析、纠错、出新，培养学生的追求卓越、创造美的创新技能	视频、作品、图片、案例

（二）以一个任务为例说明具体做法

下面以项目三空间篇——中式客厅效果表现为例举例说明。

1. 课前

课前预习学技。教师根据学生测评情况，通过云端平台，有针对性地推送学习任务。学生探究式自学中式客厅手绘方法，了解设计前沿潮流，观看中国传统建筑文化、大师演讲、工匠事迹视频等课程思政资料，见图2。培养学生热爱传统文化的情感及爱岗敬业的精神。通过课前预习，感知美。

图2　课前自学

2. 课中

课中分四个阶段：

试画验技阶段，学生根据工作任务，通过试做来检验自己课前自主学习的成效，通过小组互评试做成果，系统总结学习难点，表现美。

观摩研技阶段，教师讲解中式元素美、空间效果美，并根据学生掌握的课前学习情况和学生总结的难点做重点讲授，见图3。同时做手绘中式元素客厅空间效果的示范，见图4。学生在认真观看的过程中，对照反思研讨技能方法，感知美。

练画提技阶段，学生结合中式元素特点，确定中式风格客厅空间的表现元素，并进行强化训练提升技能，表现中式空间效果美，培育一丝不苟的工作作风，表现美。教师根据课前诊断性评价结果及前期任务综合评价结果，开展个性化指导，见图5。

交流评技阶段，学生完成任务后，小组交换效果图，对比检验效果图，纠错评优，鉴赏美。老师系统点评，对代表性问题进行纠正示范，见图6。

图 3　教师讲授中式元素美

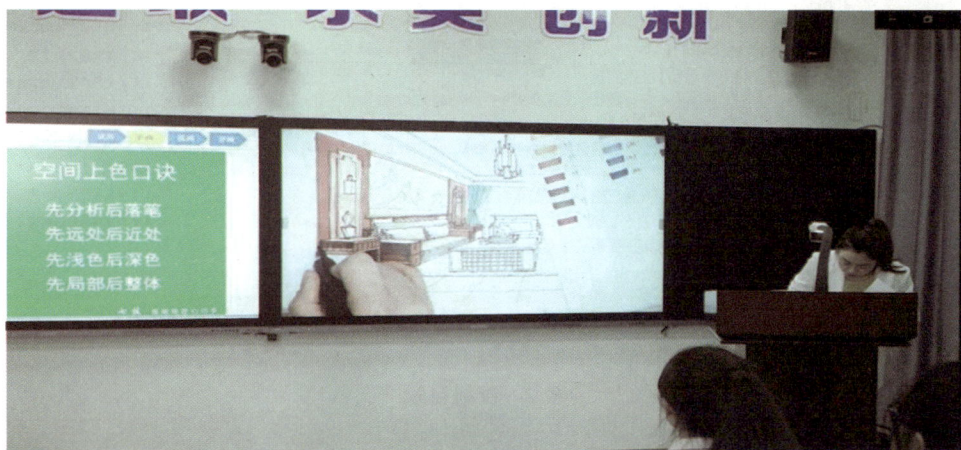

图 4　教师示范中式空间手绘技法

图 5　教师进行个性化指导

图 6　学生代表评价作品

3. 课后

课后分两个阶段：

拓展固技阶段，教师根据评价结果对学生布置不同的拓展任务，巩固专业技能，创造美。学生将完成的拓展任务及时上传网络平台。

线上论技阶段，企业导师结合岗位要求，对学生作业进行有针对性的点评指导，学生与导师进行线上交流讨论，查看教师作业的批阅和企业导师的评价，反思修改，灵活运用技法。

三、教育效果

（一）学生的效果

1. 核心技能有效提升

202101班学生"抬头率"显著提升，课堂参与度高达100%。通过与2020级学生对比发现，学生"六维能力"提升幅度明显，所有学生增幅均在30%以上，毛林丰、方欣雨、旦增杰布3名同学增幅超过45%。

2. 适岗能力明显增强

学生较好完成工作室真实项目，在线上平台和线下工作室与企业设计师交流通畅，学生手绘技能、美育素养、创意思维得到客户认可和企业导师好评。参加黄冈市装饰协会组织的方案设计技能大赛优秀率达到了86.8%；第二课堂参与乡村振兴的乡村美居墙绘获群众点赞。

3. 创意思维逐渐形成

通过真题实作，学生在手绘表现前，对空间和客户要求分析理解，通过资源网站，查找资料，了解国内外最前沿的设计潮流，开启创意思维；手绘表现中，根据老师的指导，不断反思修正；手绘表现后，对创意效果进行展示汇报，根据企业导师的点评验证进行创意表现改进。通过这种闭环迭代创意思维培养，学生独特创意构思逐渐形成，创作欲望强烈，拓展任务中的原创作品逐渐赢得企业认可。

（二）教育成果

1. 竞赛考证，学生获佳绩

课程思政的有机融入，有效提升了学生专业技能上的工匠精神、美育和创意综合素养。学生在"赛冠杯"第三届山东省大学生环境艺术创新创意设计大赛获得"二等奖"（见图7）；在2022年全国院校室内设计技能大赛获湖北赛区"三等奖"（见图8）；在2022湖北高校第九届美术与设计大展中，与湖北省所有高校同台竞技，获得"三等奖"（见图9）。20名学生报名参加"1+X"室内设计职业技能等级证书（中级）考核，通过率95%（见图10），远高于其他兄弟院校的通过率。

图 7 环境艺术创新创意设计大赛获奖证书

图 8 室内设计技能大赛获奖证书　　图 9 美术与设计大展获奖证书

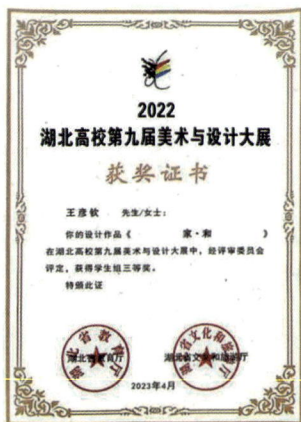

图 10　室内设计职业技能等级证书通过率为 95%

2. 教学相长，教师获成长

教师在对课程思政改革的探讨、研究和融入实践中，不断提升了对课程内容的理解度、技术技能的完善度以及课程蕴含思政元素的挖掘度。在日常教学中践行课程思政的改革，教师团队运用本课程的教学理念参加 2022 年湖北省职业院校教学能力大赛，获得湖北省"二等奖"（见图 11）。团队教师获 2022 年全省院校室内设计技能大赛优秀指导老师。

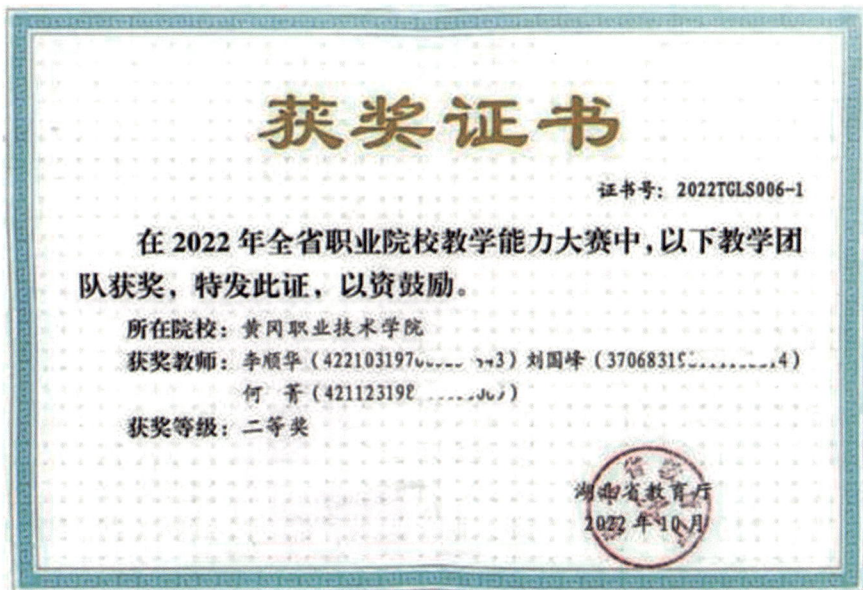

图 11　教师获奖证书

四、特色创新

（一）形成了突显课程特色的"三心"课程思政目标

本课程结合岗位需求、专业标准、大赛赛点、X 证书考点对应的技能、素质要求，明确提出并实践了"匠作之心、求美之心、创新之心"的"三心"课程思政目标。改变了传统的手绘表现相关课程单一关注手绘技能的提升，忽略了素质素养培育的现状，将"三心"巧妙融入技能提升全过程。通过比对往届学生和 2021 级学生的整体综合素养及取得的成果，有力佐证了"三心"课程思政目标的达成。

（二）探索了符合能力形成规律的技能提升新路径

"七技"实践将技能提升贯穿项目任务的课前、课中、课后三阶段，预习学技、试画验技、观摩研技、练画提技、交流评技、拓展固技、线上论技七个步骤更加符合认知、学习、提升、巩固的能力形成规律，有效提升了学生的专业技能。

（三）设计了多元全程覆盖的"六度指标"教学评价

融合培养目标，多元全程覆盖，设计"六度指标"教学评价。依据方案设计师岗位要求，基于课程技艺结合的特征，通过课前、课中、课后三个阶段，将"匠心巧手"培养目标融入理论知识掌握度、专业技能熟练度、审美能力形成度、创意构思合理度、综合素养提升度、任务完成增值度"六度"标准中，采用诊断性、形成性、增值性 3 种评价方式，通过平台记录、学生自评、小组互评、导师点评、教师讲评，对学生学习效果、性格行为特点及教学目标达成度开展全方位、全过程、多元化综合评价。根据评价情况，实时调整教学策略，改进学习方法，完善分层结构，精准分类指导。

十一、思政与技能互融互促
校企共育现场工程师

——"机床电气控制"课程思政案例

长江工程职业技术学院　陈玉团队

一、案例背景

（一）课程简介

智能制造专业群获批湖北省第一批职业教育现场工程师专项培养计划项目。本课程是智能制造专业群的核心课程，开设在大二上学期，总学时为 56 学时。前导课程为"电工基础""电子基础"，后续课程为"PLC 应用与设计"。

"机床电气控制"课程立项为提质培优行动计划中 10000 个左右具有职业教育特点的课程思政教育案例。该课程已建成校级精品在线课程、课程思政示范课。课程坚持以立德树人为根本任务，以学生发展为中心，依据《高等学校课程思政建设指导纲要》，根据智能制造专业群人才培养目标及"机床电气控制"课程标准，按照"思政与技能互融互促"思路，重构课程内容为电动机点动控制电路安装与调试、电动机连续运行控制电路安装与调试等 8 个项目。

（二）教学对象及分析

授课对象为大二学生。学生已具备电工电子技术的基础知识和技能，具有电工（中级）的基本职业素养；学生理论基础相对薄弱，动手能力强；乐于接受新事物，自我意识强，缺乏判断力。

（三）教学目标

通过本课程培养学生爱国之情、强国之志、报国之行，使学生掌握电器元件的结构，能正确绘制图形符号及分析电路原理，具备电气安装与接线、电气系统维护维修能力，为后续学习奠定基础。

（四）教学策略

课程坚持以立德树人为根本任务，以学生发展为中心，依托校级在线精品课程资源，开展"思政与技能互融互促"的线上线下混合式教学，采用启发式、探究式、问题导向式、小组讨论式等教学方法。为达到思政润物无声的效果，在课堂教学实施环节，按照"六步"依次展开：明确任务→制定计划→做出决策→实施计划→检查控制→反馈评价，将思政元素渗透至各个环节。

二、主要做法

（一）以"爱国、立志、践行"为主线，构建思政教学体系

以"爱国、立志、践行"为思政主线，将智能制造专业群现场工程师毕业生要求落实到"机床电气控制"课程目标中，即把支撑学生毕业要求的"安全意识""职业道德""劳动精神""机电设备装调"等落实到本课程，从而确定课程思政目标为：服务制造强国战略，培养"会识图、能操作、懂工艺、善协作"的高素质技术技能人才。

依据《高等学校课程思政建设指导纲要》对工学类课程思政建设的要求，对"机床电气控制"课程思政目标进行四级指标分解，"服务制造强国战略"为一级思政目标；"爱国、立志、践行"为二级思政指标；"理想信念、爱国情怀、传统文化""科技报国、技能强国、人才兴国""方法论、实践论、认识论"为三级思政指标；"中国科技、社会主义核心价值观、文化自信""创新精神，精益求精、安全意识，有责任、勇担当""系统思维、底线思维，求真务实精神，透过现象看本质"为四级思政指标。四级目标与八个教学项目一一对应，如图1所示。

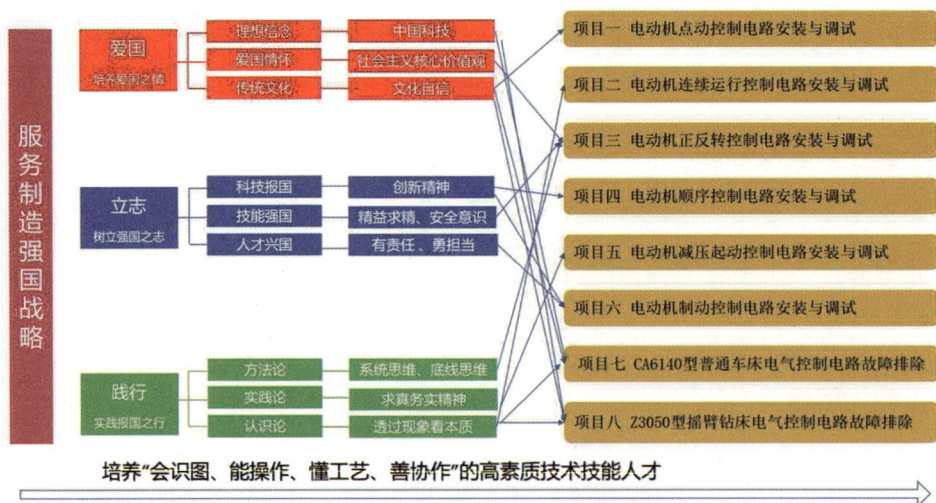

图1 "机床电气控制"四级思政指标分解图

（二）全过程融入思政元素，打造"沉浸式"课堂

课前开展线上故事课堂。学生通过在线精品课程素材库了解机床发展史、电机工程专家感人故事、企业明星师傅先进事迹等，增强学生文化自信、科技自信。

课中实施技能与思政互融互促。课堂实施基于行动导向教学法理念，按照六步展开。在制定计划、做出决策环节通过小组任务分工、制作工艺流程、设计应急预案等任务培养学生团队协作、诚信友善、系统思维等。在实施计划、检查控制环节则通过绘制原理图、电气接线、通电测试、故障排除等任务融入质量意识、安全意识等思政元素。

课后开放实训室，依据企业工艺规范，布置控制柜接线、电路设计等任务，培养学生创新、钻研精神，精益求精精神，如图 2 所示。

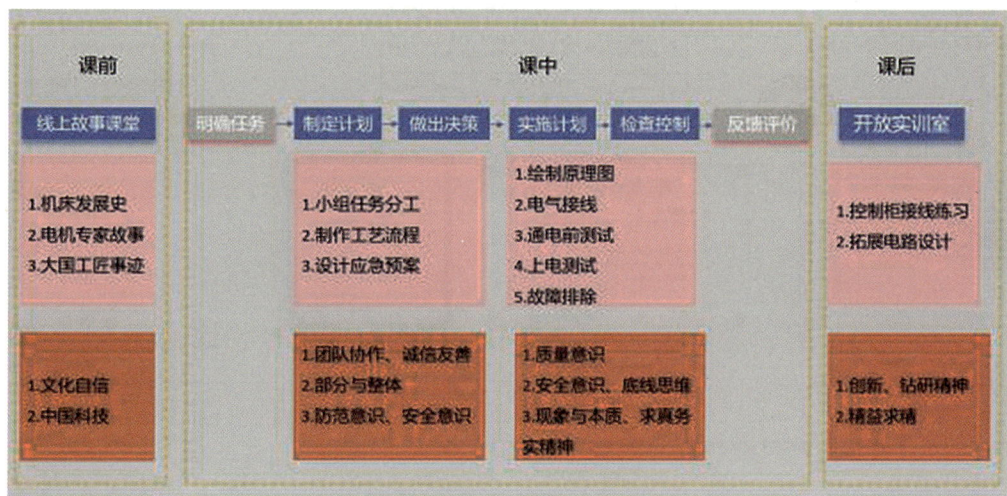

图 2 "课前课中课后"全过程融入思政元素示意图

（三）岗课赛证融合式育人，培养"工匠型"人才

课程团队深入华星光电技术有限公司等合作企业调研，引入机电设备安装、调试岗位中电机启动、调速等真实案例，同时融入智能制造专业群"1+X"职业技能等级证书考核要求，引用全国职业院校技能大赛评分标准中的元器件安装工艺、端子排接线工艺、号码管工艺、扎带绑扎工艺、绘图标准等，不断强化学生的质量意识、安全意识等职业素养，培养"工匠型"人才。

三、教育效果

（一）持续深化教学改革，课程建设成效显著

课程已建成校级精品在线课程、课程思政示范课。精品在线课程累计选课人数 553 人，

累计页面浏览量达 288117 人次；思政教学改革重点课题结题 1 项，发表教学改革论文 2 篇，校级新形态教材立项 1 项。课程思政优秀教学案例"火箭升空背后之'金手指'的故事"获校级三等奖。与本课程相关的"1+X"职业技能等级考试考核通过率连续两年达到 100%，学校因此被评为"全国优秀试点院校"，如图 3 所示。

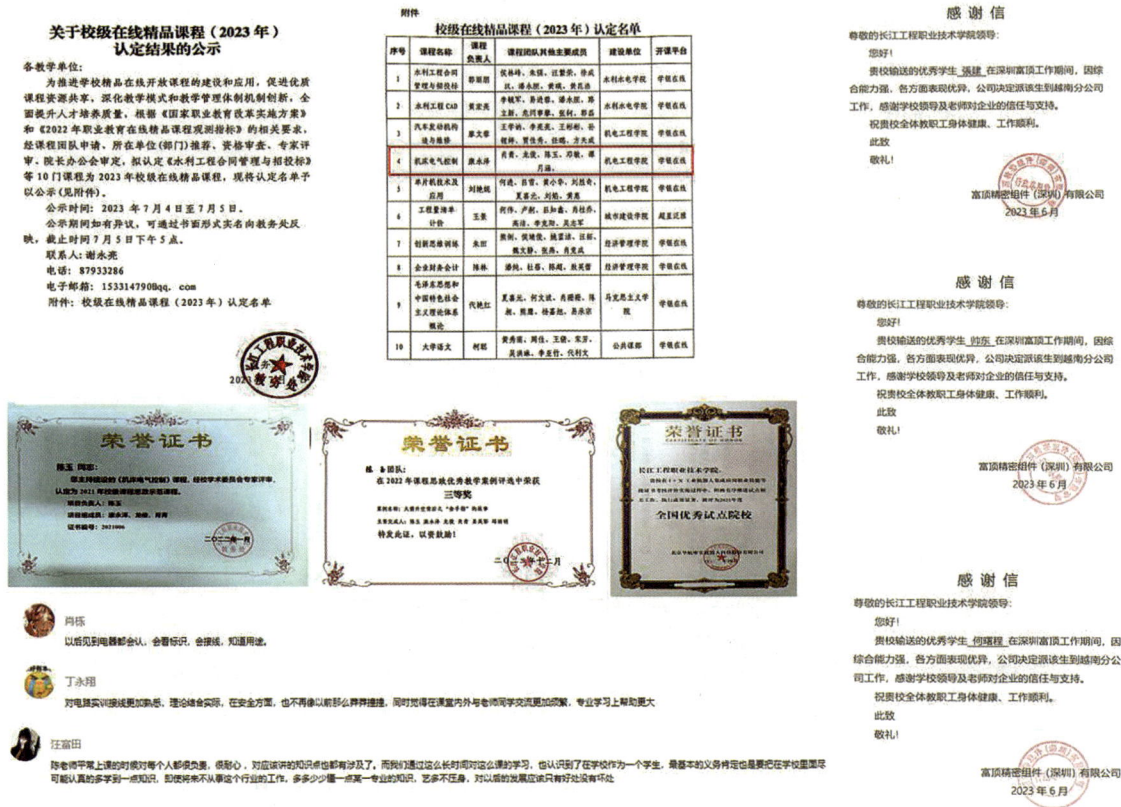

图 3　课程建设成效

（二）持续加强团队建设，师资水平明显提高

建成了一支专兼结合、结构合理的师资团队。课程团队由 4 名校内专任教师和 1 名企业兼职教师组成。2 名教师主持建设的课程获校级"课程思政"示范课；企业兼职教师参与指导学生创新创业项目，获省赛铜奖 3 项，校级一等奖 2 项；1 名教师获"荆楚好老师"提名奖，1 名教师入选武汉市江夏区创新技术能手，1 名教师在国培项目"三教改革专题"培训中被评为优秀学员，1 名教师在工业机器人技术应用省赛中获教师赛一等奖，2 名教师获得"师德师风标兵"称号，如图 4 所示。

图 4　课程团队建设成效

（三）持续激发主体作用，学生综合能力有效增强

融入课程思政后，教学效果显著。学生主动学习的积极性提高，知识、技能水平明显提高，团队协作、安全用电、节约用电意识等职业素养逐步增强，如图 5 所示。

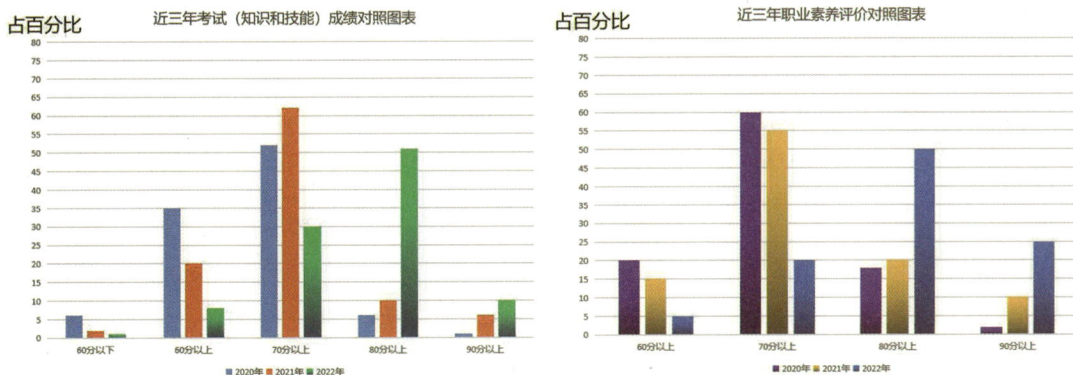

图 5　近三年学生考试成绩、职业素养对照

近年来，智能制造专业群 8 个班级被评为校级文明班级。12 名学生参加省级以上技能竞

赛并获奖 11 项，其中获全国职业院校技能大赛二等奖 1 项；获"同立方"自动化产线装调虚拟仿真技能大赛一等奖 3 项，二等奖 1 项；获省青年职业技能大赛优秀选手称号；获全国第四届"慧阳杯"数字化集成应用系统线上大赛特等奖 1 项，一等奖 2 项；获湖北省职业技能大赛二等奖 2 项，如图 6 所示。

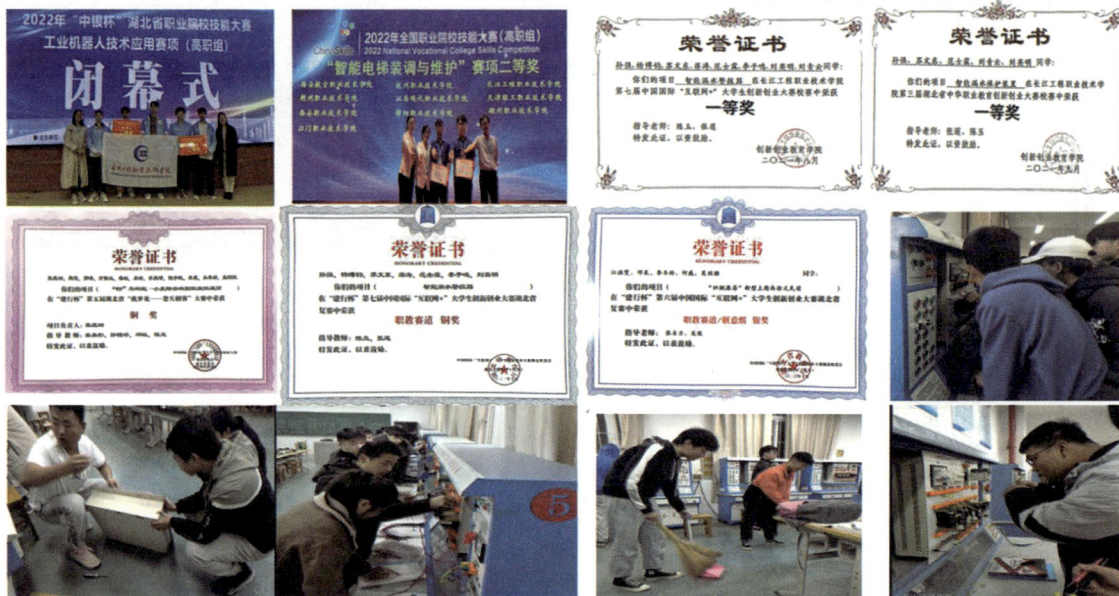

图 6　学生大赛获奖及平时表现部分照片

四、特色创新

（一）构建了"四级"课程思政教学体系

以服务制造强国战略为出发点，构建了"机床电气控制技术"的四级课程思政教学体系：以"服务制造强国战略"为一级思政目标；以"爱国、立志、践行"为二级思政指标；以"理想信念、爱国情怀、传统文化""科技报国、技能强国、人才兴国""方法论、实践论、认识论"为三级思政指标；以"中国科技、社会主义核心价值观、文化自信""创新精神，精益求精、安全意识，有责任、勇担当""系统思维、底线思维，求真务实精神，透过现象看本质"为四级思政指标。

（二）建设了"名师名匠"案例库

深入挖掘企业明星师傅事迹，记录优秀毕业生成长之路，搜集大国工匠背后的感人故事，形成了世界机床发展史，中国机床发展史，电机工程专家顾毓琇、钟兆琳等的感人故事，航天点火员"金手指"故事，长江学子故事，国赛选手备赛故事等 40 个典型案例，增强学生文化自信、科技自信。

（三）打造了"有序、有趣、有用、有效"的四有课堂

全面推行"课前课中课后"三段式教学设计、"明确任务、制定计划、做出决策、实施计划、检查控制、反馈评价"六步教学法，学生主体作用凸显，教学效率明显提升。落实岗课赛证融通，引入企业真实案例，学生所学即为企业所需。打造了"有序、有趣、有效、有用"的"四有"智慧课堂，人才培养质量不断提升。

十二、"七围七突"凸显三全育人 "五化"模式实施课程思政

——"电子产品系统设计"课程思政案例

仙桃职业学院　光明

一、案例背景

"电子产品系统设计"是电子信息工程技术专业的专业核心课，是湖北省高水平专业群现代非织造技术专业群的"高层互选"课，面向大二学生开设；依托"电子产品设计与制作"省赛、国赛，与武汉莱斯特、湖北羽林等企业合作，选取大赛项目和企业实际产品，融入物联网单片机应用与开发职业技能"1+X"证书要求，构建电子时钟、简易探月车等 6 个项目和 24 个任务，课程总学时数为 128 学时。

本课程以项目为导向，以任务为驱动，以实践为核心，激发学生的学习兴趣和动力，提高学生的动手能力和实践能力；以案例为出发点，以问题为引领，以探究为方法，培养学生分析能力和解决问题的能力，提高学生的创新能力和创造能力；以思政为引领，以价值为内涵，以文化为载体，培养学生的社会主义核心价值观、科技伦理等职业道德与素养。

二、主要做法

（一）实施"三式"教育，打造课程思政"方向盘"

1. 贯穿式教育

将思政元素贯穿在课程学习的始终，从课程目标、内容、方法、评价等方面，体现立德树人的核心任务。

2. 案例式教育

选择数字稳压电源设计等典型案例，结合思政教育主题，展开讨论和分析，引导学生从多角度、多层次、多维度认识问题和解决问题。

3. 实践式教育

通过课内 6 个项目和课外志愿者服务、维修、技能竞赛等实践活动，培养学生的职业素养和工匠精神。

编号	项目名称	思政主题	项目思政
1	数字稳压电源的设计	节能减排	数字稳压电源需要考虑能源的使用效率和稳定性，从而实现节能减排的目标。在设计过程中，需要注重对电源的能源利用效率和对环境的影响进行评估，并采取相应的措施减少对环境的污染和能源的浪费。
2	电子时钟设计	传承历史	电子时钟设计兼顾传统文化和现代科技的融合。在传承历史文化的过程中，需要注重对传统文化的保护和历史的传承，同时也需要通过现代科技的应用，实现更加精准、智能的时间显示。
3	智能称重系统	道德与公正	智能称重系统保障称重数据的准确性和公正性，注重道德和公正的原则，防止不良商家利用不正当手段对消费者进行欺诈，可以为人们提供更加精准、便捷的称重服务，提升人们的健康和生活品质，同时也要注意保护用户的隐私和信息安全。
4	温湿度监测系统	环境监控	温湿度监测系统可以用于室内环境监测和控制，对于保护环境，提高室内空气质量等方面有着积极的意义。在设计和应用温湿度监测系统的过程中，需要充分考虑环境保护和科技创新的理念，促进生态文明建设和可持续发展。
5	智能家居控制器设计	科技创新	智能家居系统的设计需要注重社会责任和科技创新，从而推动智能家居技术的发展和应用，同时注意保护用户隐私和信息安全，遵守道德规范，兼顾人文关怀与科技创新相融合，关注人们的健康和生活，实现科技与人类社会的和谐共处。
6	简易探月车	探月工程	探月基本硬件电路的研制和应用不仅有助于人类探索宇宙，也是国家科技创新发展的一个重要方面，体现了国家的科技实力和创新能力。引导学生认识到科技创新对于国家发展的重要意义，以及国家对于科技创新的支持和推动作用。同时，也可以培养学生的爱国意识和责任感，增强国家荣誉和民族自豪感，让他们更加珍惜祖国的科技实力和荣誉，为祖国的发展贡献自己的力量。

（二）拓展"显隐"手段，打造课程思政"动力源"

1. 显性教育

将思政教育显性地贯彻在课程教学中，应用在教材里。选用与思政主题相关的视频、案例、图片进行授课；采用讨论、投票、调研等形式展开思政教育。

2. 隐性教育

创设思政教育情境、氛围等渗透课程教学，潜移默化地影响学生思想和行为。通过教室环境展示标语、海报、图片等，营造思政氛围；校内外双导师言传身教，展现思想品德和职业素养；实践教学中使用标准化和创新型设备、工具、产品来培养实践能力和创新精神。

（三）优化"三个"建设，打造课程思政"施工队"

1. 建设德艺双馨的教师队伍

深入开展中国特色社会主义法治理论、法律职业伦理、人文教育等专题培训，定期组织政治学习，使教师成为社会主义核心价值观的坚定信仰者、积极传播者和模范践行者。

2. 建设言传身教的执业习惯

规范教师的执业行为和习惯，严格遵守职业道德和职业规范，做到言传身教。如在实训室内穿戴防静电服装，使用防静电工具和设备，按照 6S 要求进行工作区域整理和清洁，以起到示范作用，如图 1 所示。

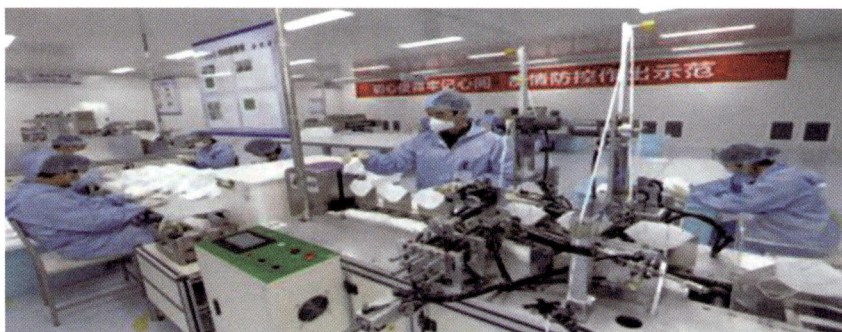

图 1　实践教学场景

3. 建设课程思政的评价路径

建立完善的课程思政建设评价体系和机制，从思政目标达成度、思政内容覆盖度、思政方法运用度、思政效果满意度、思政教师素质度、思政课程质量度六个维度进行评价。

评价维度	细化条目	分值	比例	总分
思政目标达成度	课程目标与思政目标的契合程度	25	20%	100
	学生对思政目标的认知与接受度	25		
	学生对思政目标的贯彻落实程度	25		
	思政目标达成的成果与效果	25		
思政内容覆盖度	思政内容与课程内容的契合程度	25	15%	
	思政内容的科学性和先进性	25		
	思政内容的生动性和鲜活性	25		
	思政内容的具体化和针对性	25		
思政方法运用度	思政方法的多样性和灵活性	25	15%	
	思政方法的实效性和针对性	25		

评价维度	细化条目	分值	比例	总分
思政方法运用度	思政方法的互动性和参与性	25	15%	100
	思政方法的创新性和引领性	25		
思政效果满意度	学生思想政治素质的提升程度	25	20%	
	学生思想政治觉悟的提高程度	25		
	学生道德情操的提高程度	25		
	学生社会责任感的培养程度	25		
思政教师素质度	思政理论水平和政治素养	25	15%	
	课程设计能力和授课技巧	25		
	学科知识水平和教学经验	25		
	师德师风和工作态度	25		
思政课程质量度	教学内容的丰富度和深度	25	15%	
	教学形式的多样性和趣味性	25		
	教学手段的现代性和先进性	25		
	教学管理的规范性和有效性	25		
合计：六个维度			100%	100

（四）推行"四个融合"，打造课程思政"融合器"

（1）坚持思政教育与课程内容相融合。利用超星学习通平台，为学生提供与五个思政教育相关的音视频、辅导教材、动画、图片、习题、虚拟仿真等内容，建好思政资源库。

（2）坚持思政教育与课堂教学相融合。实施"三课十步"，建好思政桥头堡，提升思政教育的趣味性和生动性，如图2所示。

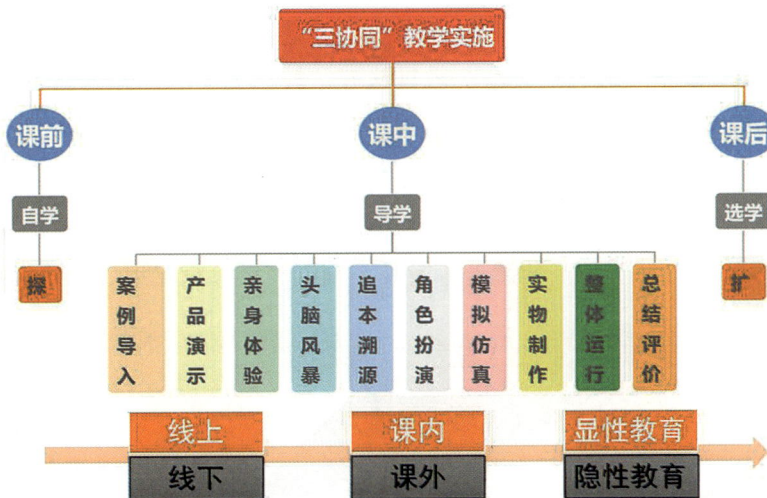

图2 具体教学环节

（3）坚持思政教育与实践教学相融合。组织学生参加企业见习、免费维修、"电子产品制作"校赛等活动，拓展思政教育实践性和创新性。

（4）坚持思政教育与自主学习相融合。鼓励学生课外时间利用微信、学习通等平台进行自主探究和拓展学习，凸显思政教育个性化和开放性，如图3所示。

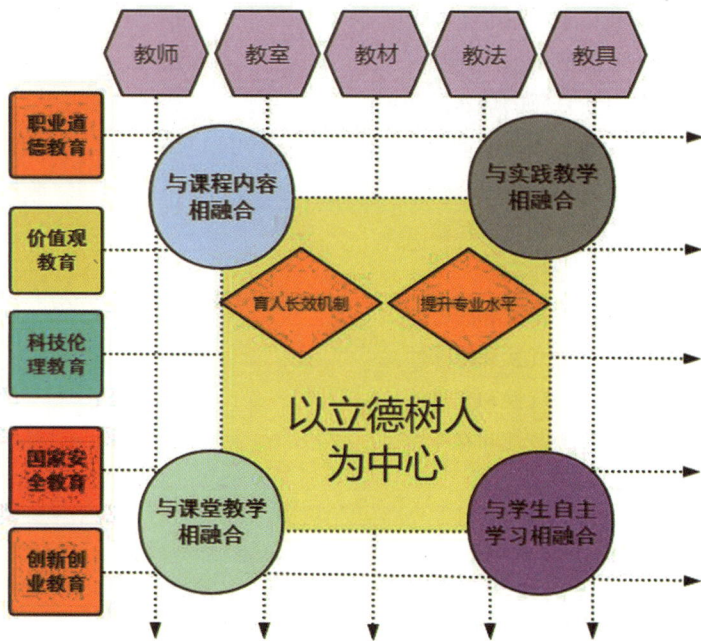

图3　"5教4融"育人法

（五）构建"五横五纵"，打造课程思政"聚宝盆"

五横是指价值观教育、职业道德教育、科技伦理教育、创新创业教育、国家安全教育这五个思政教育主题。

五纵是指教师、教室、教材、教法、教具这五"教"主体。以德艺双馨的省级双师型教师团队为思政主导；在教室布置"领先科技、追求卓越"的企业文化等与思政主题相关的标语、海报，营造思政氛围；将智能家居、探月车等案例融入课程教材建设中，展示科技伦理等思政元素；实施探究式、问题导向式等教法，利用讨论、演示、角色扮演等多种形式，落实创新创业等思政目标；以"千里眼"传感器等教具为辅助，潜移默化地展示价值观等思政主题。

（六）贯彻"三课十步"，打造课程思政"金钥匙"

以项目6简易探月车的任务4高级功能实现为例。

1. 课前探索

学习"探月车的高级功能设计"等微课，完成课前测试，增强学生的国家意识和民族自豪感，培养学生自学能力。

2. 课中十步

（1）案例导入。观看案例视频"玉兔月球车行驶"，导入探月车的高级功能设计，培养学生对科学的热爱和探究精神。

（2）产品演示。教师演示探月车的高级功能，让学生深刻认识"以人为本"的社会意义，培养学生的观察、分析、提问和解决问题的能力。

（3）亲身体验。学生按规范操作已完成的探月车，培养学生的规范意识、安全意识。

（4）头脑风暴。小组讨论分析任务，引导学生对技术发展的思考，培养学生解决问题和团队协作能力。

（5）追本溯源。以"智能垃圾桶"为案例，针对"千里眼"传感器进行解析，培养学生社会责任感和保护环境的意识。

（6）角色扮演。学生分组扮演硬件工程师、软件工程师、工艺工程师三个角色，培养学生的团队意识、质量意识、标准意识。

（7）模拟仿真。通过使用 proteus 等仿真软件，让学生仿真小车设计的内容，培养学生自主学习和探究精神。

（8）实物制作。让学生使用传感器、电路板等元器件，制作简易探月车，培养学生动手能力、创造能力和精益求精的作风。

（9）整体运行。对简易探月车进行功能测试，让学生观察和测试其运行效果，培养学生系统思维和解决问题的能力。

（10）总结评价。学生现场演示功能，进行自我评价和互评并整理工位，培养学生自我评价、反思能力和"6S"职业素养。

3. 课后拓展

教师布置课后作业，发布调研问卷。强化学生责任意识和自我管理能力，开拓学生视野并增强自信心。

三、教育效果

（一）教学目标达成度显著提升

学习通数据显示，学生知识、能力目标达成度接近 90%；与近三年相比，成绩、到课率、抬头率、满意度均大幅增加，超过 95%。

（二）学生思想素养明显提升

90% 的学生体会到创新和合作的重要性，参加义务劳动、社区服务、免费维修等活动的学生人数逐年增加，积极要求入党的学生人数也明显增多。

（三）人才培养质量有效提升

近两年学生在各类技能竞赛中屡创佳绩，在全省、全国高职院校技能大赛中荣获一等奖 2 项，三等奖 5 项。毕业生企业满意度达 98%。

（四）教师团队水平不断提升

本课程教师在学生评价中保持教学质量排名前五，在全国微课大赛获奖 5 项，省教学能力大赛获奖 2 项，主持省级教改课题 9 项，申请专利 3 项，发表论文 4 篇，出版教材 2 本。

四、特色创新

（一）形成"七围七突"的课程思政内涵创新

围绕类型教育，以意识形态构建为核心，突出立德树人价值引领；
围绕职业特点，以职业道德培养为抓手，突出劳动精神工匠精神；
围绕时代课题，以当前形势政策为重点，突出同向同行协同发力；
围绕思政融合，以课程内容衔接为依托，突出潜移默化润物无声；
围绕教学活动，以学生全面发展为主线，突出成长行为意识培养；
围绕实现手段，以软件硬件建设为契机，突出教师思政能力建设；
围绕评价方式，以绩效考核体系为手段，突出课程思政建设效果。

（二）形成"一二三四五六"型"五化"课程思政模式创新

形成思想体系化、内容结构化、实施过程化、案例丰富化、评价多元化的"五化"课程思政模式。

坚持立德树人"一个中心"，明确构建育人长效机制和提升学生专业水平"两个目标"，实施"三课十步"，基于超星学习通实施混合式教学，实现线下线上、课内课外、显性隐性的"三个协同"，坚持"四个融合"的理念，形成"五横五纵"的课程思政内容体系；拓展"六个维度"的课程思政建设评价体系。

十三、智慧安防　平安强国

——"智能化视频监控系统调试"课程思政案例

武汉警官职业学院　余莉琪　张盈　程静　姜晨雪　黄超民

一、案例背景

（一）单元教学内容

武汉警官职业学院安全防范技术专业对接强国建设"平安强国"，服务"平安湖北"建设，紧密对接湖北省"51020"现代产业集群中安全应急产业升级和数字安防技术变革趋势，面向新业态、新职业、新岗位，及时把新方法、新技术、新工艺、新标准引入到课程教育教学实践，着力打造从事智能安防系统技术支持、工程施工与平台运维的高素质技术技能人才。图 1 所示为产业人才对接。

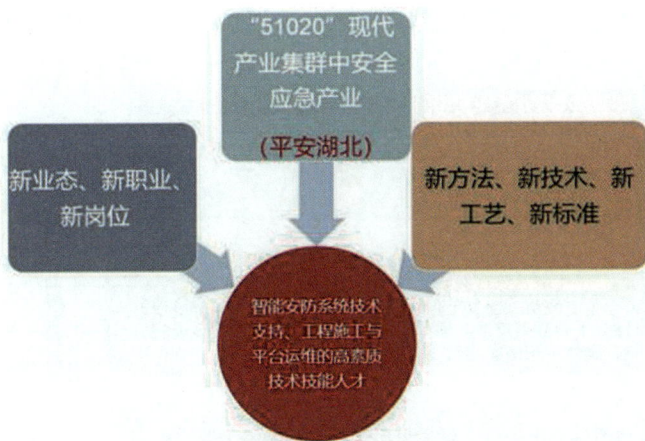

图 1　产业人才对接

"智能化安防安装与调试"课程是智慧司法专业群（省级立项 A 档）安全防范技术专业的专业核心课程，开设在第四学期，"岗课赛证"融合思政构课程教学内容，课程的工作情境 1 智能化视频监控设备安装与调试的任务 4 智能化视频监控系统调试，是国家职业标准

"安全防范系统安装维护员"岗位必须掌握的重要技能，融入严守法律、平安强国的思政教育，结合"湖北工匠杯"安防职业技能大赛，融入"1+X"证书"智慧安防系统实施与运维"的中级核心知识"安防系统安装调试"。单元教学内容重构如图2所示。

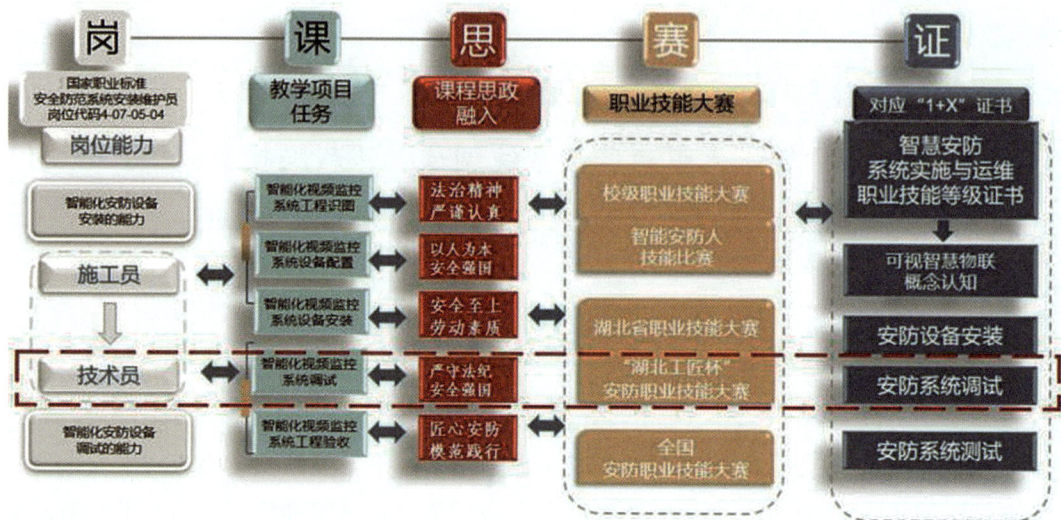

图2 单元教学内容重构

（二）学情分析

学情分析如图3所示。

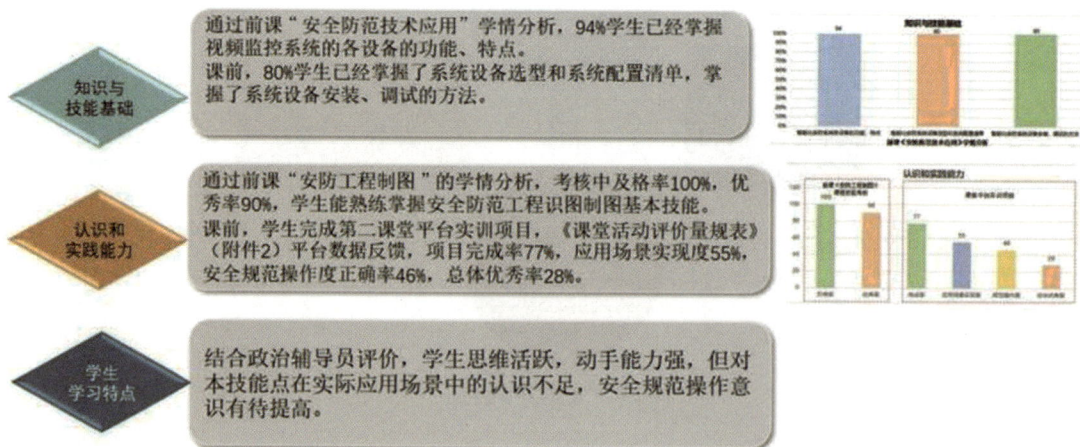

图3 学情分析

（三）教学单元目标

教学单元目标如图4所示。

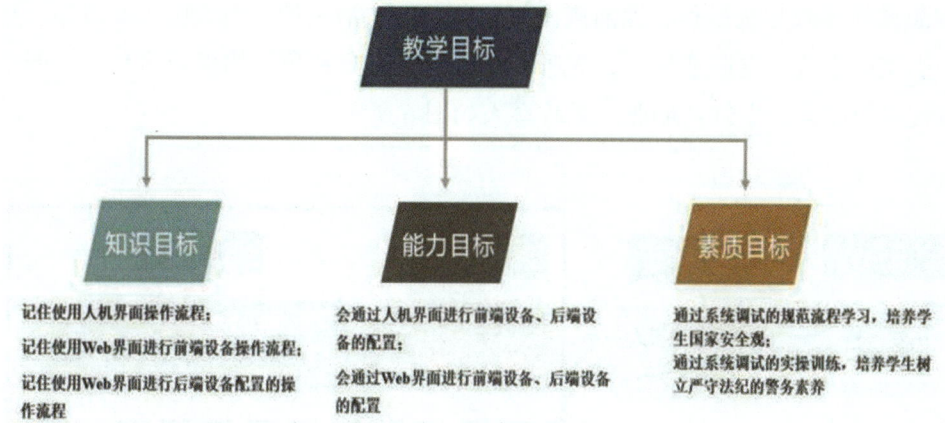

图4　教学单元目标

（四）教学策略

应用"2+5+7"理实一体育树并行的教育策略，使用任务驱动法、演示法2种教学方法；运用平台讲测、VR演练、分组PK、社会实践和量表测试5种教学手段；实施源、导、预、仿、实、结、拓7个教学实施步骤，把握教学思政元素、课堂、师资、目标等育人关键要素，在整个教学过程中让育人树人并行，达到人才培养的目标。教学策略如图5所示。

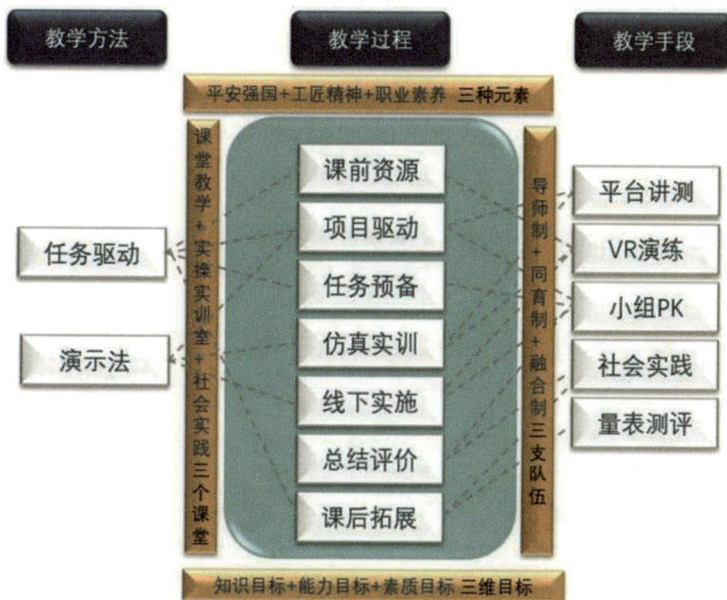

图5　教学策略

二、主要做法

（一）培养目标特色

课程思政贯穿教学全过程，课前查国标规范，立法治精神，引大国工匠故事，树职业梦想；课中引实际工程、立职业操守，先师德为范、立警务特色，培学习之星、立匠心安防；课后拓展促乡村振兴，立创新创业。思政育人如图6所示。

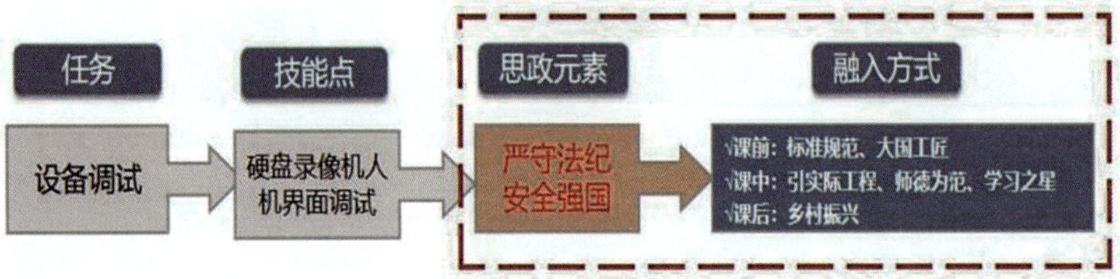

图6　思政育人

（二）教学特色

以学生为中心、以学情为依据，教学实施过程分为课前、课中、课后三个部分。课前（规范引路）上传智能化视频监控系统调试教学资源和平台模拟测试，掌握学情；课中（规范操作）根据学情分析制定任务驱动法等5步，达成三维教学目标，培养安全规范操作意识和平安强国精神；课后拓展（岗证融通）社会实践，强技为民。整个教学环节课程思政与教学内容紧密融合，任务驱动、虚实结合实训，重视学生劳动教育和职业素养养成，突破教学重难点。教学实施特色如图7所示。

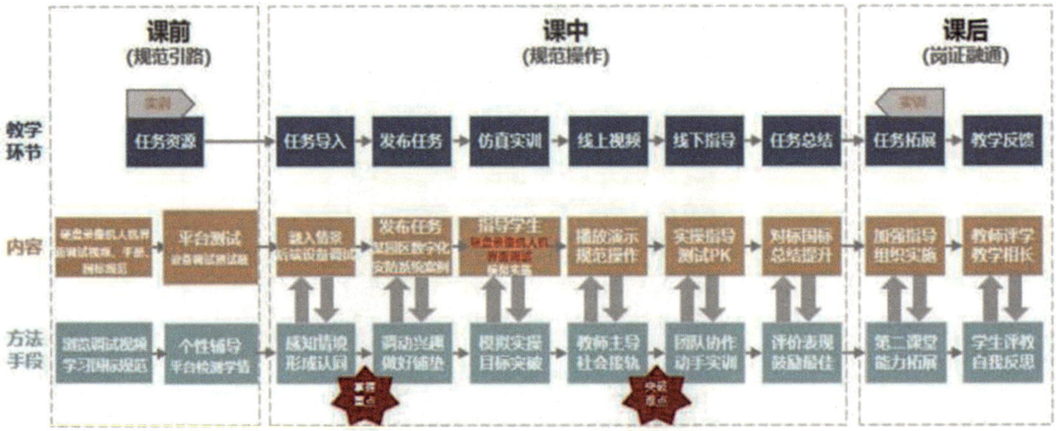

图7　教学实施特色

（三）学生特色

运用《课堂活动量规评价表》《增值性评价表》《学生评教问卷调查表》，素质目标从模拟施工前后的过程性考核的数据中查看教学目标已达成，学生安全规范操作意识、平安强国认同率、职业满意度有明显提升。对知识目标安全规范智能化安防设备安装和调试的完成度、正确度，能力目标智能化安防设备安装与调试技能完成情况也同步提升。三维目标达成情况如图8所示。

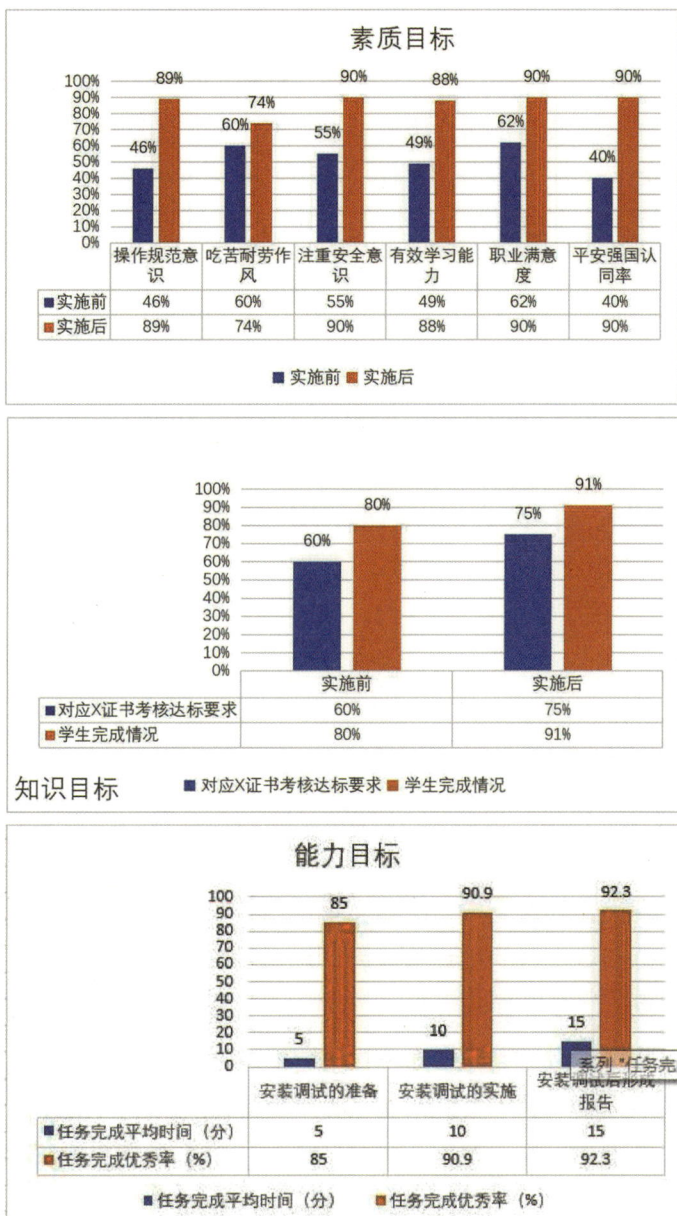

素质目标

	操作规范意识	吃苦耐劳作风	注重安全意识	有效学习能力	职业满意度	平安强国认同率
实施前	46%	60%	55%	49%	62%	40%
实施后	89%	74%	90%	88%	90%	90%

■ 实施前 ■ 实施后

	实施前	实施后
对应X证书考核达标要求	60%	75%
学生完成情况	80%	91%

知识目标　■ 对应X证书考核达标要求　■ 学生完成情况

能力目标

	安装调试的准备	安装调试的实施	安装调试后形成报告
任务完成平均时间（分）	5	10	15
任务完成优秀率（%）	85	90.9	92.3

■ 任务完成平均时间（分）　■ 任务完成优秀率（%）

图8　三维目标达成情况

三、教育效果

1. 提速增效，引领国内同类专业群发展

作为司法警官类院校唯一的安防类高水平专业群，专业群不断强化自身内涵建设，引领全国同类院校、相关专业同步发展。借助学校承办国家职业院校技能大赛司法技术赛项机会，专业群将赛事资源转化为教学与培训资源并积极推广使用。主编的《安全防范工程法律法规》获批"十四五"职业教育国家规划教材并已在全国推广使用。专业群教师团队获得省教学成果奖三等奖 1 项、省教师教学能力比赛二等奖 1 项、全国安防职业技能大赛（职工组）三等奖 1 项。学生获得第八届创新创业大赛金奖 1 项、银奖 1 项；教师受邀参加 2022 年全国职业院校公安与司法类课程思政集体备课会课程展示；在中国职业技术教育学会主办、深圳职业技术学院承办的第十九届"说专业·说课程·说专业群·说教材"研讨会上，专业群作"建设智慧司法助力平安湖北"专题报告。

2. 校企融合，服务安全应急区域支柱产业

学校作为湖北省遴选确定的对接"51020"现代产业集群中安全应急产业的职业院校，以智慧司法专业群为核心为行业企业提供全面服务。专业群是"湖北工匠杯"安防类赛项承办单位，2022 年在原有基础上新增一级赛项 1 个，2023 年新增二级赛项 2 个。完成行业服务性项目 43 项，为企业提供技术创新及项目建设方案 8 项。积极组织职业培训，建设线上培训资源库、开发培训教材、实施线上线下培训，完成"安防专项能力""智能楼宇管理员""应急救援""警务技能"等培训共计 7963 人次，形成安全应急行业培训品牌。

四、特色创新

1. 构建"1235+"的课程思政模式提升学生综合素质

围绕"岗课思赛证"构建"1235+"的课程思政模式，确立一条思政主线，课程思政主线聚焦"职业人—安防人—技能工匠"专业思政总目标，课程思政"智慧安防平安强国"的定位；创新二种思政模式，创新全过程课程实践：课前、课中、课后全程贯穿；创新"乡村振兴实践"思政模式，到对口村的德育基地教学场所，开展双师乡村振兴实践教育；打造三师教学师资团队，课程以"专业教师＋思政教师＋行业导师"相融合；五个教学任务融合五种思政元素，本教学单元融入严守法纪、平安强国思政元素。

2. "三纵三横"评价体系构建可持续发展改进课堂

以"三纵三横"评价体系为手段，全方位、全过程、全员评价助推教学目标高效达成。课程评价构建以思政素养、知识学习、项目技能为主的全方位评价；在环节和内容上，课前自主学习评价，课中安全规范操作、团队协作评价，课后平安强国劳动创造培养评价，增值

性评价责任担当的全过程评价；在评价的主体上，通过"线上平台＋线下主观"，专业教师、思政教师、企业导师、小组评价、学生自我评价的全员评价体系，更全面、及时、灵活地促进课堂教学反思，构建持续发展改进的课程。评价体系如图9所示。

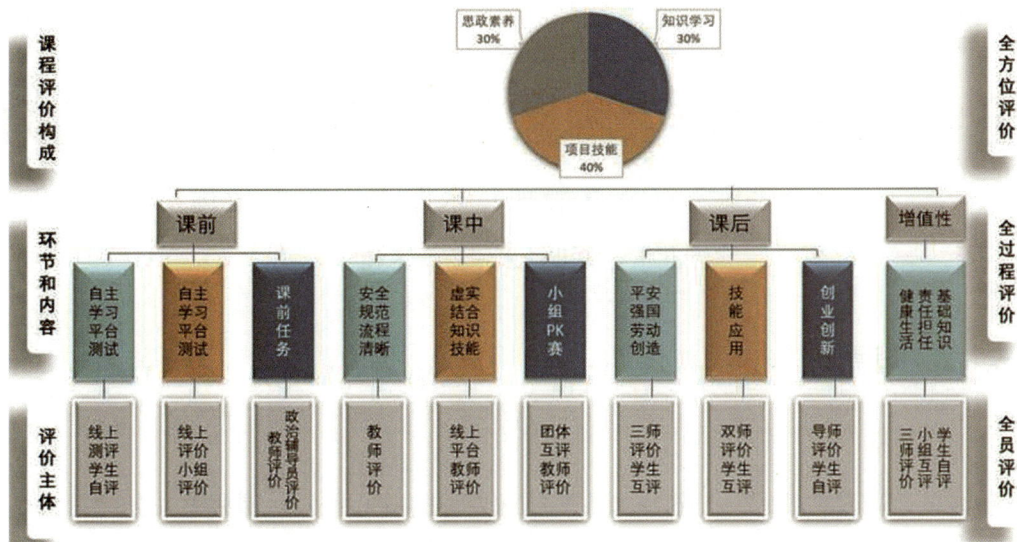

图 9　评价体系

3. 校企文化共享的育人理念赋能学生持续发展

吸纳企业"共建生态共融未来"的文化内涵，人才培养结合数字安防行业高质量发展方向，打造行业、企业、学校共创生态融合平台，将生态融合、技能大赛、技能提升、技术交流、岗位服务融入到课程体系，将学生培养方向与行业新动态、新岗位、新技术的信息共享相融合，打造以技术连接行业，学生持续赋能的教学融合生态理念。图 10 所示为校企文化共享的育人理念。

图 10　校企文化共享的育人理念

十四、电池赋能强本领 "三九"育人添动力

——"动力电池及管理技术"课程思政案例

湖北工业职业技术学院　王麒睿

一、案例背景

（一）课程简介

"动力电池及管理技术"是新能源汽车技术专业的核心课程。课程总共分为动力电池系统认知、动力电池主要部件拆装、动力电池典型故障诊断三个学习项目,细化为13个教学任务,共54学时。通过本课程的学习,使学生掌握电动汽车动力电池的类型、动力电池的原理、动力电池的特性参数、动力电池管理系统的结构和原理等知识以及动力电池的拆装、动力电池均衡及充放电、动力电池管理系统诊断等技能,同时通过工作任务式（项目化）学习,提升创新、管理、沟通等方面关键能力,从而使学生具备工程技术、检验检测、科技开发方面的职业素质。

（二）授课对象及学情分析

课程授课对象为新能源汽车技术专业第四学期学生,前期通过问卷星调研了解到这部分学生在知识基础上具备了电工基础、基本拆装技巧和识图能力,在认知能力上能使用万用表等工具进行检测和分析,在学习特征上喜欢动手操作,但操作缺乏标准规范性,绿色出行环保意识欠缺,对民族自主品牌汽车的认知了解不够。

（三）教学目标

根据课程标准,结合岗位需求和学情分析确定了课程的知识、能力、素质、证书四维目标。在素质目标中,课程团队结合专业特色和课程特点充分挖掘了6项思政元素,真正想让同学们成为绿色出行的倡导者,再到文化自信的传播者,见图1。

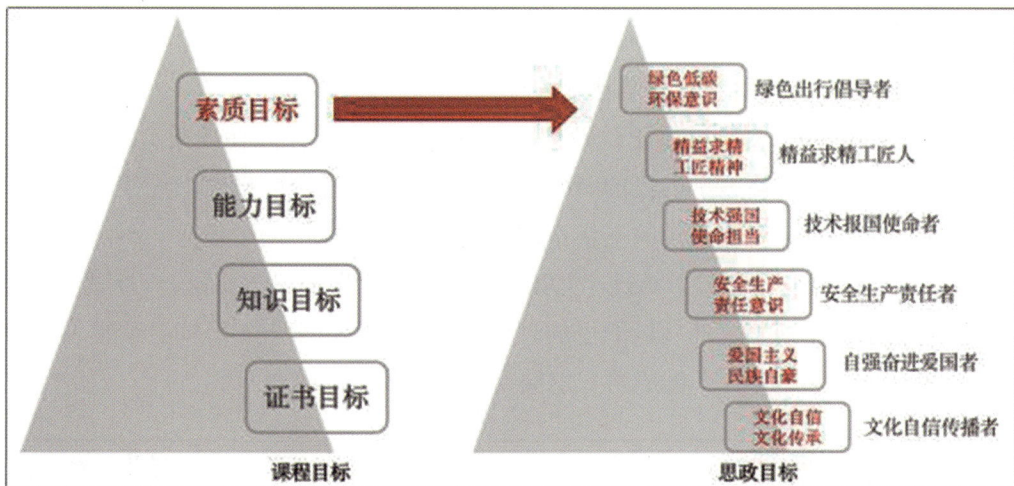

图1 教学目标

二、主要做法

（一）设计思路

本课程的设计思路可总结为一个中心，三种角度，九项挖掘，见图2。一个中心，以立德树人作为课程思政建设的育人理念，基于这个理念，团队从素质、知识、能力三种角度出发，每种角度又从它的要点、特色、目标三个方向总共进行了九项挖掘，这就是"一三九"育人模式。具体展开为，以立德树人为核心，延展出六个思政元素板块，分别是安全生产责任意识、绿色低碳环保意识、文化自信文化传承、精益求精工匠精神、爱国主义民族自豪和技术强国使命担当。采用BOPPPS教学法，把一堂课从结构上分为：导言、目标、前测、学习、后测、总结六个环节，思政建设融入到课程的每一个环节中，从而达到润物细无声的效果。

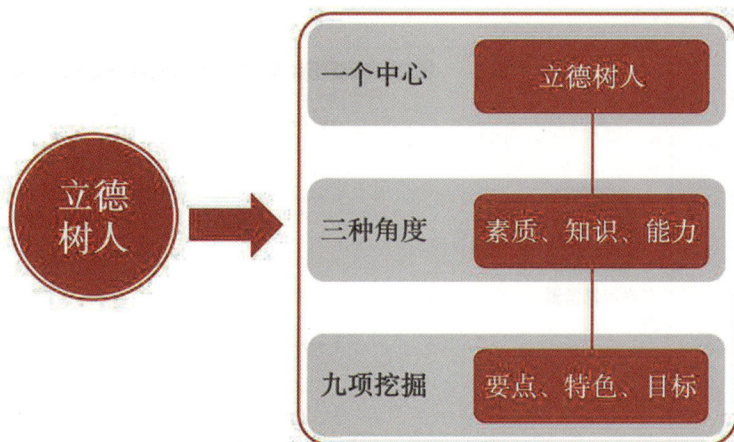

图2 "一三九"育人模式

（二）实践情况

（1）课前：挖掘思政元素，构建思政思维。

课前准备环节，团队充分挖掘思政元素，构建思政思维。比如在任务 1.2 锂离子电池基础测试任务中，课程团队从教学内容的素质、知识、能力三种角度出发，寻找可能存在的思政案例。其中，在知识点"锂离子的不稳定性"中，介绍锂离子的不稳定性不仅制约了动力电池的发展，还会带来安全风险。从这个角度出发，课程团队通过"比亚迪刀片电池案例"，介绍民族企业比亚迪在动力电池领域取得的辉煌成就，激发出学生的民族自豪感，再通过深层剖析，民族企业比亚迪为什么能成功，挖掘出爱国主义，见图 3。

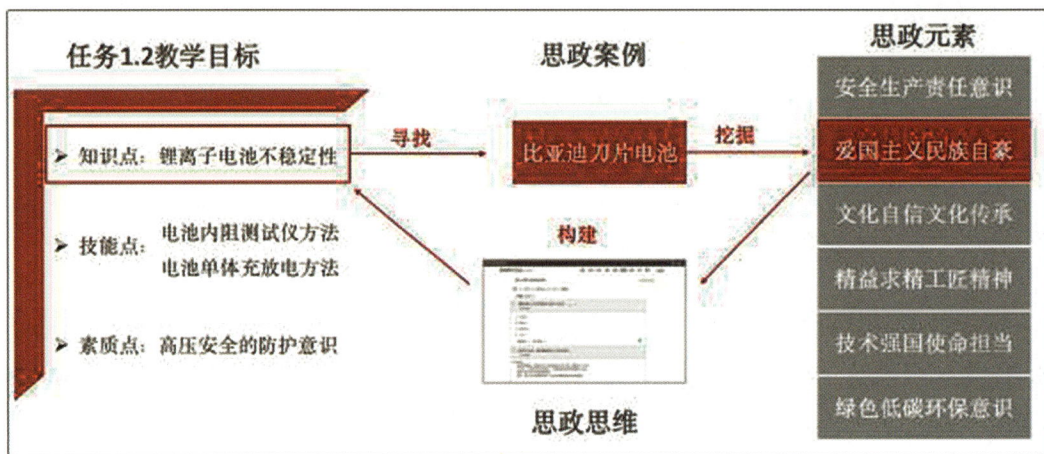

图 3　课程思政案例设计

具体来说：在课前，通过学习通前测，将比亚迪刀片电池的相关内容推送给学生，见图 4。让学生在脑海中初步形成一个概念"噢！比亚迪刀片电池原来这么牛"，然后在课程讲授中告诉学生，刀片电池为什么能解决锂离子的不稳定性，它牛在哪？以及民族企业比亚迪为什么能成功？它成功的原因除了自身，还取决于行业背景和政策扶持，这都离不开国家的宏观调控和顶层的运筹帷幄，从这个层面引发学生思考，激发出爱国主义和民族自豪感。

图 4　锂电池基础测试

（2）课中：融入思政案例，体会思政内涵。

在课中讲授环节，团队将收集到的大量思政案例，分门别类融入到 13 个教学任务中，形成课程思政地图，见表 1。

表 1　课程思政地图

项目内容		绿色低碳环保意识	精益求精工匠精神	技术强国使命担当	安全生产责任意识	文化自信文化传承	爱国主义民族自豪
项目一：动力电池系统认知	任务 1.1	■			■		
	任务 1.2						■
项目二：动力电池主要部件拆装	任务 2.1	■	■				
	任务 2.2		■		■		
	任务 2.3		■				
项目三：动力电池典型故障诊断	任务 3.1	■	■	■			
	任务 3.2					■	■
	任务 3.3		■				
	任务 3.4				■		■
	任务 3.5				■	■	
	任务 3.6			■	■		■
	任务 3.7				■		
	任务 3.8				■		■

具体来说，在任务 1.1 知识点电动车的零污染时，举例 2022 年北京冬奥会赛事用车，其中新能源汽车在小客车中占比 100%，在全部车辆中占比 85%，为历届冬奥会最高。这将实现减排约 1.1 万吨二氧化碳，相当于 5 万余亩森林一年的碳汇蓄积量。这充分体现了我们国家在绿色低碳领域发展的决心和动力。在任务 2.1 动力电池拆装中，知识点废旧电池的处理问题上，课程团队寻找到 2017 年《新能源汽车动力蓄电池回收利用管理暂行方法》这条政策文件，文件的第三条和第十四条，鼓励电池生产企业在保证安全可控前提下，按照先梯次利用，后再生利用原则，对废旧动力电池开展多层次、多用途的合理利用。这条政策制度的落地，给了动力电池新的回收思路，也解决了环境治理问题，同时引申出绿水青山就是金山银山的名言佳句，为学生们树立环保意识。在精益求精工匠精神思政板块中，课程团队挖掘了以东风工匠为主的实际案例。比如在讲故障诊断时，介绍了试"心"大拿杨军的故事，他练就"听音识故障"，并以此弘扬追梦东风、逐梦自主的精神，鼓励学生拼搏向上，搏出星辰大海。此外，还介绍了装调大王王建清、改善奇才魏伟和机修达人朱显军，通过一个

个鲜活动人的工匠故事，让同学们对工人更有价值感、获得感，感受到穿工装的职业荣光。在技术强国使命担当思政元素板块中，涉及到任务 3.1 和任务 3.7。其中在任务 3.1BMS 故障检修中，引入了特斯拉案例。电动车的核心技术是"三电"即电机、电池、电控。在电池领域，全球排名前三的分别是宁德时代、比亚迪、LG 新能源，我国企业独占其二。在电机领域，过去的十年，我国的专利申请总量是世界第一。在两项如此傲人的成绩面前，为何我们仍与特斯拉存在差距？究其原因，还是电控技术落后的缘故。通过类比木桶理论，比较和分析，让学生客观地认识到在 BMS 的核心技术上，国内车企和特斯拉相比还是有较大差距的。以此鼓励学生学好专业知识，练就过硬行业本领，不忘初心，牢记强国使命！在安全生产责任意识思政板块中，涉及到 9 个教学任务，在这 9 个实操项目中始终向学生灌输安全无小事、防患于未然的意识，并融入了中国传统文化《易传》的这句"无危则安，无损则全"，这是古人对安全的最早概括。在引经据典的同时，不仅诠释安全定义，还弘扬了文化传承。在任务 3.5 高压互锁故障检修中，提到了文化自信，其关联知识点是高压互锁的控制策略。高压互锁的控制策略是为了验证整车电气完整性，如果任意一个模块损坏，则其余所有模块都无法通电，从而导致整车无法上电。从这个角度出发，类比"一荣俱荣—损俱损"的思想价值，这种思想价值往深处挖掘，正是十八大提出的"人类命运共同体"意识，它强调多元并生，和而不同；己所不欲，勿施于人；己欲立而立人，己欲达而达人。这种观念坚持和平、发展、合作、共赢思想，构建人类命运共同体。与此相联系的中国气派，则秉承大同世界，仁者爱人，四海之内皆兄弟的精神，将中国梦和世界各国的美好梦想相互连接，这正是一种文化自信，文化输出！在讲到锂离子性能时，举例比亚迪的磷酸铁锂刀片电池，并以此为延伸，向同学们介绍了本土的一家上市企业——湖北万润新能源科技有限公司，他们生产的锂离子正极材料——磷酸铁锂，出货量居全国第三，宁德时代为第一大客户，培养学生对当地优质企业的认同感与自豪感。此外，在讲到锂离子工作原理时，提到西汉的淮南王刘安的"阴阳相薄为雷，激扬为电"，这是关于电最早的记载，表明中华民族在古代就有光辉的科学思想；在讲解网络拓扑图时，提到了我国的 5G 技术；在讲到绝缘材料的时候，介绍 2021 年我国首条大长度 220 千伏绝缘料电缆。通过这一条条实际案例，让学生们感受祖国日益强大的综合实力，从而激发出民族自豪感。

（3）课后拓展：评价思政效果，践行思政理念。

三、教育效果

本课程的思政建设成效包括四个方面。在课程教育科学研究成果方面，课程团队获得校级、市级荣誉和发明型专利共 13 项，发表教科研论文 12 篇；在课程建设方面，课程团队成功立项 3 门校级优质核心课；在教师教学能力大赛方面，课程团队获得国家级奖项 2 人次，省级奖项 1 人次，校级奖项 3 人次；在思政践行成果方面，学生申请和递交入党申请书的数量倍增，学生党员带头示范作用明显，班风学风有显著提升。志愿汇 APP 统计学生志愿服务时长显著增加。

四、特色创新

本课程思政建设特色体现在三个方面：首先，课程思政紧贴教学目标，从知识、技能、素质三种角度出发，深挖思政元素。其次，在寻找思政案例时，把握时政热点，融入生动且丰富的思政案例，比如北京冬奥会、比亚迪刀片电池、青山镍事件、十堰当地优质企业的列举和东风工匠的动人故事等等。最后，理清思政元素与专业内容的契合关系，在专业教学的最佳切入点引入思政元素，比如在实训实操时，引导同学们观察实训车辆比亚迪秦全中文的按钮和具有中国文化的小篆体车标等等，将知识点比作水，思政点喻作盐，通过合理且真实的案例融入，构建思政思维，形成思政教育闭环，如盐入水，润物无声。

十五、守兴水利初心　担除水害使命

——"水库调洪计算的原理"课程思政案例

湖北水利水电职业技术学院　刘能胜

一、案例背景

（一）教学内容简介

"工程水文与水利计算"是高职高专水利工程专业的一门专业基础课，课程主要讲述中小型水利工程建设各个阶段的水文水利计算问题。目标是掌握水文水利计算方法，为水利工程规划设计、施工、管理运用等提供水文依据。本案例教学内容选自项目3防洪水文水利计算中的工作任务4水利调洪计算，教学主题为水库调洪计算的原理。

（二）教学对象及分析

授课对象为水利工程专业二年级学生，根据开课前学生学习风格调查问卷及课前预习情况分析得出表1所示结论。

表1　教学对象分析

知识基础	1.掌握防洪调节的含义、水库特性；2.熟悉泄流能力公式。
认知能力	空间想象力不强。
学习风格	1.倾向于通过讨论、应用、案例来获取知识；2.擅长记住图片、影像及演示中的内容。

（三）单元教学目标

教学目标见表2。

表2　教 学 目 标

知识目标	1.了解水库水位变化的基本规律；2.理解水库调洪的过程和作用。
能力目标	1.能够准确描述无闸门水库调洪的过程；2.能说清楚水库调洪的作用及原理。
素质目标	1.培养对大国重器、我国治水思路的认同感，增强爱国热情和专业自豪感； 2.培养学生"忠诚、干净、担当、科学、求实、创新"的新时代水利精神。

（四）教学策略

1. 教学环境

线上采用超星泛雅平台，服务课前预习、课中活动和课后拓展。可开展微课预习、交流讨论、在线测试、签到抢答、数据收集、教学评价等。

线下采用智慧教室，服务课中教学，解决教学重难点。实现互动讨论、小组协作、分析探究、实战训练等学习活动。

2. 教学手段

本次课主要采用视频、水库虚拟仿真模型、思维导图等教学手段。

3. 教学方法

教法：针对原理类知识，采用问题探究法和案例教学法。通过问题层层引导，逐步深入，通过三峡工程建设过程中抗洪、调洪的典型案例扣人心弦地完成水库调洪计算原理的解密之路。

学法：通过分组讨论、模型探究等教学活动解决理解水库调洪计算的原理重难点。

4. 教学评价

探索全过程多元多维增值教学评价体系。评价学生在知识进步、能力进步和素质进步方面的幅度，注重关注"成长"的增值评价。

全过程增值评价：以课前自测诊断性评价、课中测验过程性评价和课后作业总结性评价探索知识熟悉进步幅度。

多元增值评价：以平行任务、阶段学习考核中技能的掌握提升幅度来评价。

多维增值评价：以学生的技能掌握、学习态度、职业素养等在德智体美劳上的努力幅度来评价。

二、主要做法

（一）课程思政融合点

本案例从洪灾谈起，以三峡工程大国重器的设想、规划、建设导入课程，融入兴水利除水害的使命思政元素。在介绍水库调洪作用时，引入三峡工程建成发挥巨大的防洪作用，融入干净、担当的新时代水利精神；介绍水库调洪计算的约束条件时，融入遵规守范、干净做人的职业素养；介绍水库调洪计算原理、98抗洪故事的不分洪决策时，融入科学、求实、担当的新时代水利精神；课后拓展环节以防灾减灾日和数字孪生培养学生的担当和创新意识。

（二）课程思政教学过程

教师通过播放长江三峡的建设历程和水灾的视频，使学生明白水安全岗位和人水和谐的愿景。由被动救灾到主动防灾的转变，培养大国重器的自豪感和专业情怀。设计出六个教学环节，在专业知识中融入思政元素，见表3。通过图片、图表、网评等制作相应课件，增强直观感受，见图1。

表3 教学环节设计

阶段一 课前自学				
教学环节	教学任务	教师活动	学生活动	思政设计意图
自学	课前准备。	1. 平台布置课前任务； 2. 调整教学策略； 3. 对学生分组。	1. 完成课前任务； 2. 收集水灾视频。	1. 培养自学能力； 2. 培养团队意识。
阶段二 课中导学				
教学环节	教学任务	教师活动	学生活动	思政设计意图
引入 （5 min）	1. 总结课前预习成果； 2. 展示水灾视频，分享长江三峡建设历程，引出教学内容。	1. 点评课前预习； 2. 展示水灾视频，引出教学内容。	1. 认真听讲； 2. 明确本次课学习内容。	1. 由水利事业谈到洪灾，提出专业群水安全岗位职责和人水和谐的专业群愿景； 2. 分享长江三峡工程建设过程中，由被动救灾到主动防灾的转变，培养大国重器的自豪感和专业情怀。
探究1 （20 min）	解决教学重点：掌握水库调洪时水位变化的规律。	1. 设置问题布置探究任务； 2. 巡视学生讨论过程，及时解答疑难； 3. 点评归纳水位变化的规律。	借助水库虚拟模型，小组合作探究水库调洪过程中水位变化的规律，分享相关结论。	分组探究，培养学生的团队精神和求实精神。
探究2 （20 min）	解决教学重点：掌握水库调洪的作用。 ①蓄洪； ②滞洪； ③削峰。	1. 播放三峡防洪视频，设问何为能装和错峰； 2. 归纳水库调洪的作用和规律； 3. 介绍三峡工程建成后2010年抵御洪水削峰的实例。	1. 观看视频，了解水库调洪的作用； 2. 认真听取老师分析讲解并记录； 3. 积极思考，回答提问。	1. 水库的能装、错峰和削峰，融入干净、担当的精神。 2. 分享三峡水库防洪作用，增强对专业的认同感、自豪感和忠诚、担当精神。

续表

教学环节	教学任务	教师活动	学生活动	思政设计意图
深化（20 min）	解决教学难点：掌握水库调洪计算的原理。水库调洪的约束条件：① 水量平衡方程；② 泄流能力方程；③ 水位库容关系。	1. 设问由水库调洪过程引入调洪时的三个约束条件；2. 分析归纳其应用。	1. 观看视频，了解水库调洪的作用；2. 认真听取老师分析讲解并记录；3. 积极思考，回答提问。	1. 由水量平衡原理应用于水库，培养学生创新意识；2. 通过各种约束关系培养学生遵规守范的职业素养。融入"干净"的新时代水利精神，引导学生遵守党纪国法、遵循规程规范。
应用（15 min）	解决教学难点：掌握水库调洪计算的原理。	1. 98抗洪故事分享；2. 就相关问题提问；3. 归纳总结水库调洪的原理。		98抗洪故事，体现新时代水利精神的"担当、科学和求实"。
小结（10 min）	1. 课程评价；2. 小结；3. 布置任务。	1. 总结本次课目标达成度以及教学重难点；2. 布置下次课课前任务。		以三峡工程建设历程为主线体现中国共产党人的治水成效，培养学生的认同感。

阶段三　课后拓学				
教学环节	教学任务	教师活动	学生活动	思政设计意图
拓展	1. 结合防洪减灾日，开展防洪知识科普；2. 查阅数字孪生流域相关资料，了解如何调洪。	1. 发布课后任务，与学生在线交流；2. 推送问卷调查；3. 对本次课反思，优化下次课教学方案。	1. 登录平台查看任务并完成；2. 完成问卷调查。	拓展实践，培养担当、科学的新时代水利精神，增强职业荣誉感。

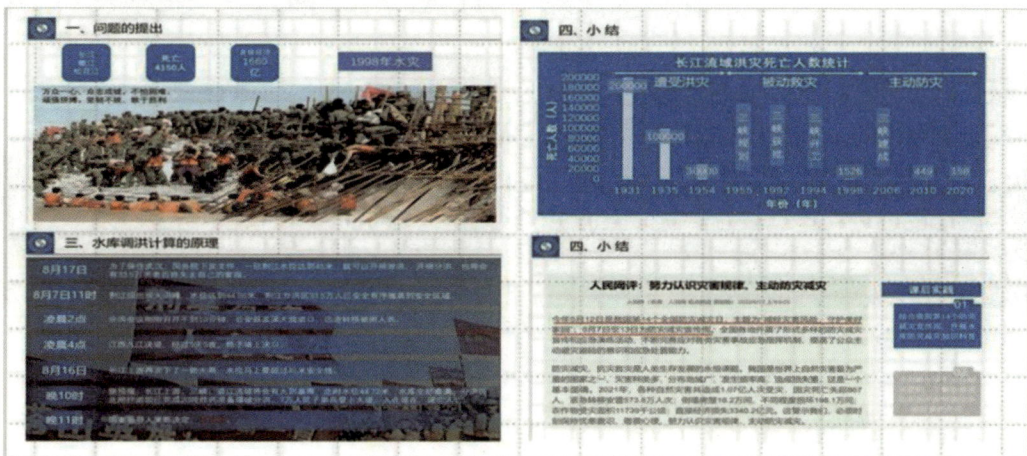

图 1　教学过程中使用的课件

三、教育效果

（一）目标的达成

通过讲述治水故事，激发了学生的爱国热情、学习兴趣，在平时学习的到课率、抬头率、参与率大幅提升。在综合练习中表现出不怕困难、敢于当担、遵规守范的良好的职业素养。在防灾知识科普、防汛抢险演练、中国水周实践活动中表现出家国情怀，如图2、图3所示。

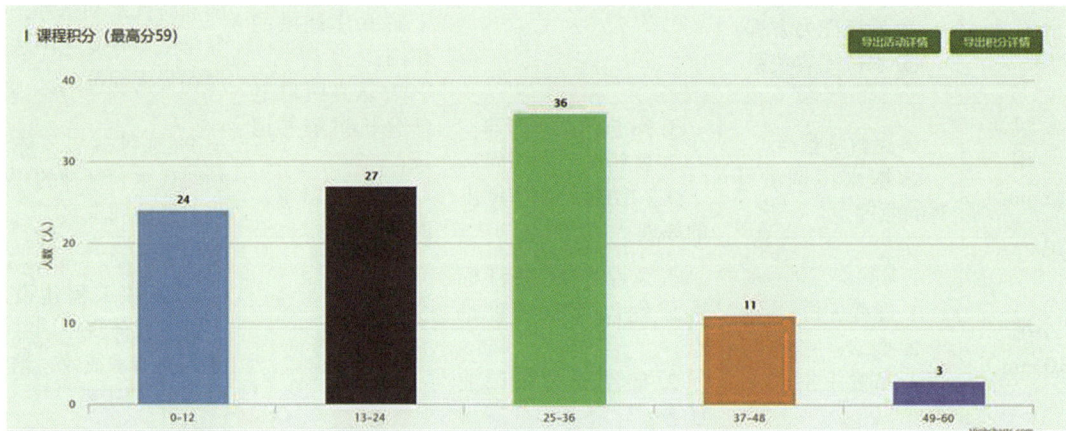

图2　课程平台课堂活动积分

图3　各类社会实践活动

（二）教育教学改革成果

实施课程思政促进了三教改革。一是提升了教师教学能力。二是提升了教师信息化建设能力，成员刘能胜、廖琼瑶在省部级教学能力大赛中获得一、二、三等奖。成员廖琼瑶在水利行业教学能力比赛中获三等奖。本案例获全国水利职业院校课程思政教学案例三等奖，如图 4 所示。

图 4　案例获全国水利职业院校课程思政教学案例三等奖

（三）教学督导听课评价

本课程团队教学受到督导好评，平均评教分数均在 95 分以上。本案例被学院作为课程思政示范课在我院第一期百川教学研究沙龙进行展示，如图 5 所示。

图 5　课程思政案例在学院教学研究沙龙展示

（四）学生评价与学习成果

课程得到学生的一致好评，团队成员曾多次获学生最满意教师称号，学生在水利行业水文勘测技术赛项中获三等奖，学生的课后作业在课程平台公开展示。

四、特色创新

（一）课程内容与课程思政双线并行

本案例介绍水库调洪计算的原理、三峡工程建设全过程、新时代水利精神纵向贯通，实现课程内容和课程思政双线并行，突出新时代水利精神的水利行业特色。

（二）全教学过程、全水利工程建设过程、全人才成长历程"三全程"课程思政浸润

结合课程教学设计，实施课前、课中和课后全教学过程的思政浸润；结合三峡工程在水利工程建设勘测、施工及运行管理阶段的不同作用，实施全水利工程建设过程的思政浸润；结合学生学习成长规律，实施水文水利计算技能由新生、生手到熟手的全人才成长历程思政浸润。

十六、探索显示技术　厚植家国情怀

——"单片机应用技术：单片机显示系统设计"课程思政案例

仙桃职业学院　张联

一、案例背景

（一）课程简介

"单片机应用技术"是仙桃非织造布产业学院现代非织造技术专业群的专业课程和平台课程，是职业教育国家在线精品课程和校级课程思政示范课程。为了落实立德树人根本任务，推动思想政治教育与技术技能培养融合统一，课程组构建了"一二三"融合的课程思政模式，培养学生践行社会主义核心价值观，培育吃苦耐劳的劳动精神和精益求精的工匠精神，激发学生科技报国、创新为民的家国情怀和使命担当。

（二）教学内容

依据单片机应用工程师岗位典型工作任务，结合合作企业霓虹灯、电子广告牌、智能口罩机等实际产品，系统化融入课程思政元素，根据学生认知规律，将课程教学内容序化为认识单片机、花样彩灯系统设计等 8 个项目。"单片机显示系统设计"是课程的第 3 个项目，由 3 个教学任务组成：1. 简易秒表设计；2. 简易日历设计；3. 电子显示牌设计。

（三）教学对象分析

授课对象是现代非织造技术专业群二年级学生，会编写简单的应用程序，已掌握 51 单片机的内外部结构及 I/O 端口的应用方法，单片机应用系统设计能力与职业素养还需进一步提升。

（四）教学目标

"单片机显示系统设计"的教学目标如下：

1. 知识目标

（1）能说明数码管、8*8LED 点阵模块内部结构。

（2）能制定单片机控制数码管、8*8LED 点阵模块显示设计方案。

2. 能力目标

（1）能在 25 分钟内独立完成 MCS-51 单片机控制多位数码管静态、动态显示的硬、软件设计及系统调试，能正确显示数字和符号。

（2）能在 30 分钟内独立完成 MCS-51 单片机控制 1 个 8*8LED 点阵模块滚动显示字符的硬、软件设计及系统调试，能正确显示汉字、数字、简单符号和图形。

3. 素质目标

（1）树立爱国敬业、科技报国的信念；

（2）养成吃苦耐劳、精益求精的精神；

（3）形成珍惜时间、奋勇争先的意识；

（4）传承孝顺父母、常怀感恩的品质。

二、主要做法

（一）教学设计

"单片机应用技术"课程"一二三"融合的课程思政模式的内涵为："一"为一个主线，即社会主义核心价值观；"二"指劳动精神和工匠精神两种职业精神；"三"为知识、能力、素质三维目标有机融入思政教育。"单片机显示系统设计"根据专业特点和教学内容从三个方面挖掘思政元素，与具体任务有机融合。

1. 项目功能蕴含思政

任务 1 "简易秒表"的开发意图即让学生由"秒表"想到"时间"，分享"争分夺秒"故事，自然将珍惜时间、管理时间等思政元素融入教学设计中。任务 2 "简易日历"的功能是输出父母的生日，融入孝老爱亲、尊敬长辈、常怀感恩等思政元素。任务 3 的功能是显示"我爱中国"，将爱国、敬业等思政元素融入。

2. 项目实施渗透思政

任务 2、任务 3 需要精确设置每位数码管或点阵模块的显示时间，需要对延时子函数的参数进行反复修改、软件与硬件联合反复调试，直至稳定显示字符，此过程可培养学生的质量意识，磨炼学生精益求精、臻于至善的工匠精神。

3. 项目评价浸润思政

每个任务评价环节均设计职业素养考核，如工位"6S"完成情况评价，包含实训现场清理、清扫、整理、整顿，培育学生劳动精神；任务完成情况的考核，要求小组展示作品、讲解功能，考查学生的表达能力和团队协作能力。

（二）教学实践

基于项目的三维目标设计教学环节、制定教学策略，将爱国、敬业等社会主义核心价值观融入学习内容，将吃苦耐劳的劳动精神和精益求精的工匠精神培育贯穿学习过程，传承孝老爱亲、感恩报国等优良品质。项目的具体实施过程如下：

任务 1 "简易秒表"教学实践。选用视频"北京奥运会开幕式击缶倒计时"（见图 1）引入任务，推荐学生课后观看第 29 届北京奥运会开幕式，享受震撼人心、美轮美奂、气势恢宏的文化盛宴，让民族自豪感荡漾在学生心灵。在任务实施之前，用一个短视频分享运动员武大靖的事迹，小组内交流感受，让学生领略当代年轻人的奋斗之美，弘扬顽强拼搏、奋勇争先、追求梦想的精神风貌。在任务小结环节与学生一起重温"一寸光阴一寸金，寸金难买寸光阴"等名言警句，在学生心中种下"珍惜时间不负韶华、学好本领回报社会"的种子。在任务评价中考查学生的交流表达能力及"6S"职业素养。

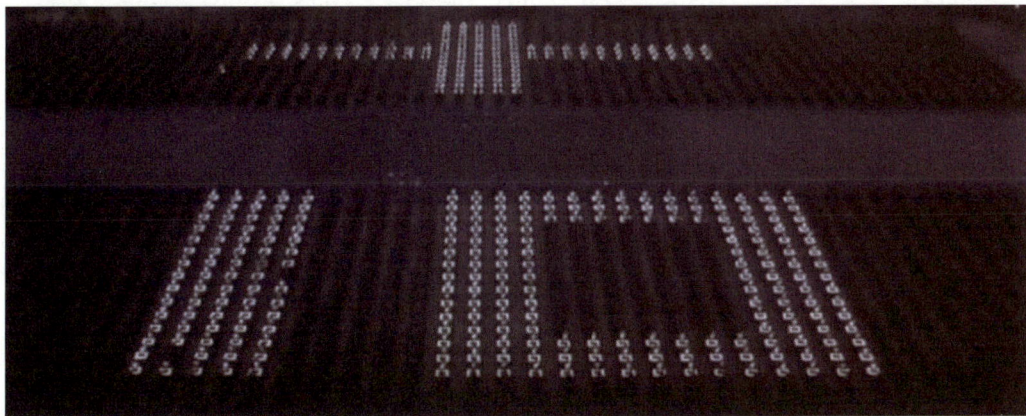

图 1　2008 北京奥运会击缶倒计时教学视频

任务 2 "简易日历"教学实践。通过"母亲生日"短视频引入任务，视频中 MCS-51 单片机控制 8 位数码管显示母亲的生日（例如 19630425，见图 2），在学生进行任务分析的同时回忆父母的生日，家庭温暖、父母亲情便在学生心底油然而生。在任务实施环节，为了让 8 位数码管稳定显示，需要学生反复调整每位数码管的显示时间，帮助学生建立质量意识，培养精益求精的工匠精神，孕育匠心。在任务拓展环节，让学生拍摄显示父母生日的单片机应用系统的图片或视频，配上贴心祝福语发送给父母，让"孝顺父母、常怀感恩"付诸行动、落到实处。

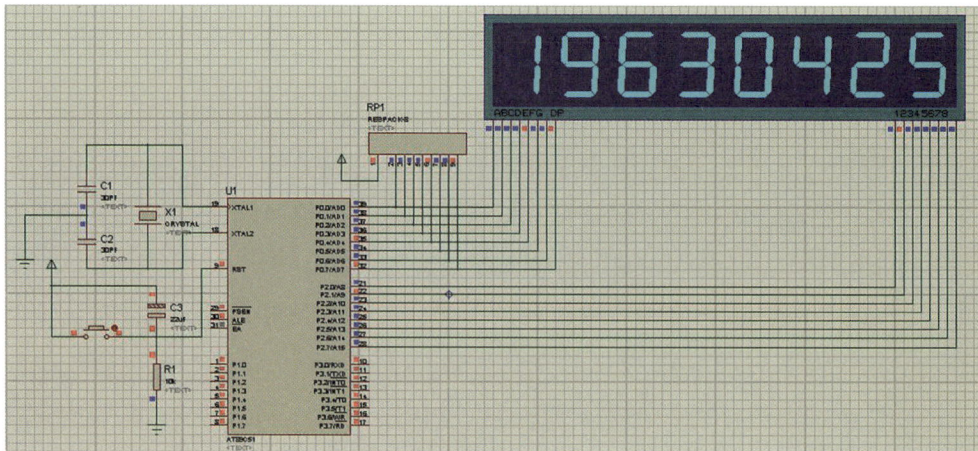

图2　八位数码管动态显示父母生日

任务3 "电子显示牌"教学实践。在任务引入环节播放点阵模块滚动显示"我爱中国"的视频（见图3），以歌曲《我爱你，中国》为背景音乐，在发布、分析任务的同时激发学生的爱国热情。在任务实施过程中需要精心设计、反复比较几种滚动方式的显示效果，此过程培养学生程序设计及优化能力。在软硬件联合调试环节，需要精细调整点阵模块连接方式和每行LED的显示时间，此过程培养学生单片机系统调试能力和爱岗敬业、坚韧执着的职业品格，锻炼恒心。在任务小结环节，教师与学生一起温习社会主义核心价值观。课后发布拓展任务：MCS-51单片机控制16*16点阵模块滚动显示"祖国昌盛"，鼓励学生要敢于挑战、迎难而上、苦练本领、报效祖国，通过任务的实现进一步激发爱国热情，厚植爱国情怀，培育红心。

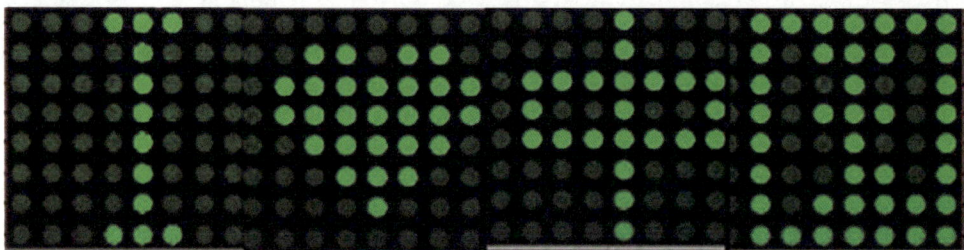

图3　点阵模块滚动显示"我爱中国"

三、教育效果

（一）学生思想素质有效提升

课程教学改革成果应用在现代非织造技术专业群2020级、2021级，学生思想政治素质得到有效提升。在课程平台开展以社会主义核心价值观为主题的问卷调查，学生对课程教学满意率达到 97%；实施与课程专业知识相结合的思想素质专项测试，学生优秀率达到 75%，合格率 100%。

（二）学生职业能力有效提升

学生的专业技能、工匠精神和劳动精神有效提升。学生对项目的设计、调试更加精细，21 级学生项目完成率达到 96%；60% 的小组能够根据实际需求进行创新设计，拓展项目功能；学生 "6S" 职业素养考核达标率达到 98%。近三年，学生在与课程相关的国家级、省级技能大赛中获奖 13 项。

（三）课程思政建设成效明显

完成课程思政微课 53 个，作品《LED 数码管的内部结构及显示原理》荣获第五届全国职业院校教师微课大赛一等奖。立项 "'一二三' 模式下高职院校课程思政体系的构建与实践" 等课程思政省级课题 2 项，公开发表《单片机应用技术课程思政体系构建与实践》等课程思政和教学改革论文 8 篇；"单片机应用技术" 课程被评为校级课程思政示范课程，2022 年被认定为职业教育国家在线精品课程，如图 4 所示。

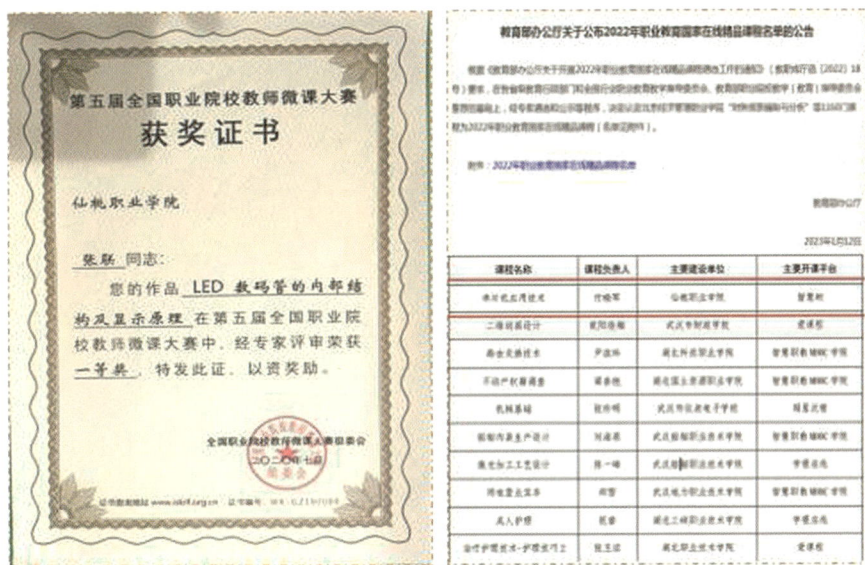

图 4　课程思政建设部分成果

四、特色创新

（一）构建了 "一二三" 融合的课程思政模式

紧紧围绕一条主线、两种精神和三维目标，将职业能力与素养培养相融合，从线上到线下、课内到课外将思政教育贯穿教学全过程，潜移默化润物无声地引导学生建立正确的价值观和世界观，培育了学生吃苦耐劳的劳动精神和精益求精的工匠精神。

（二）培育了学生的"三心"，赋能学生技能培养

课程思政深度融入专业教学，培养了学生红心、匠心和恒心，引导学生苦练本领，树立科技报国的理想信念，激励学生突破知识和技能瓶颈，激发探索新技术、新领域欲望，赋能高素质技术技能人才培养。

十七、铸牢荆楚红色水文化阵地
打造成人、成事、成才课堂

——"水利工程造价"课程思政案例

长江工程职业技术学院　　侯林峰团队

一、案例背景

《高等学校课程思政建设指导纲要》提出全面推进课程思政建设，将价值塑造、知识传授和能力培养三者融为一体。学校根据国家和湖北省关于课程思政建设的系列文件制定了课程思政建设实施方案。"水利工程造价"作为湖北省高水平专业群——生态水利专业群核心课程之一，依据文件精神和实施方案建成了课程思政示范课，并形成了可在其他课程和兄弟院校推广的系列案例。

"水利工程造价"在专业群中承担造价管理职业技能和职业素养的培养任务，教学目标是让学生能说出水利工程造价的计算范围和过程，具备水利工程造价编制、成本控制等能力，养成科学严谨、遵规守纪、求实创新的习惯，成为能胜任造价员等工作岗位的人才。

授课对象为大二学生。基于专业群学生具有喜欢动手实践、理论基础偏弱、规矩意识不强等特点，专任教师与企业工程师精选实践案例，将理论教学融入到案例操作过程，注重培养技能和素养；将荆楚水利红色资源提炼成水利红色案例库并应用到教学过程，培养学生遵规守矩、遵守规范、执行标准的意识和劳动精神。

校企联合建成了以在线精品课程、课程思政示范课、水利行业网络培训课和水利造价员证书课程为依托的"四位一体"课程。教学过程中充分运用以上教学资源，采取目标导向教学模式，教学过程中以水利红色案例引导学生思考、企业实际工程案例驱动学生动手、师生共同讨论延伸水利精神。

二、主要做法

（一）提炼水利造价思政元素，系统设计"做人、做事、做工匠"课程思政主线

按照行动导向教学理念，基于水利工程造价编制过程和造价员的岗位素质要求，将课程内容与水利造价员岗位所需具备的职业素养相融合，重新调整课程结构、教学内容、教学方法等，实现专业教育和思政教育的有机统一。

将中国红色基因水利工程、荆楚水利红色资源和优秀水利校友故事提炼成思政元素，按照"做人（热爱劳动、诚实守信、公平正直、干净担当）→做事（严谨认真、实事求是、求实创新、团结协作）→做工匠（遵规守纪、爱岗敬业、精益求精、爱国奉献）"的主线系统设计课程思政内容体系，体现在课程教案、课堂教学、实践教学、课后拓学等各方面，贯穿于课程教与学的全过程，如图1所示。

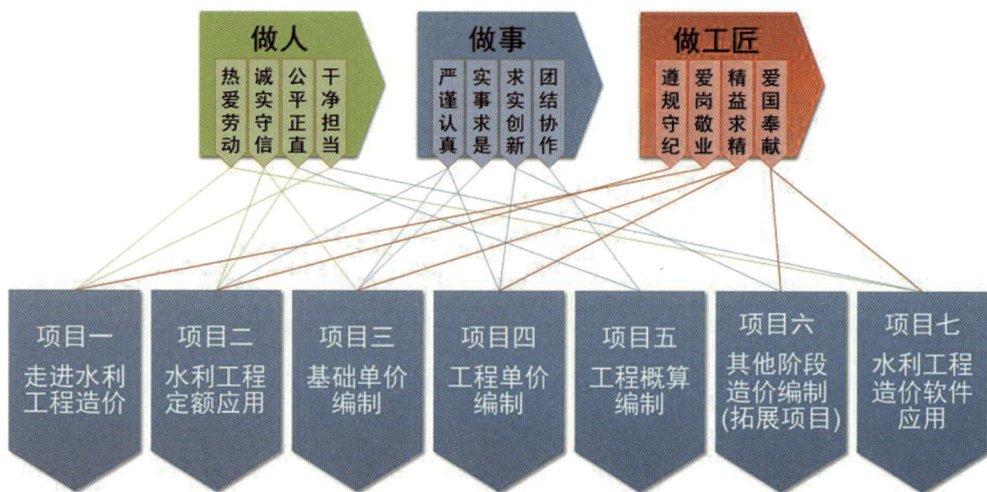

图 1 "水利工程造价"课程思政总体设计图

（二）打造荆楚水利红色资源思政案例库，形成水利工程造价课程思政资源

深入挖掘"湖北省水利红色资源名录"和优秀水利校友故事中所蕴含的工匠精神、节约意识和劳动精神等并进行提炼，变成课程的实践和讨论案例，让学生在学习专业技能的同时领会职业道德、职业精神和新时代水利精神。

湖北省首批水利红色资源"翻山堰"水利工程是全国劳模高华堂率领干群"三治"（治山、治水、治地）工程，是系统治理、节约投资、劳动伟大的代表。"西瓜秧"式水利灌溉工程是原赵岗乡永固农业生产合作社1000多人在杜槽河上游杨庄修建的一座浆砌石滚水坝，是因地制宜、节约成本的典范。荆江分洪工程修建于1952年，30余万军民日夜奋战，仅用75天就胜利修建完成，是团结协作、爱国敬业的典范。把这些水利红色资源提炼成水利工程

造价思政典型案例并在教学过程中应用,有利于学生水利精神和劳动精神的培养。

(三) 聚焦水利造价思政效果提升,深化教学模式和教学方法改革

为了将荆楚水利红色资源有效融入课堂,采取目标导向教学模式和项目化、讨论式和小组 PK 等教学方法。将企业真实水利工程造价编制案例引入课堂,由企业工程师、专业教师共同指导学生分组在校内技能工作室和企业工作站完成项目任务,作品接受企业检验,优秀作品被企业采纳,实现作业到项目的转变。学生在"实战"中成长,小组 PK 增强学生的集体主义精神和团结协作的意识,实现人才培养的校企无缝对接。同时师生通过对项目中的水利红色故事、水利精神和劳动精神进行讨论,增强职业认同感和奉献精神。

课程教学过程中坚持用身边的人和事来教育引导学生,将校友"作品"整理成教学案例,在技能传授过程中感悟职业精神。优秀校友冯继军荣膺 2020 年度"西藏工匠"荣誉称号,他负责建设的金桥水电站是处于无电地区的电力建设项目,通过他带领团队夜以继日地研究解决方案,从嘉黎县城把施工供电线路引到了金桥水电站施工现场,节约了近亿元成本。还有"四川工匠"杨晓诚和"全国向上向善好青年"张志敏等,他们立足岗位,钻研技术,助力公司发展的奋斗历程和成长故事很好地诠释了新时代水利精神。

(四) 融会第一课堂和第二课堂,在实践教学中感悟新时代水利精神

在课程实践和假期社会实践过程中,学生积极探访全国红色基因水利工程、湖北省水利红色资源等项目。亲身体会水利工程的魅力,探寻工程建设背后的故事,进一步加深对水利工程造价编制准确性和成本控制重要性的认知。同时在实践的过程中积极利用专业技能为企业解决实际问题,提炼创新创业项目。

聘请"全国水利技术能手""荆楚工匠"李凯等行业专家为"首席技师",在学生课程企业实践和实习时给予技术指导和水利精神养成培养。暑假开展"追寻水利红色印记,传承红色基因"系列实践活动,教师带领学生实地探访水利红色工程,学生接受水利红色文化熏陶,传承红色基因,增强职业精神。

三、教育效果

(一) 课程建设成果显著

经过不断的教学改革,课程建成了以在线精品课程、课程思政示范课、水利行业网络培训课和水利造价员证书培训课为支撑的"四位一体"课程。课程获水利专业课程思政教学案例三等奖,第六届水利行业现代教学资源大赛三等奖。教师获 2021 年水利职业院校教学能力大赛三等奖,学校课堂教学一等奖、教案评选一等奖等奖项。建成水利部人才资源开发中

心网络培训课程、水利专业课程思政教学案例、学校在线精品课程和水利造价员岗位证书培训课程等，如图2所示。

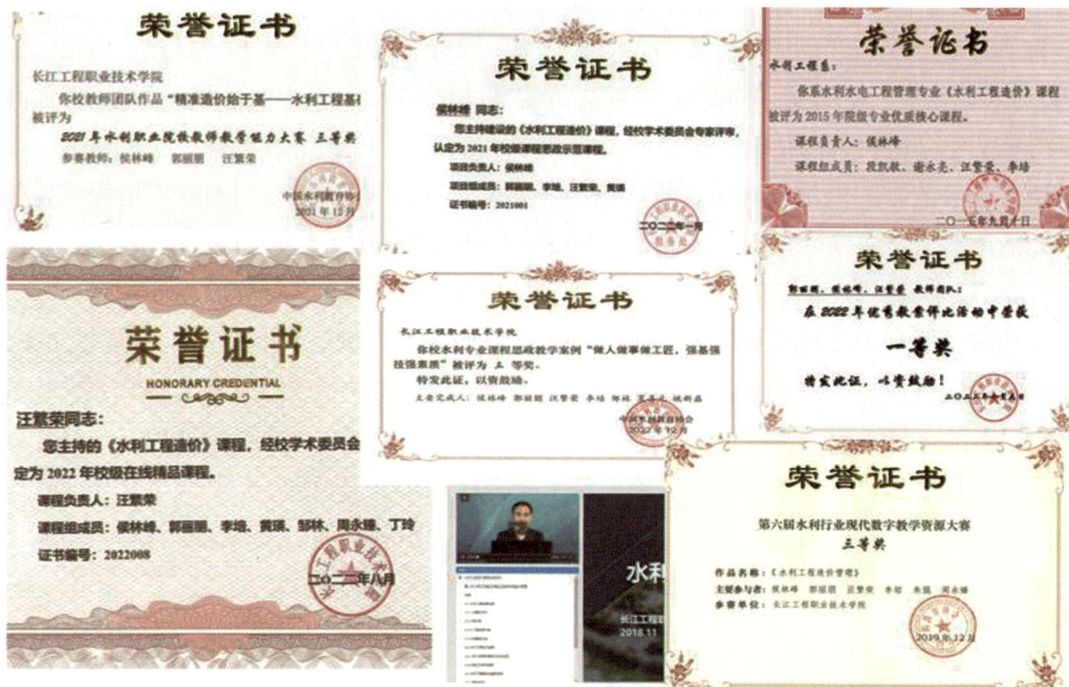

图2　课程建设主要成果

（二）课堂教学效果好

课堂教学过程中坚持"知技融合，素能共进"，通过思政元素挖掘和课程思政落实，极大地激发了学生学习兴趣，课程目标达成度高。学生专业技能得到提高，能够胜任水利造价员岗位，对水利造价职业认同感增强，毕业生的就业对口率和用人单位满意率分别提高了6.2%和6.5%。毕业生会做水利造价人，能做水利造价事，争做水利造价师。

（三）课程育人成效显著

课程有效实现了在专业群人才培养中的育人作用，支撑学生全面发展，学生对课程的认可度不断提升，评教排名从前30%提升到前10%，教师教学质量奖等级从三等奖提升到一等奖。学生在第十四届水利行业职业技能大赛水利工程造价赛项中获得三个一等奖，总成绩第一名。在湖北省创新创业大赛中荣获金奖，三位毕业生获得"全国向上向善好青年"和"长江学子"等称号。毕业生在造价管理岗位就业后很快成为技术骨干，职业素养得到用人单位一致肯定，如图3所示。

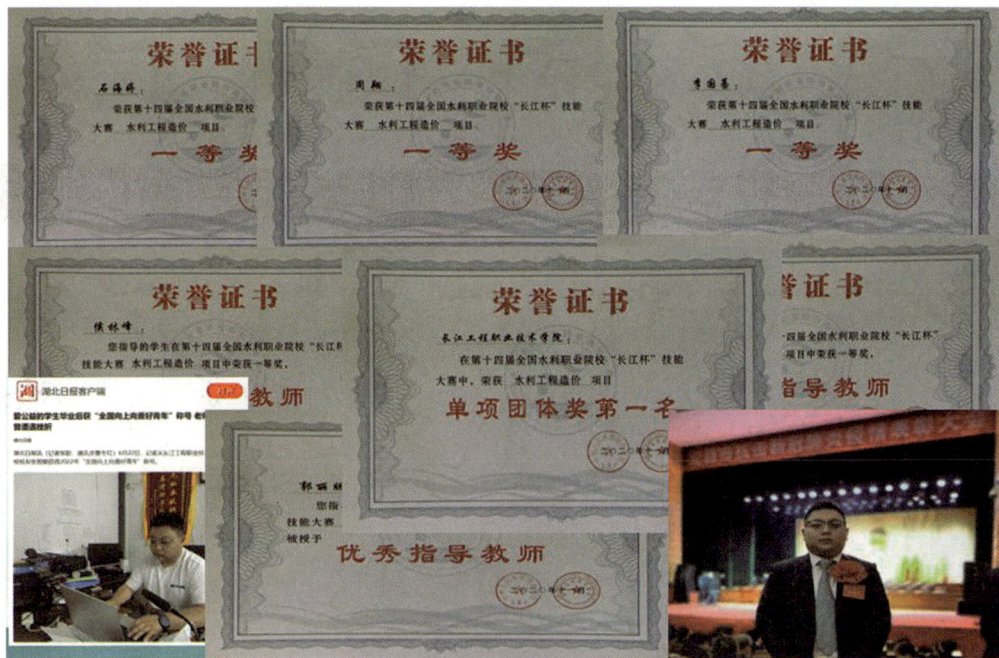

图3 育人主要成效

四、特色创新

（一）挖掘荆楚水利红色资源，系统设计课程思政主线

通过挖掘"湖北省水利红色资源名录"和优秀校友故事中所蕴含的思政元素，提炼形成了"做人、做事、做工匠"课程思政主线，并在资源建设、教学实施、课程实践和课程拓展的全过程应用，让学生深切感受到如何做到知行合一。

（二）充分发挥校企双主体育人作用，提升人才培养质量

通过企业实际水利工程造价编制项目实践和企业导师指导，提升学生职业能力和就业竞争力。学校和企业共享教育资源，企业提供丰富案例和实践机会锻炼学生的技能和素养，毕业生能够胜任水利造价员岗位，节约企业岗前培训时间和成本，校企实现双赢。校企联合培养提升学生综合素质和职业能力，为培养未来的水利工匠奠定基础。

十八、精益求精　追求卓越

——"平法识图与钢筋算量"课程思政案例

长江工程职业技术学院　金爱梅　卢舸　郑睿　王甘林　余勇　盛祝云

一、案例背景

二十大报告中明确指出，要"努力培养造就更多大国工匠"。习近平总书记在 2020 年全国劳动模范和先进工作者表彰大会上高度概括的十六字工匠精神中就包括"精益求精、追求卓越"的内涵。

落实立德树人根本任务，必须将价值塑造、知识传授和能力培养三者融为一体、不可割裂。"平法识图与钢筋算量"课程是工程造价专业的一门专业核心课，工程造价专业培养的是未来的造价工程师。本课程主要讲授如何读懂平法施工图，在此基础上，根据施工图计算一栋建筑物中的每一根钢筋，工作量大，工作要求高，如果不具备"精益求精、追求卓越"的精神，就很难算准钢筋工程量，就不可能成为一个合格的造价工程师。所以我们在本课程的教学过程中，把"精益求精、追求卓越"的精神融入到教学全过程中，取得了良好的效果。

（一）课程内容简介

我校工程造价专业是湖北省品牌专业，"平法识图与钢筋算量"课程作为该专业核心课，是湖北省职业教育在线精品课程，主要内容为：识读现浇混凝土结构平法施工图中的柱、剪力墙、梁、板、楼梯和基础，并根据施工图计算其钢筋工程量。

（二）教学对象及分析

本课程的教学对象是工程造价专业二年级学生，通过大数据，从知识技能基础、认知实践能力、学习特点等方面分析学情，发现学生喜欢多做一些理论简单、容易理解的工作，愿意投入大量时间训练某项拿手的技能而获得成就感，但是存在做事不够细致的问题，所以在本课程教学中，我们充分利用学生特点，提升学生的学习兴趣，重点解决做事不够细致的问题，培养学生"精益求精、追求卓越"的工匠精神。

（三）课程教学目标

依据人才培养方案和课程标准，秉承"价值塑造、知识传授、技能培养"的理念，确定"精熟规范、精通算量、精益求精、追求卓越"的教学要求，明确知识与技能、课程思政目标，确定教学内容，旨在培养理论基础扎实、实践能力突出、创新思维灵活、勇担职责使命、具有匠人匠心、投身"中国建造"、具备平法识图与钢筋算量专业素养和职业能力的工程技术人才。

（四）教学策略

1. 贯彻 OBE 理念，构建"355"混合教学，创新教学模式

创新"355"线上线下混合教学模式，"3"是"三分"，即授课对象分层次、教学案例项目分类型、学生团队分角色的教学策略；"5"是"五环"，即课堂教学"引、解、算、析、晋"的"五环"；"5"是"五级"，即把"现场工程师"培养计划分五级进行，学生在企业工程师和校内教师双导师的带领下完成真实的工程项目，在不断的积分晋级中实现增值价值，如图 1 所示。

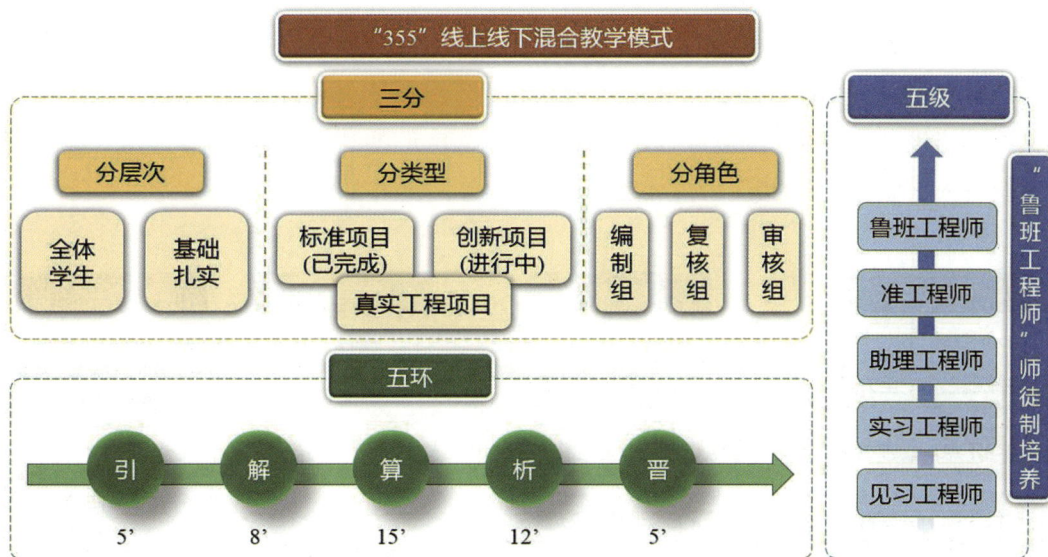

图 1　"355"线上线下混合教学模式框架图

2. 基于任务驱动，实施真实项目案例教学

依据职业岗位能力要求，采用任务驱动法，通过创设情景，采用标准项目（已完成的真实工程项目）和创新项目（正在进行的真实工程项目）实施真实项目案例教学，实现教学和生产对接。课后和寒暑假参与合作企业的真实生产。

3. 创新教学手段，实现虚实结合，丰富教学资源

通过省级职业教育在线精品课程和线上平台，完成课程教学资源及课程预习内容的上传与发布，学生可以观看视频课程线上自主学习，打破时空限制。教师通过查看学生学习情况，适时调整教学方案。

通过专精特新产业学院和省级名师工作室，建设有施工现场教学视频、钢筋实体模型、钢筋绑扎教学工具、活页式项目任务书、社会服务项目直播等多种教学资源，能够实现场景式教学，及时将新技术、新工艺、新规范纳入课程，学生沉浸式学习，提升了学习实效。

二、主要做法

（一）把"精益求精、追求卓越"的精神融入到教学全过程

依据工程造价专业国家教学标准，对接造价工程师岗位要求，根据人才培养方案确定课程标准。本课程以平法施工图的识读、钢筋工程量的计算训练作为手段，把"精益求精、追求卓越"的精神融入到教学全过程。

基于造价工程师钢筋算量的工作过程，本门课重构了六个教学模块，融入了"1+X"建筑识图技能点、省级技能大赛和造价工程师岗位要求，实现"岗课赛证"融通，打造"四维一体"的教学体系，基于社会主义核心价值观和中华民族优秀传统文化，结合模块构件的功能喻义，系统化设计了6个主题课程思政，实现将思政元素"润物细无声"地融入教学过程，落实三全育人，增强教学的吸引力、说服力和感染力，如图2所示。

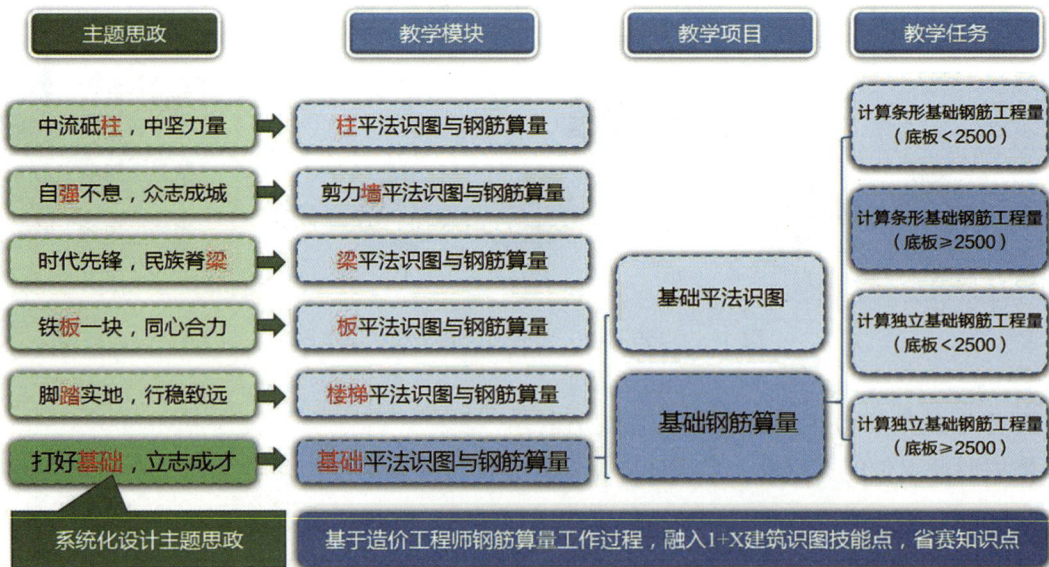

图2　系统化设计的6个主题思政模块框架图

（二）把"学生主体"思想贯穿教学全过程

我们在教学中坚持"学生为主体"的理念，让学生做课堂的主人，关注学生的需求、兴趣和能力，注重培养学生的综合素质和全面发展，鼓励学生独立思考、发现问题和解决问题，培养学生的创新意识和创新能力，注重实践性和探究性学习，让学生亲身体验知识的应用和实践，增强学生的实践能力和探究精神，注重培养学生的社交能力和合作精神，让学生成为有责任感、有担当的人，充分利用现代信息技术手段，提高教学效果。

课前，教师线上发布预习任务，要求学生观看省级职业教育在线精品课程，完成预习任务。

课中，引入真实工程项目作为标准项目，要求学生计算典型构件的钢筋的工程量，如图3、图4所示。

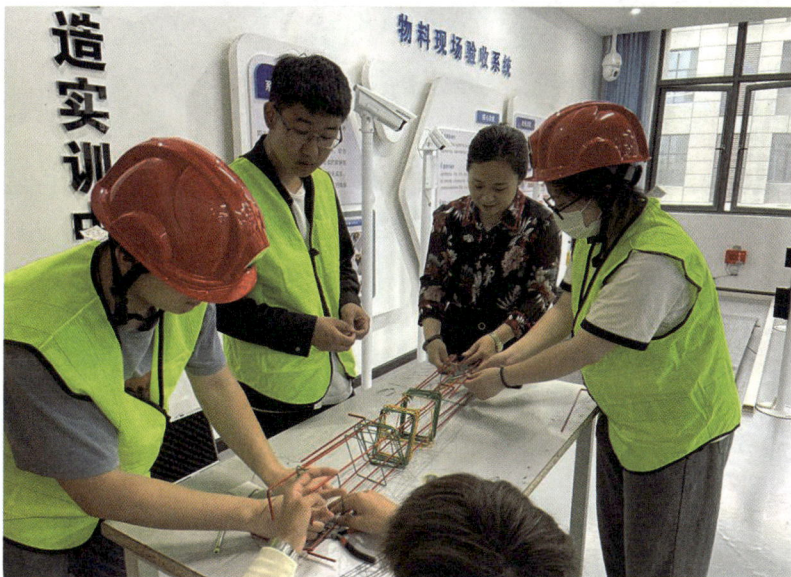

图 3　教师指导学生绑扎钢筋模型

图 4　学生分团队扮演编制组、复核组和审核组核对钢筋工程量

（三）把校企深度合作、产教深度融合理念贯穿教学全过程

课后，拓学现场工程师培养计划，继续实行积分晋级。由教师和企业工程师带领学生参与社会服务，完成创新项目，如图5所示。

图5　教师指导学生完成创新项目

学生通过参与企业的实际工程项目，用"主动参与、创新思维、社交能力、沟通与交流、自我管理、责任意识、团队精神、诚信品格"等关键词总结了自己的收获，尤其提及了思政方面的自我评价，这些特色充分体现了课程思政的教育理念，对学生的价值观形成起到很好的导向作用。

三、教育效果

（一）教学方法创新，学生学习兴趣浓厚

教师利用线上平台中发布的教学资源、精品在线开放课程，满足了学生自主学习的需求。真实项目案例教学和岗位角色扮演增强了学习的职业化。钢筋实体模型增强了学生的感官认知。借助虚拟仿真系统激发学生的好奇心和解决识图抽象难理解问题。建筑构件钢筋绑扎发挥学生动手能力强的特点，增强实践性。通过统计分析，2022年与2021年数据相比，学生线上线下参与度提升约20%，学生综合成绩良好与优秀率提高约22%，现场工程师培养人数参与率和培养质量两个指标都提高了100%以上。

（二）融通岗课赛证，学生知识技能显著提升

极大激发学生的职业竞争意识，积极参加工程造价与建筑识图省赛及行业数字建筑百万

人才职业技能大赛等各类赛事，成绩显著。参加工程造价与建筑识图省赛斩获一等奖，参加全国高校 BIM 应用毕业设计大赛获得"特等奖"。对应"1+X"建筑工程识图职业技能等级考试要求，我校"1+X"建筑工程识图职业技能等级考试通过率达 100%。

（三）产教深度融合，学生的工匠精神得到显著提升

学生在省级职业教育技能名师工作室，通过校企合作、产教融合的形式，参与"现场工程师"培养计划，参与完成了多项社会服务生产项目，80% 以上的学生获得了各级职业技能等级证书或合作企业颁发的"现场工程师"培养计划荣誉证书，学生在完成实际生产项目过程中，对"精益求精、追求卓越"的工匠精神有了更深层次的理解，工匠精神得到了显著提升，在毕业时提前被行业内优质用人单位预聘。

四、特色创新

（一）贯彻"德、创、技"理念，打造"特色"思政

本课程教学以"学生为主体"，融入爱国主义精神、遵纪守规、科学公正的职业责任感、开拓创新意识、精益求精、追求卓越的工匠精神等思政元素，将育人与教学两条线融会贯通；以"精益求精、追求卓越"精神为课程思政主线贯穿教学全过程，按照"一模块一主题"构建"中流砥柱、中坚力量"等 6 个主题思政，注重知识传授、技能培养与价值引领协同育人，传承工匠精神。

（二）创新"355"教学模式，助推课堂革命

创新了"355"线上线下混合教学模式，采用对象分层次、项目分类型、团队分角色的"三分"教学策略，开发活页式项目任务书，制定"标准"项目和"创新"项目，学生分角色扮演，打造"引、解、算、析、晋""五环"课堂，把"现场工程师"培养计划的五级培养理念贯穿整个学习过程，助推课堂革命。

（三）实施"现场工程师"培养计划，服务智能建造

实施"现场工程师"培养计划，师生承接真实工程项目，教师和企业工程师通过线上直播＋线下指导的方式，带领学生参与社会服务。引导学生"学中做，做中学"，实现知识技能的迁移，服务智能建造行业，服务区域经济发展。

十九、初识机车车辆与动车组
——"轨道交通概论（中英双语）"模块五课程思政案例

武汉铁路职业技术学院　邱瑾　圣微　邱懿漫

一、案例背景

（一）教学分析

1. 课程性质

"轨道交通概论（中英双语）"课程是铁道车辆技术专业基础课、必修课，共40学时、2.5学分，服务于高等职业教育铁路专业学生（专业基础必修）和非铁路专业学生（通识选修）、来华留学生（专业基础课）、涉外铁路企业员工和境外铁路企业员工（职业培训），为后续顺利过渡到专业课程的学习打下基础。

课程结构包括认识课程板块和10个教学模块，如图1所示。

第1周：认识课程

10个模块
- 第1周：初印象 First impression
- 第2周：车站设施 Station facilities
- 第3周：票务管理 Ticketing management
- 第4周：信号与控制 Signal and control
- 第5周：机车车辆与动车组 locomotives and vehicles &EMUs
- 第6周：客运与货运 Passenger and freight transport
- 第7周：供电 Power supply
- 第8周：安全管理 Safety management
- 第9周：轨道交通文化 Rail transportation culture
- 第10周：轨道交通新发展 Development trends

图1　课程结构

本课程先修课程为"铁道概论"，后续课程为"动车组制动系统检修""铁道车辆运用与管理"。

2. 学情分析

授课对象：铁道车辆技术专业二年级学生。

知识技能基础：

（1）已掌握铁路运输车辆的基本类型、基本构造；

（2）会从工程角度对铁路（轨道）线路进行分类；

（3）能熟练运用专业术语。

学习行为倾向：

（1）有较强的理解能力；

（2）喜欢参与课堂互动活动，对课堂举手回答问题、纸质档作业较为反感；

（3）对铁道车辆、轨道线路等相关技术名词的英文学习具有强烈的好奇心和学习欲望。

认知实践能力：

合作学习能力及国际化意识亟待提高。

（二）教学内容简介

轨道交通概论（中英双语）课程围绕车、机、工、电、辆相关岗位设置学习（工作）情境，设置相关工作情境下的知识点和高频率复现词汇，融合各专业职业资格标准对学生英语应用能力的要求建设本课程，提供了解中国轨道交通发展的媒介，支撑并提升轨道交通职业能力，培养学生的国际化视野，提升其全球竞争力。参赛课程思政特色案例取自模块五机车车辆与动车组（4课时），如图2所示。

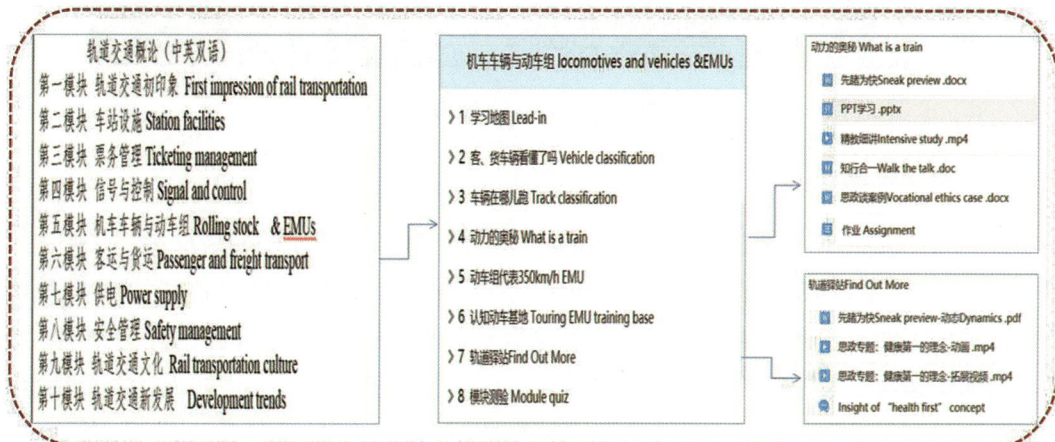

图 2　模块五教学内容

（三）教学目标及重难点

根据轨道交通概论（中英双语）课程确定的预期学习结果，结合课前具体学情分析，落实人才培养方案与课程标准，合理确定模块五的教学目标及教学重难点，强化专业基础及英语应用能力，如图3所示。

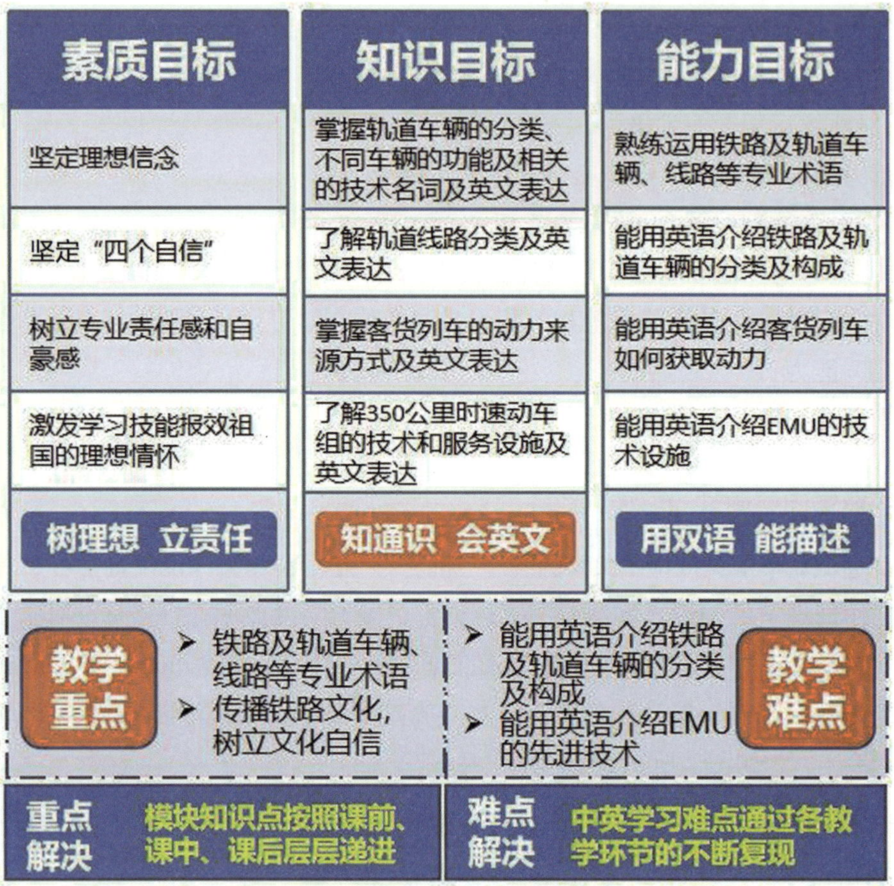

图3 教学目标及重难点

（四）教学策略

本课程基于建构主义教学理论，采用翻转课堂模式，结合"任务驱动、案例教学、合作学习、线上线下混合"的课程教学策略。在学习本模块时，以认识轨道机车车辆、轨道线路、列车动力类型、动车实例介绍以及现场参观教学为学习任务，辅以案例说明，引导学生通过合作学习加深印象，再进行线上线下混合复习巩固，逐步提升专业通识知识的英文表达。同时把素质目标融入本模块的四个知识点，通过教学全程的"课前-课中-课后"学习、培育及感悟方式，把理想信念、"四个自信"、专业责任感和自豪感、学习技能报效祖国的理想情怀通过真实案例渗透到教学各环节，如图4所示。

图 4　课程思政教学解构

二、主要做法

引用案例，将思政教育有机融入教学内容。

（一）教学活动形成闭环，学生学习环环相扣

模块五贯穿"课前预热、课中精学、课后复练"理念，教学环节有序，每个模块知识点按照课前、课中、课后层层递进，信息技术手段覆盖教学全过程，学生有计划参与课程学习，使学生能理解问题并引导学生积极参加讨论，完成各模块学习目标，形成完整科学的闭环，中英学习重难点通过各教学环节的不断复现，让学习者快速掌握所学内容，如图 5 所示。

课中	6-3车辆在哪儿跑Railway track classification 6-3.1先睹为快Sneak previews微课PPT/中英微课内容预习 6-3.2精教细讲Intensive study微课讲授Study the teaching video 6-3.3知行合一Walk the talk 一般用语和词汇+问答练习 6-3.4思政谈Vocational ethics机车车辆那些事儿 Case 2 30小时Thirty hours 6-3.5 在线作业Assignment	课中精学 （思政元素"理想信念、"四个自信"、专业责任感和自豪感、学习技能报效祖国的理想情怀"通过案例贯穿课中教学过程）
	6-4动力的奥秘What is a train 6-4.1先睹为快Sneak previews微课PPT/中英微课内容预习 6-4.2精教细讲Intensive study微课讲授Study the teaching video 6-4.3知行合一Walk the talk 一般用语和词汇+问答练习 6-4.4思政谈Vocational ethics机车车辆那些事儿 Case 3 韶山换和谐 Shaoshan converted into Hexie 6-4.5 在线作业Assignment	
	6-5动车组代表350km/h EMU 6-5.1先睹为快Sneak previews微课PPT/中英微课内容预习 6-5.2精教细讲Intensive study微课讲授Study the teaching video 6-5.3知行合一Walk the talk 一般用语和词汇+问答练习 6-5.4思政谈Vocational ethics机车车辆那些事儿 Case 4 乘车体验 Riding experience 6-5.5 在线作业Assignment	
	6-6认知动车组仿真实训基地A glimpse of EMU simulated training base 6-6.1先睹为快Sneak previews中英微课内容预习 6-6.2精教细讲Intensive study微课讲授Study the teaching video 6-6.3知行合一Walk the talk 一般用语和词汇+问答练习 6-6.4思政谈Vocational ethics机车车辆那些事儿 Case 5 武广高铁Wuhan-Guangzhou high speed rail 6-6.5 在线作业Assignment	
课后	6-7轨道驿站Find out more 6-7.1先睹为快Sneak previews 6-7.1.1动态Dynamics 动车组EMU 6-7.1.2 动画：高速铁路线路检测 High-speed rail line detection 6-7.1.3 动画：动车转向架 Bullet train bogie 6-7.2课程思政专题：健康第一 Special theme for vocational ethics education: Concept of health first 6-7.2.1动画：机车车辆之变Transformation of rolling stock 6-7.2.2拓展视频Extended video 给高铁洗澡消毒Wash and disinfect bullet trains 6-7.2.3研讨Discussion 树立健康第一教育理念 Insight of establishing health first concept 6-8模块测验Module test	课后复练 （拓展总结所学主要内容和思政要点，通过讨论领会感悟）

图 5　课程思政教学解构

（二）课前学习地图发布问题，先睹模块要点为快

根据专业双语课程特点，所有教学环节都以双语呈现。学习地图里的问题提纲挈领，串起整个模块涉及讲授的知识点和各知识点切入的思政元素，理想信念、"四个自信"、专业责任感和自豪感、学习技能报效祖国的理想情怀思政元素环环相扣，通过问题预热整个模块的学习内容和育人要素，先睹为快引领学员们进行第一轮的浏览和熟悉。

（三）思政故事贯穿育人全程，双语呈现彰显课程特色

秉承立德树人的教学理念，以社会主义核心价值观为基础，重构细化思政元素，挖掘和

开拓与本模块紧密相关的思政元素，与单元知识点有机融合。找准课程思政切入点，合理恰当地将思政元素贯穿到课堂讲授、教学研讨、互动讨论、考核评价等各环节。

课中精教细讲车辆分类及功能、线路分类、动力类型、动车组代表车型以及现场教学，通过教学视频和 PPT 学习加深学员理解，在知行合一中复习巩固重点的专业术语，活学活用，同时在思政谈中嵌入理想信念、"四个自信"、专业责任感和自豪感、学习技能报效祖国的理想情怀思政元素，把鲜活的案例描画成感同身受的思政故事，形式多样，配有双语文字的动画、拓展视频等，让学生"身入其境"，使学习者在学习过程中浸润在体系化的育人氛围中，达到润物无声的育人效果。

（四）轨道驿站提升认知高度，思政故事增值领悟深度

轨道驿站通过知识拓展动态、思政动画和拓展视频使学生了解本模块知识点以外内容，进一步提升学生对模块主题的认识，通过互动达到本模块的教学目标。模块讨论区发布思政专题讨论——为学好专业报效祖国而保持健康体魄，引导学生结合本模块各知识点深入思考，踊跃参加讨论，或英文或中文回复自己的学习收获和感悟，老师参与讨论，实时回复。

这个模块中的思政元素比比皆是，老师在授课中信手拈来，学生在学习过程中不自觉进行横向的、纵向的比较，中国速度和中国标准所代表的中国力量背后每一个案例都是一个故事，使学员们坚定理想信念，激励学生热爱自己的专业。通过今昔对比和讲述"从建设号到复兴号""30 小时""韶山换和谐""乘车体验""武广高铁"等活生生的例子，老师和同学们都感同身受。

三、教育效果

（一）资源丰富多样，收获满满

本模块的课程思政的教学资源形式多样，同样以中英双语呈现，方便中外学生学习，学生们反映佳；做中学、学中做，进行个性化学习和合作学习，提升学生学习效果和收获感，学习效果好；充分体现线上线下教学安排的合理性、科学性和时效性。

（二）精心打造专业通识教学内容与思政典型案例

讲授中，将教学目标的知识性、教育性互相交融，潜移默化地融入课程思政要素，使通识专业知识和课程思政有机统一，综合线上线下优质资源，在教学过程的各环节中体现热爱专业的科学素养与人文素养。

（三）探索并丰富课堂组织形式和教学模式

改变灌输式教学方式，引入"雨课堂"互动教学模式以及启发式、嵌入式等教学手段，大量增加视频教学、分组讨论、网络互动等教学方法。有提炼、有拔高、能拓展的教学内容对学生树立正确的人生观和价值观起到了引领作用。

（四）优化课程考核方式、细化考核标准

本模块各知识点作业及模块测验结果表明：知识及能力目标顺利实现，素质目标圆满达成，自主学习能力逐步提高。思政教学效果在学生课后反馈中得到良好体现。

四、特色创新

（一）借助信息技术，凸显学习成效

充分运用信息技术手段从课前公告信息发布、课程导入、预习、课中学习到课后复习和作业、测试，学生"线上＋线下"学习，提高了学习效率。

（二）中英双语授课

采取中英双语，同时融合了机车、车辆及铁路线路等工作情境对英语能力的基本要求，不仅传授专业基础知识、为留学生初期的学习提供语言便利，同时培养中国学生的对外英语交流能力，从而提升国内外轨道交通专业学生的全球竞争力。

（三）精神文化引领

丰富的思政主题和呈现形式（案例、动画、视频）巧妙融入模块教学各环节中，思政浸润课程教学全过程，专业内容与青年责任、爱国情怀结合，潜移默化提升学生的爱国情怀和高尚情操。

二十、三维立体融思政　校企双元育人才

——"电气控制与 PLC"课程思政案例

三峡电力职业学院　陈经文

一、案例背景

（一）课程简介

为积极响应国家"长江大保护"的战略要求，服务化工产业绿色发展转型升级，助力区域化工制造业智能化发展，我校与本地全国 500 强化工制造高端企业签订学徒制合作协议，遴选 24 名 2020 级机电一体化技术专业学生组建了学徒班，根据企业生产和学徒学习生活实际，校企共订课程标准、共建企业学区、共担教学任务。"电气控制与 PLC"作为合作企业亟需的化工检修电工岗位的核心支撑课程，教学团队重构符合企业实际需求的项目模块化课程内容，旨在培养符合企业岗位需求的高技能高素质绿色化工人才。

（二）教学对象及分析

教学对象为 2020 级机电一体化技术专业学徒班学生，学生已学习电工电子技术、传感器技术课程基础知识并掌握了电工实训相关技能，具有一定的团结协作能力，思维活跃，喜欢动手操作，但思考和分析问题能力还需提高，安全意识较为淡薄，岗位职责不明确，"学生即学徒"的思想转变还需要进一步培养。

（三）教学策略

本课程以我校"PLC 与变频器技术"国家级线上教学资源库为基础，结合可编程控制器系统应用编程"1+X"证书内容和企业岗位需求重构课程内容。采用任务驱动的教学模式，以企业实际工作任务为主线，在理实一体化教室和企业产教基地展开教学，运用案例教学法、情境教学法、虚拟教学法、角色扮演的教学方法和多种信息化教学手段，从"国家、个人、企业"三个维度，通过不同项目内容，挖掘其蕴含的"绿色发展、工匠精神、企业文化"思政元素，将三维立体的思政要素融入整个课程，实现校企双元育人。

二、主要做法

（一）设计课程思政主线

本课程共设置了三个项目，通过项目一有机硅单体生产加工控制系统认知的学习，让学生切身感受到绿色化工产业的转型升级，可编程控制技术在提高生产效率中的重要作用，将“绿色发展”的职业理念深植于脑；通过项目二有机硅单体生产加工控制系统设计与编程的学习，教师和企业导师在理实一体化实训室言传身教，夯实系统设计所需的理论和技能基础，将“工匠精神”的技能素养外化于行；通过项目三有机硅单体生产加工控制系统安装与调试的学习，让学生深入合作企业一线精进技能，践行化工检修电工所需的岗位职能，将“立于制、融于心、惯于行”的合作企业文化内化于心。通过对接真实工作任务的教学内容，将三维立体思政融入教学过程，见图1，有效达成了育人目标。

教学思政主线

模块	思政点	项目	思政点	任务	思政点	落实环境
有机硅单体生产加工控制系统设计与装调	（国家层面）绿色发展	有机硅单体生产加工控制系统认知	绿色化工 民族工业发展	系统认知	订单企业认同感 职业自信心	企业认知
	（个人层面）工匠精神	有机硅单体生产加工控制系统设计与编程	爱岗敬业 勇于创新 精益求精 追求卓越 一丝不苟 执着专注	前料处理控制系统设计与编程	逻辑思维 耐心细致	校内学习
				物料加工控制系统设计与编程	安全意识 团队协作	
				废水处理AAO单元控制系统设计与编程	创新意识 逻辑思维 团队协作 职业素养	
				废水处理控制系统设计与编程	环保意识 技艺精湛 职业责任感	
	（企业层面）立于制 融于心 惯于行	有机硅单体生产加工控制系统安装与调试	以人为本 诚信守约 精益求精 科学发展	前料处理控制系统安装与调试	安全生产 职业规范	产教融合基地
				物料加工控制系统安装与调试	严谨细致 团结协作	
				废水处理控制系统安装与调试	科学发展 劳模精神	

图1　课程思政主线

（二）细化单元教学目标

以“电气控制与PLC”课程项目二任务三废水处理AAO单元控制系统设计与编程为例，将思政要素融入整个单元教学，有效达成育人目标，见图2。

1. 明确实际岗位职责，培养人岗合一的职业认同

学生观看产教融合订单企业对单体硅生产废水处理操作，并由企业师傅引出废水处理中送药泵控制程序复杂对实际生产造成的影响。让学生了解企业，增强学生的企业认同感。

根据企业岗位分配，企业导师讲解岗位职责。根据增值评价结果，选出小组长并引导小组长分配任务，让学生明确岗位职责。

2. 增强学生安全意识，树立安全规范的操作习惯

通过教师示范操作，企业导师再次讲解操作注意事项并观看企业安全操作规范视频，引导学生在操作过程中增强安全意识，培养学生安全规范操作的习惯。

3. 强化团队协作理念，弘扬精益求精的工匠精神

学生以小组为单位探索企业遇到的实际问题，找出优化方案后进行汇报，培养学生积极探索和团队协作意识。技能进阶环节根据企业师傅分配的岗位，严格按照步骤完成调试操作，培养学生精益求精的工匠精神。

图 2　教学过程剪影

（三）创新课程思政实施过程

为实现育人目标，教学实施过程中采用了"5E"教学法，在"吸引（Engagement）、探究（Exploration）、释义（Explanation）、评价（Evaluation）和拓展（Expand）"五个教学环节中巧妙融入思政元素，达到"润物细无声"的育人效果，见表1。

表1　教学过程思政要素融入一览表

教学环节	教学内容	思政要素　切入点	育人目标
课前	联合企业师傅进行单体硅生产废水处理控制过程调研；利用学过的仿真软件知识，进行新项目的虚拟仿真软件的平台预搭建	企业现场对接，仿真软件的虚实结合，学生明确学习任务来源于实际工作	培养学生理论联系实际的工作作风
任务引入（吸引Engagement）	观看产教融合订单企业对单体硅生产废水处理过程，并由企业师傅引出废水处理中送药泵控制程序复杂对实际生产造成的影响；下发任务：优化程序	通过复杂程序设计对生产造成的影响，让学生了解优化程序的意义所在	让学生了解企业，增强企业认同感
学生探索（探究Exploration）	学生通过小组讨论如何解决企业单体硅生产废水处理系统经常报错、复杂结构找程序故障点困难的实际问题	引导学生采用模块化及调用子程序方法解决问题，学生提出多种解决方案	培养学生积极探索、团队协作的意识
教师释疑（释义Explanation）	S7-1200系列PLC的程序结构，函数FC的添加应用，在函数FC中编写程序	教师引导学生编程思路；企业导师讲解岗位职责，引导小组长分配任务	培养学生专业编程规范；明确岗位职责
技能进阶	完成编程操作与调试	严格按照操作步骤，规范操作完成单元程序设计、编写与调试	增强学生安全意识，培养规范操作的习惯，弘扬精益求精的工匠精神
总结评价（评价Evaluation）	对教学目标达成进行分析、点评和总结	选取优秀小组现场汇报	激发学生争先创优、比学赶超的精神
课后拓展（拓展Expand）	学生联系企业导师，对课上完成的单元控制程序进行优化，并进行方案优化设计的总结	联系企业导师提交总结	进一步巩固知识和技能，与企业导师沟通交流，培养学生沟通能力

三、教育效果

（一）校企共育促技能，技能竞赛扬风貌

通过校企共育、理论联系实际、三维立体思政的融入，学生能明确学习目标，学习内驱力增强，在理实一体化教室学习理论知识和操作，在企业产教基地进一步提升技能，知识和技能水平显著提升。以本学徒班为基础选取学生作为技能竞赛参赛选手，参加2022年职业院校技能大赛"现代电气控制系统安装与调试"赛项获得省赛二、三等奖；参加2022年"西门子杯"中国智能制造挑战赛"离散行业运动控制方向（高职组）"获得全国总决赛一等奖；参加2022年全国仿真创新应用大赛电气仿真设计方向获得全国一等奖。获奖新闻被多家本地主流媒体报道（见图3），彰显了学徒班学子的技能水平和精神风貌。

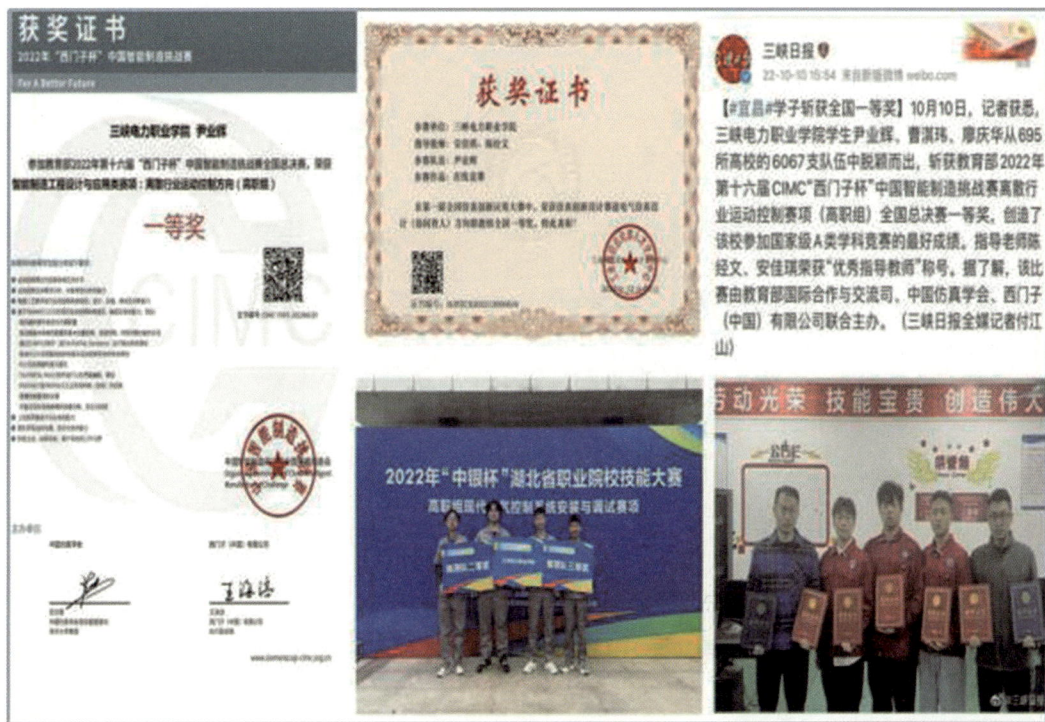

图3 竞赛获奖情况

（二）爱岗敬业促认同，校企合作显高效

学徒班学生通过"电气控制与PLC"项目课程学习，对合作企业的认同感大幅提高。问卷调查显示，全班学生都对留在合作企业工作表达出强烈意愿，通过在企业的实地认知和学习，对化工检修电工岗位认知和企业文化认同度都显著提升。

四、特色创新

本课程紧贴区域地方绿色化工生产产业背景，通过无缝对接合作企业有机硅产业链和实际岗位构建符合企业需求的可编程控制技术与应用课程内容体系，依托校企深度融合，着重训练化工检修电工岗位所需的方案设计、程序编写、故障诊断和系统调试四大能力。从"国家、个人、企业"三个维度，通过"绿色发展、工匠精神、企业文化"的思政元素立体化地改变了传统高职学生的精神风貌，培养了符合时代发展需求的绿色化工智能制造技术人员。合作企业对学徒班学生的满意度大幅提高，学生对企业的认同感显著增强，有效达成"三维立体融思政，校企双元育人才"的教学效果。

2

人 文 类

二十一、金融助农　失水渔民不愁水

——"银行授信业务：失水渔民设备养殖信贷项目"课程思政案例

武汉职业技术学院　付慧莲　夏思楠　张伊伊　胡辉

一、案例背景

（一）专业课程简介

当前金融业正迎来数字化转型驱动高质量发展的关键期，对职业院校金融类专业提出了培养"悬规植矩、精业强技、绵绵用力、处处用心"的时代金融工匠的总目标。

"银行授信业务"是高职金融专业核心课程。课程坚持以习近平生态文明思想为指导，出于差异化就业和国家乡村振兴战略考虑，将课程对接的岗位定位为农贷业务员。课程紧紧依托产教融合企业某农商行农贷项目库，紧扣金融专业人才培养特点和专业能力及素质要求，将"专业教学体系"和"课程思政体系"双链交融，与企业、行业、地方政府多方协同，通过让学生去乡村实地体验和在地对接服务，培养学生的民生情怀和劳动观念，进而在更高层次上提高学生的专业能力，以生动丰富的教学实践回答了习近平总书记提出的"为谁培养人，培养什么样的人，怎样培养人"的根本问题，如图 1 所示。

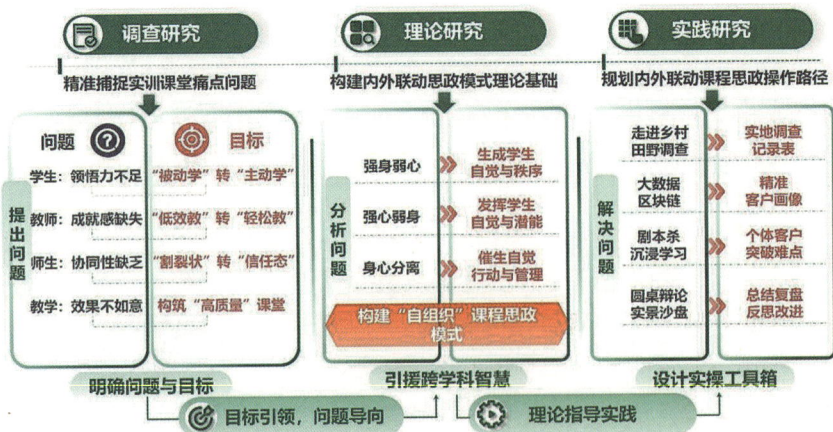

图 1　课程思政建设思路

（二）学生学情分析

课程授课对象为金融专业 2021 级的学生。从知识技能基础、职业素养、学习特点三个维度建立"一生一案"学情档案，分析学情如下：

知识技能基础：学生完成了商业银行综合柜台业务和家庭理财规划前导课程；通过前导项目的学习，学生已具备了制定本课程中简单业务流程图的能力，但对银行新技术应用还不够熟悉，满足客户个性需求的综合实践能力不足。

职业素养：金融行业安全性要求高，学生对于银行业务流程规范理解抽象；抗压能力偏低，对进入银行开展信贷项目信心不足，进入农村网点就业的意愿不强，课前测试职业认同占比为 84.1%。

学习特点：乐于智慧学习环境下的合作探究，前导课程考核情况显示，理论成绩有两极分化现象，且对授信原理性知识普遍领悟不深不透；信贷操作技能则单项强但综合弱，期待实践性强的综合提升课堂，如图 2 所示。

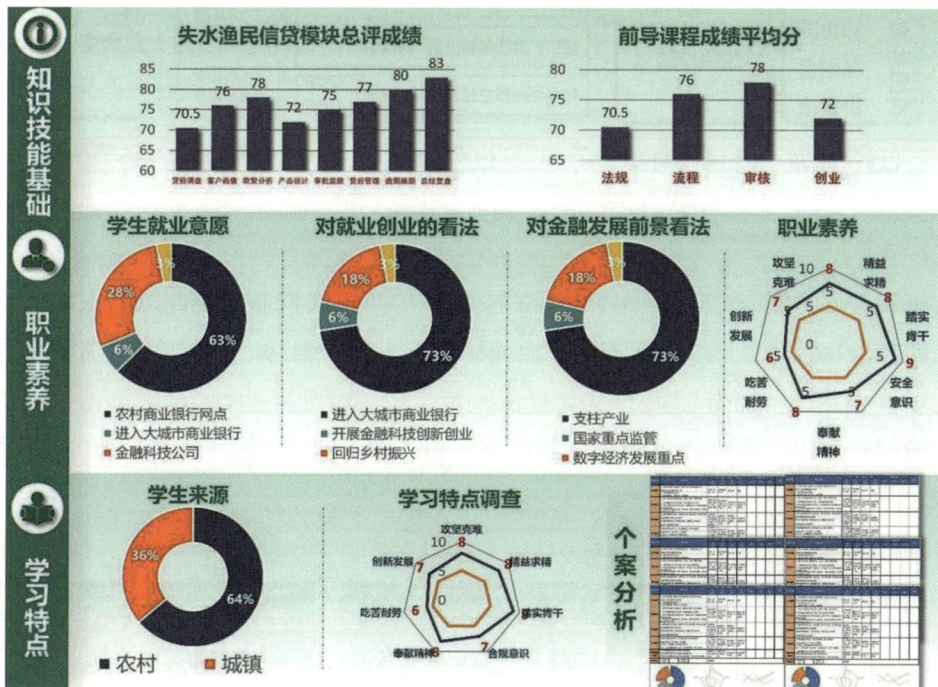

图 2　学生学情分析

（三）教学目标与策略

"银行授信业务"总学时 40 学时，第 4 学期开设。出于差异化就业的考虑，课程对接的岗位是农贷业务员。课程组紧跟市场需求，重新界定农贷业务员为"金融链和产业链的金纽带"，梳理新时代背景下农贷业务员主要客户群体，结合金融专业国家教学标准、银行国赛规程、健康财富规划"1+X"证书、银行从业考证的要求，构建"项目 – 任务"式教学内容，以岗定课，以赛导课，以证验课，以创优课，以课育人，培养面向未来的智慧金融人才，如图 3 所示。

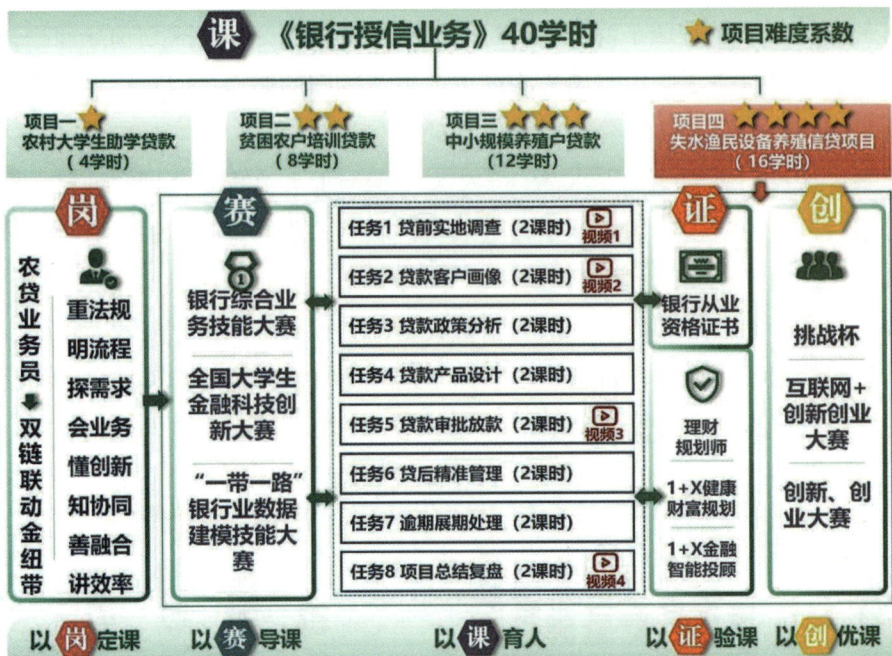

图 3　课程内容定位

　　失水渔民设备养殖信贷项目是本课程的项目四。基于农贷业务员面对的农村大学生、建档立卡培训户、中小规模养殖户和特色产业养殖户四大客户群体，依次对四个版块设立了"确立人民立场，引导社会担当""践行文化自信，传承中国精神""反思金融理论，厚植家国情怀""弘扬创新意识，贯穿经世济民"的"立、行、思、扬"四大思政模块。新体系将经典理论、权威研究、企业实践、跨学科案例、课程思政有机融入，充分体现科学性、时代性和思想性，具备主题化、跨学科、重实操、融学术、贯思政五大特性，如图 4、图 5 所示。

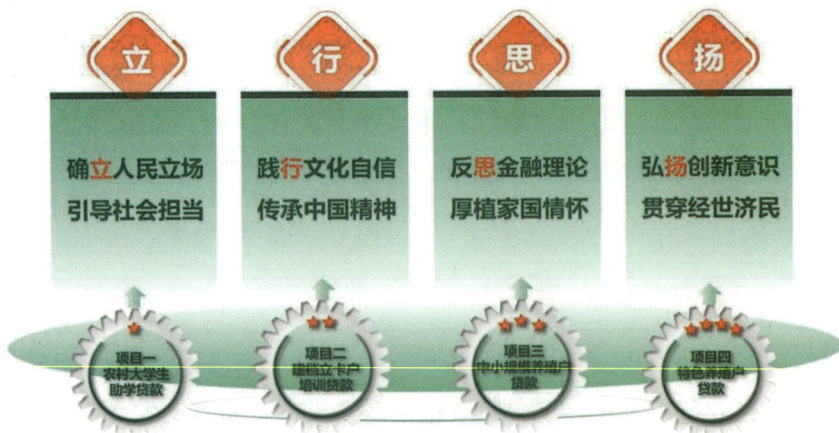

图 4　课程思政模块

图 5　学生走近失水渔民开展田野调查

（四）教学评价体系

本项目遵行"以生为本"的教学理念，聚焦岗位能力要求，根据达成难度设定知识、技能、素质分级目标；以失水渔民设备养殖信贷项目周期构建评价内容，建立学生个人成长手册、素质考核表，突出素质目标的过程性量化评价。通过 AI 智能探针、数字孪生技术等实现智能化系统测评，以学生为中心开展学生自评、生生互评，结合银企导师点评得出教师总评，实施立体化精准评价。开展增值评价，关注学生个体成长，通过与前一个项目比较，按增长率赋分。课外参加志愿服务、金融科普及各类金融科技大赛等赋予额外加分。教学评价体系如图 6 所示。

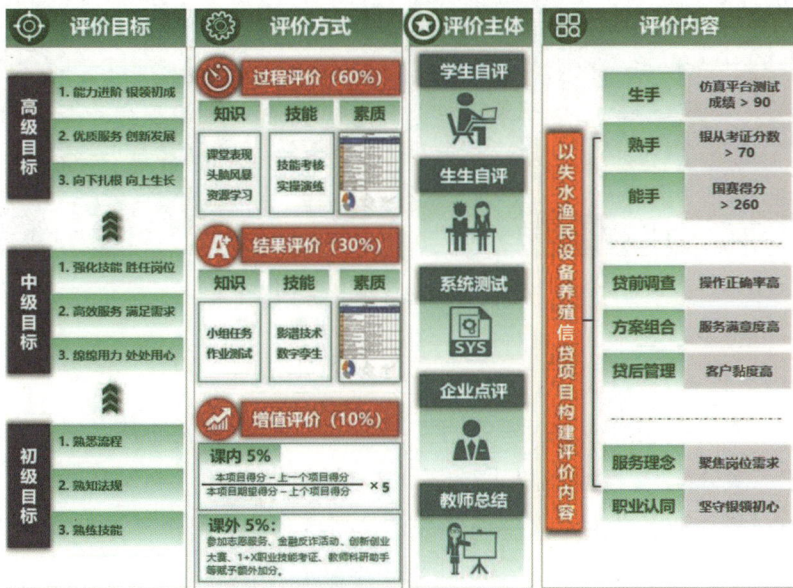
图 6　教学评价体系

二、主要做法

（一）搭建思政案例库、榜样库，实现课程资源从"机械固化"转向"生动多元"

课程组依据教育部《高等学校课程思政建设指导纲要》，基于银行授信理论知识和实践内容分析，从课程所涉及的学科专业、行业领域、国家重大战略、社会经济、历史文化等多个视角深度挖掘课程思政元素，课程内容贯穿了文化自信、劳动精神、金融伦理等思政点，对应建立了课程思政案例库。

课程组坚持把"思政小课堂"同"社会大课堂"结合起来，基于库伯学习圈理论，构建本课程实践圈加情境圈。通过立体化在线资源，帮助学生自主学习；创建农贷项目库，结合师生剧本杀（见图7）、实景沙盘等形式打造真实职场体验；结构化师资团队实现知识引领、就业指导、榜样激励；贯通云端、银柜、课堂、乡村的多样化乐学空间，创设真实职场情境，让学生深刻认识到金融学"经世济民"的价值，引导学生把人生理想和个人抱负落实到实际行动中，将专业奋斗目标同民族复兴的伟大目标相结合，立鸿鹄志、做奋斗者。

图7　采用剧本杀形式破解农贷痛点

（二）践行"任务卡片化"学习路径，实现"无心之劳"转向"有心之动"

按照"新手—生手—熟手—能手—强手"这一职业能力发展的基本规律来实施教学，将书本知识进行"二次分配"，配合教材进行贴取式"学习任务卡""行动轨迹卡""效果评价卡"的应用。在"银行授信业务"失水渔民设备养殖信贷项目中，每个任务都有对应的三张卡片。在项目一"贷前调查"中，学习任务卡是让学生了解复杂的农业贷款实地调查的要点；行动轨迹卡是让学生通过阅读资料、观看视频、实地走访等方式来认识贷前调查的内容；效果评价卡是让学生通过自我评价、小组讨论、教师点评等方式来检验和反思自己的认知水平，课堂思政实现"无心之劳"转向"有心之动"，如图8所示。

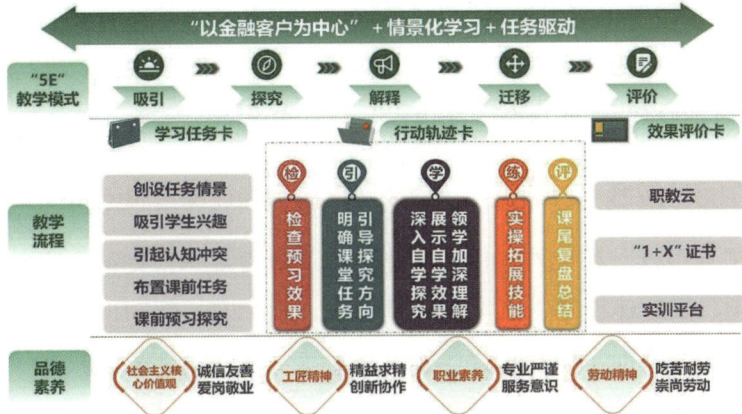

图8　任务卡片式学习路径图

（三）创建"目标分级、成长周期"精准评价，实现"身心分评"转向"具身综评"

课程组创建了"目标分级、成长周期"精准评价体系，结合整体教学策略和教学设计，围绕思政教育、劳动教育，对学生知识掌握度、过程参与度进行全面考核，并结合银行国赛标准、"1+X"证书考试标准，进行专业技能考核，将任课教师、企业导师、学生助教三方评价结合起来。设计4枚印章"厚德""笃学""求实""善用"，针对效果评价卡完成情况进行扣盖，"厚德""笃学"彰显思政价值，"求实""善用"展现劳动素养。同时，将证书成绩作为课程的增值评价纳入课证融通考核中，实现"身心分评"转向"具身综评"，如图9所示。

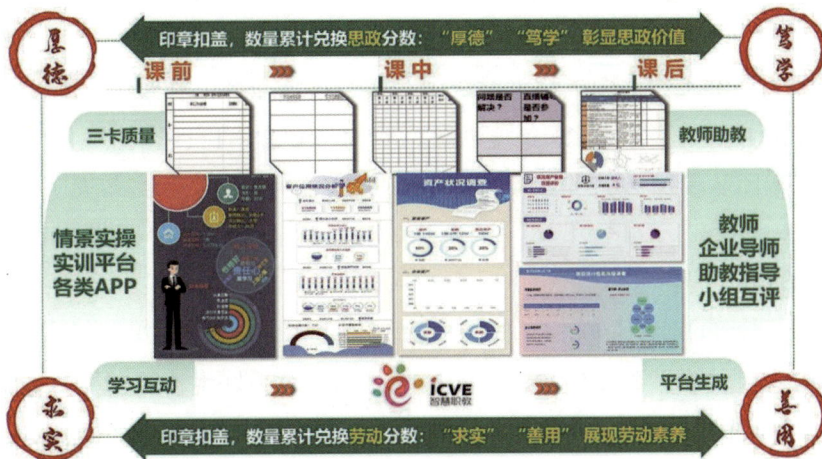

图9　"目标分级、成长周期"精准评价

三、教育效果

（一）"新技术"迎接"新挑战"，典型案例库构建课程思政新载体

融合"互联网+新技术"背景下银行服务新模式，立足贷款业务从银行向云端的环境延续，

紧扣特色客户群,融合数字化应用场景创设典型案例,建成案例资源 87 个,将银行信贷新知识、新技术通过任务驱动和主题创设贯穿于全部教学环节中,促进学生更快适应农贷业务员岗位工作,学生去往农村网点的择业意愿明显增强,提升至 95.1%。

（二）"校中行"融合"行中校"，银校深度协同构筑课堂思政新模式

建立校内"仿真银行"和校外基地教学化的"产业学院",突破高职金融人才高质量就业的工学结合瓶颈;通过建设基于真案例、真情境、新标准、新知识、新技术的农贷思政案例库,嵌入多类型主题课程,提升农贷业务员基于数字化的综合职业能力和灵活应变能力,让农贷业务员进阶为双链联动金纽带。

（三）"脑中行"达成"心中行"，创新金融类课程思政育人新路径

基于情感教学理论,以主题案例为载体,以立德树人为本,通过从典型客户群体的选取到教学环境的创设再到"四维两升"递进的教学流程,由"脑中银行"至"心中银行",培养学生树立关心国民经济的大格局和关注客户具体需求的小情怀,做扎根一线、吃苦耐劳的普通劳动者。

（四）"新模式"对接"新思想"，破圈推广思政模式新内容

在习近平生态文明思想科学指引下,从农村大学生助学贷款到失水渔民设备养殖信贷项目,围绕着金融业发展最新业态构建情境圈 + 实践圈教学新模式,让农贷业务员这个岗位更好地助力农民共享生产之美、生活之美、生态之美。课程组在吸取金融科技国家教学资源库建设经验的基础上,融入数字孪生技术完成了"银行授信业务"在线课程教学资源建设,本案例得到了荆楚网推介,并在 2023 年度西藏、青海、新疆、广西国培项目中得到推广,受到广泛认可。课程团队参加 2022 年度湖北省教师教学能力比赛获得二等奖。

四、特色创新

从儒商的"义利并举"到党中央的"不断满足人民对美好生活的向往"，"银行授信业务"一直是"经世济民"之学。课程组将价值引领贯穿教学全过程,使学生完成了"悟于心"到"践于行"的转变。

（一）实施"岗位轮动、冲突驱动"教学过程，破解"强心弱身"困境

针对贷前调查、客户画像、贷款政策、产品设计、审批放款、贷后管理、逾期展期等业务环节,学生实行一人多岗、岗位轮动,实现单一技能到综合技能的能力提升。通过冲突驱

动将教学过程分为课前、课中、课后三个阶段，实施"初步接进""迎难而进""循序渐进""稳中提升""螺旋上升"的"三进二升"课堂教学过程，全程融入"三金指数"，实现知识、技能、素质的螺旋式递进，破解"强心弱身"困境，如图10所示。

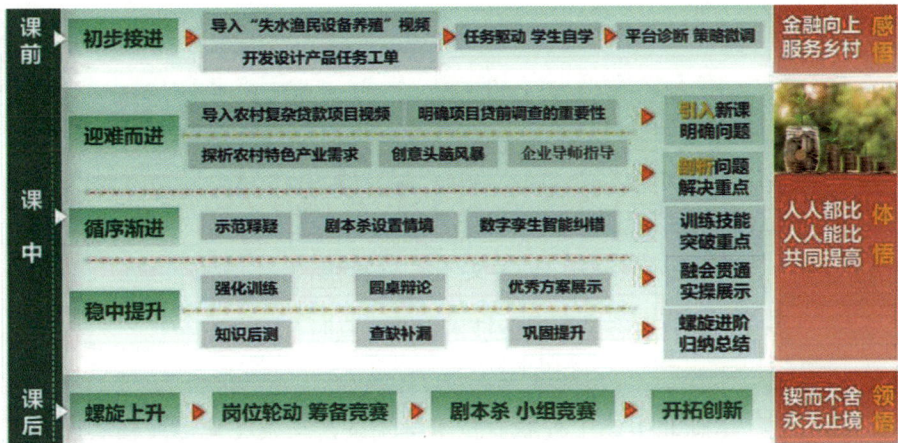

图 10　教学实施过程

（二）厚植"三金指数、两向两有"思政元素，破解"强身弱心"困境

本项目锚定培养有情怀、有温度的智慧金融人才，确定"两向两有"的思政育人目标，教学中全程融入"三金指数"：在校园中潜移默化"金钥匙"，深耕"向下扎根"专业情怀，增强学生"服务客户、无私奉献"的服务意识；在银柜上言传身教"金手指精神"，提升学生"踏实肯干、吃苦耐劳"的劳动意识；在乡间躬身践行"金纽带精神"，培育学生做好金融链和产业链双链联动的创新意识，形成学生课前感悟、课中体悟、课后领悟"三金指数"思政主线，破解"强身弱心"困境，如图11所示。

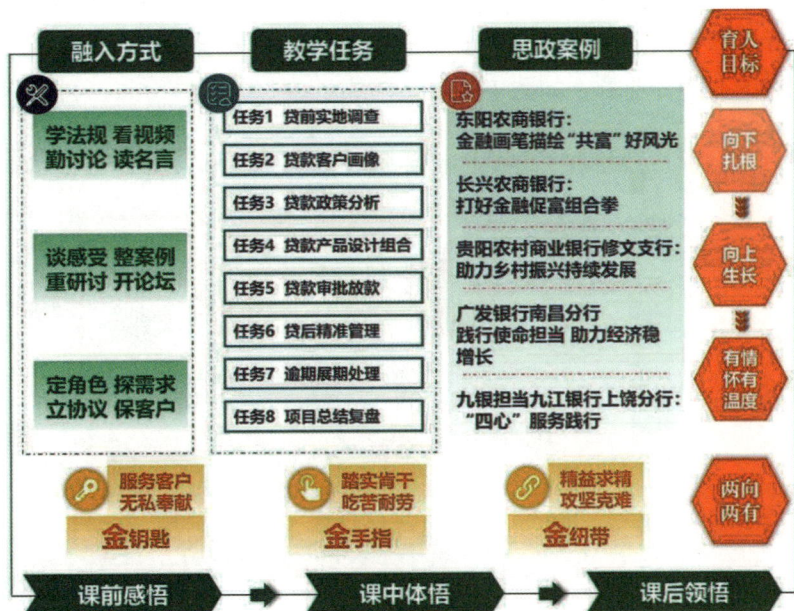

图 11　"三金指数、两向两有"思政图

二十二、培养"懂理论、有情怀、能创新、爱生活"的茶艺新人

——"茶艺与茶文化"课程思政案例

湖北生态工程职业技术学院　冯时　宋小玉

"茶艺与茶文化"是湖北生态工程职业技术学院茶艺与茶文化专业核心课程、教育部社区教育"能者为师"特色课程、湖北省精品在线课程、湖北省终身学习品牌项目。

一、案例背景

茶，起源于中国，盛行于世界。茶文化不仅是中国优秀传统文化的重要组成部分，还满足人民日益增长的美好生活需要。湖北生态工程职业技术学院是一所林业生态类特色鲜明的职业院校，致力于培养"美丽事业的建设者和美好生活的倡导者"，建设了体现行业特色和优势的五美专业群，如图1所示。

图1

其中，围绕服务"休闲生活美"重点建设茶艺与茶文化专业群，"茶艺与茶文化"课程是该专业群的核心课程。

二、主要做法

1. 课程思政建设目标

本课程依据办学特色和专业群人才培养定位，融入茶艺师的职业规范，课程思政以"爱党、爱国、爱社会主义、爱人民、爱集体、爱校"为主线，以培养学习者"懂理论、有情怀、能创新、爱生活"为标线，如图2所示。

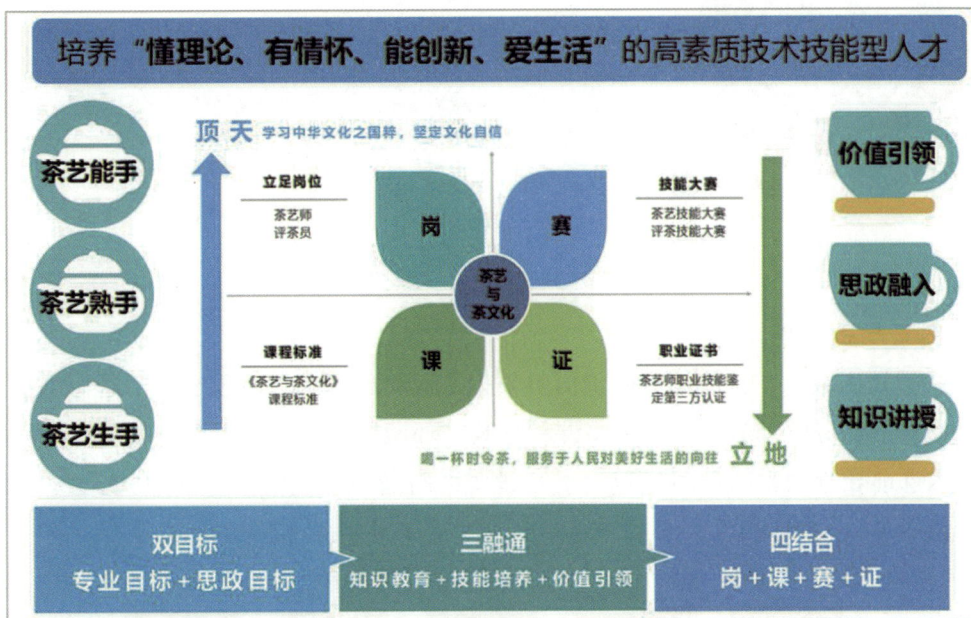

图2

2. 课程思政版块设计

本课程学习中华文化之国粹，坚定文化自信，进而努力贯彻生态文明、绿色发展战略，此谓"顶天"；喝一杯时令茶，对应着季节更迭中阴阳五行的流转，掌握蕴藏着颐养生命的健康密码，服务于人民对美好生活的向往，此谓"立地"。据此，形成课程思政三大版块：第一，挖掘思政资源，形成课程思政整体架构；第二，讲述领袖、大师与茶的故事，筑牢思想建设阵地；第三，制定一套二十四节气时令茶单，服务人民群众美好生活的需要。课程思政板块设计如图3所示。

图 3

3. 课程思政教学模式

围绕"把知识教育、技能培养同价值引领相融通"的理念,对教学目标进行重塑、整合与凝炼,形成了任务驱动教学模式。将课程思政、环境思政、学生思政、教师思政和学科思政有机融入课前导学、课中研学和课后练学三阶段,打造"导—探—示—练—评"教学五环节,如图 4 所示。

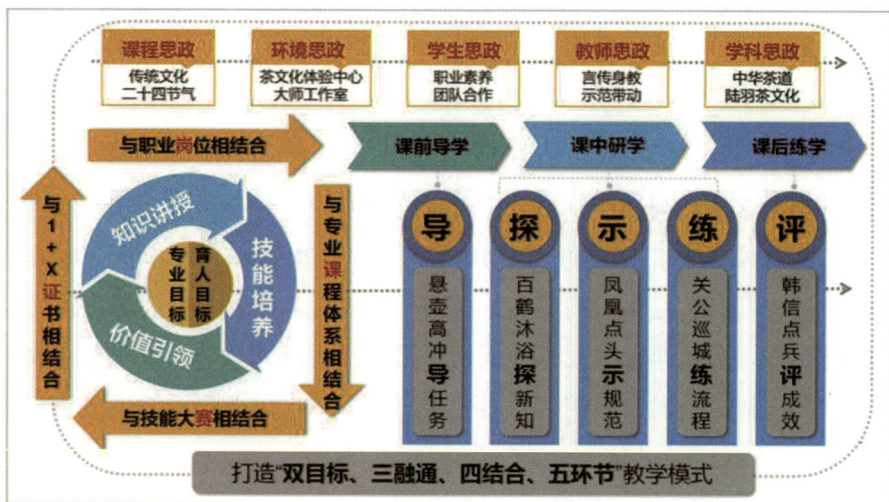

图 4

　　根据课程特点，以典型任务为载体，实行任务引领行动导向的教学模式，边学边做、学做交替，理论教学与实训操作相结合。在讲授理论知识的同时进行实际操作训练，使茶艺师岗位工作中所需要的专业能力贯穿知识学习与技能训练之中，如图5所示。

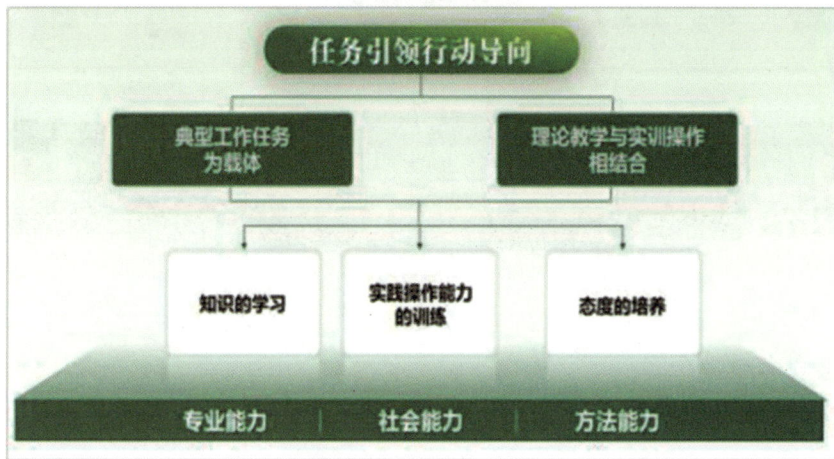

图 5

　　根据课程内容和学生学情特点，运用情景模拟法、角色扮演法、案例分析教学法、分组讨论教学法等方法，引导学生积极思考、乐于实践，提高教学效果，如图6所示。

图 6

4. 课程思政教学手段

　　开展混合式教学。线上，打破时空限制，将传统的课堂讲授前移，学生观看教学视频掌握基本知识点；线下，教师查缺补漏、重难点突破，以精心设计的课堂教学活动为载体，组织学生巩固线上学到的知识。固定开展校外茶艺馆、茶博会、茶叶会展、茶厂、茶文化研究会等国内外茶事服务和省外茶山研学实践教学，如图7所示。

图 7

5. 课程思政考核评价

学生学习的评价基于增值评价理念，采用三环节、四主体评价方式，如图 8 所示。

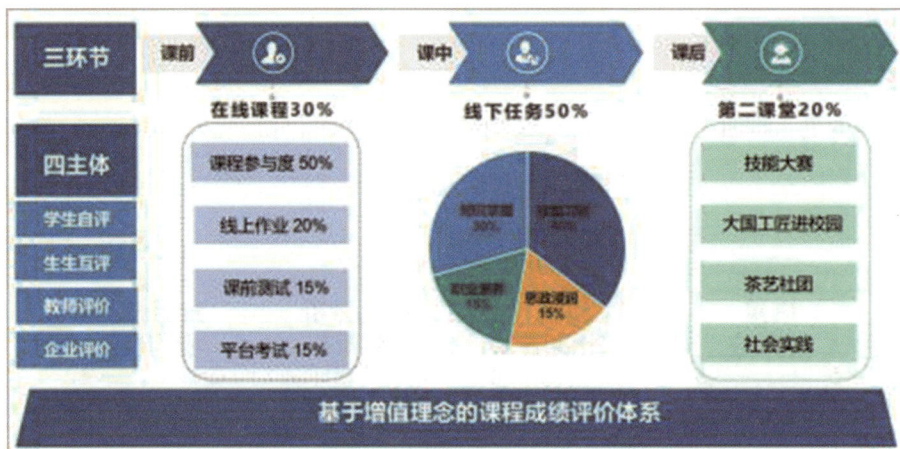

图 8

教师教学的评价采用三元化评价方式，将专业教师的教学能力、专业能力和思政育人能力纳入评价体系，引导专业教师树立思政意识，保证专业技能培养与思政教育同向同行，如图 9 所示。

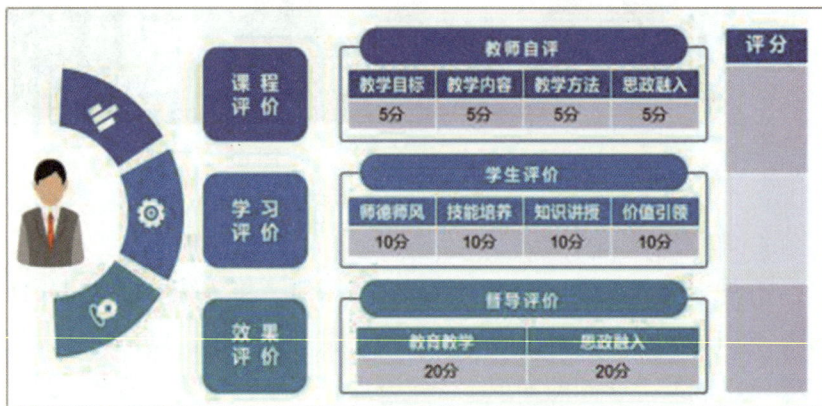

图 9

三、教育效果

1. 明确价值目标，提高育人效果

以培养学生"懂理论、有情怀、能创新、爱生活"为标线，让学生在茶艺学习中践行礼仪，潜移默化地形成讲文明懂礼貌的行为习惯。泡茶和品茶中蕴含着丰富的人生哲学和对生命的启示，如品茶时茶滋味带给口腔先苦后甜、苦涩回甘的刺激，正如人生蕴含着做人应该先苦后甜、脚踏实地、艰苦奋斗的哲理，使学生树立正确的人生观与价值观。泡茶器具公道杯体现了茶桌上一视同仁，引导学生待人接物形成平等的意识。近五年参加技能大赛获奖 20 余项，其中 2 名学生获湖北省技术能手称号，1 名学生获得武汉市技术能手称号。

2. 加强教研工作，助力团队成长

团队每周组织教研例会，发表相关论文 10 篇，主持省级教研课题"职业院校传承荆楚文化的实证研究""职业院校特色技能课程服务社区教育的路径研究""职业院校茶艺与茶文化课程思政教学改革路径研究"，主持湖北省教育厅科学研究计划指导性项目"赤壁青砖茶功能性成分及其功效研究"；团队成员连续三年参加教师教学能力大赛，获一等奖 1 项，三等奖 1 项。

3. 搭建交流平台，丰富课程成果

团队以高质量金课建设为切入点，突出专业优势，2018 年举办了茶旅融合教育创新高峰论坛，同年成立了湖北省陆羽茶文化研究会高校学会，2021 年承办了武汉市职业院校技能大赛茶艺项目。2022 年国家级非物质文化遗产项目"恩施玉露制作技艺"张文旗大师工作室在茶艺与茶文化专业挂牌，开启师徒技艺传帮带，为湖北省各高校茶艺与茶文化专业搭建了学术交流平台，起到了引领和示范作用，如图 10 所示。

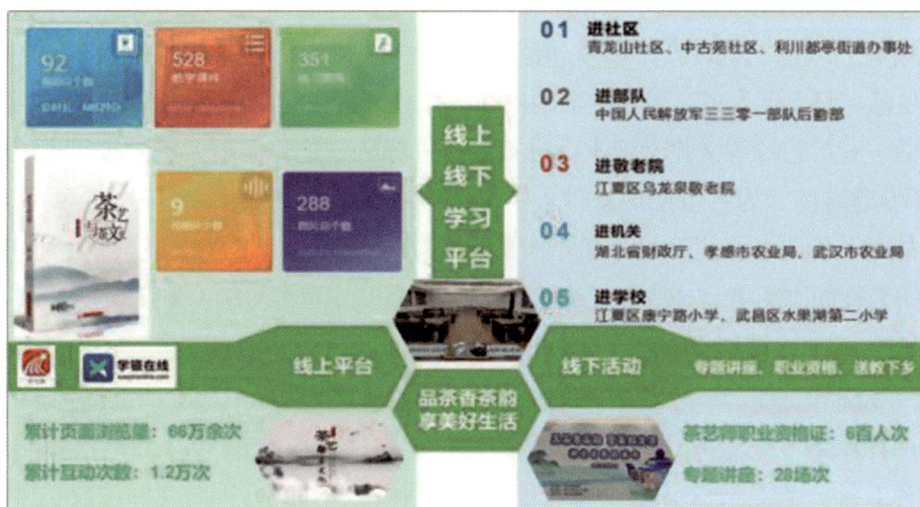

图 10

4.建设数字化资源，广泛推广运用

"茶艺与茶文化"省级在线精品课程得到东北林业大学、山东师范大学、安庆师范大学、海南省农林科技学校等省内外 303 所院校以及湖北省茶行业、企业推广应用，覆盖学员 2 万人次。其中，高职院校、社区教育培训和新型农民工培训覆盖学员 15374 人次。在线课程第四期外校学生 2302 人，同比增长 153%，参与学校 16 所，同比增长 140%，如图 11 所示。

图 11

四、特色创新

1.服务于美好生活的需要

课程编制了一套二十四节气茶单，喝一杯时令茶，对应着季节更迭中阴阳五行的流转，助力健康生活，服务于人民对美好生活的向往；打造出省级终身学习教育品牌，品茶香茶韵、享美好生活——茶艺与茶文化学习平台进社区、进部队、进养老院、进学校、进机关、累计举办 28 场专题讲座，为各阶层群众带去了丰富多彩的健康茶知识。经过 5 年的发展，形成了一支能战斗、肯吃苦、讲和谐、乐奉献的服务队伍，其中有 6 位全职茶艺专业教师、150 名大学生茶艺社团志愿者，成为一支高素质的服务全民终身学习的专业队伍。

2.注重产出的实践教学

课程以学生为主体、以教师为主导，借助学习通 APP 平台打造线上线下混合式教学模式，将学生引向深度学习。以项目六茶席设计为例，学生优秀作品在 2021 年武汉市职业院校茶艺技能大赛中获一等奖，学生通过参加技能大赛晋升为技术能手，冯时老师被授予"优秀教练"称号；课程获评第二届智慧树杯课程思政案例教学大赛二等奖。课程教学案例受邀参加中国职业技术教育学会第二十七届"说专业群、说课程、说教材、说示范课"现场交流。

3. 赋能新时代乡村振兴

通过课程学习，学习者知农爱农的情怀进一步升华。通过"一村多名大学生计划""高职扩招""茶艺与茶文化专业单独招生"，积极开展多层次、多领域的职业教育和培训，送教下乡，利用农闲时间开展新型农民工培训，将茶艺特色技能课程搬到茶园、茶厂，将人才留在茶行业中。通过系统学习本课程，学生对茶行业认同感大幅度提高。

通过课程学习，学习者知农爱农的辐射维度进一步扩面。本课程作为新型茶农培训、茶艺师职业技能鉴定和社区教育培训教学资源，服务于构建全民终身学习平台。参训学员获得在线课程平台结课证书千余人次；考取茶艺师职业资格证 600 多人次；以茶为生自主创业人数达 150 人次。

通过课程学习，学习者知农爱农的行动意识进一步凸显。依托课程成立的陆羽茶文化高校学会，辐射 18 个会员单位，为涉茶课程院校开展交流提供平台。通过国家级非物质文化遗产"恩施玉露制作技艺"传承基地，开展非遗制茶技艺师徒传帮带，搭建传统技艺的"传承—实践—发展"平台。受益学生回到恩施玉露产地芭蕉乡就业，助力乡村产业振兴。

二十三、弘扬孝文化　构建好家风

——"幼儿文学：幼儿故事讲述"课程思政案例

湖北职业技术学院　王莲

一、案例背景

《幼儿园教育指导纲要》指出："教育要充分利用社会资源，引领幼儿感受祖国文化的丰富和优秀"。学前教育作为终身学习的开端，在传承中华优秀传统文化的过程中发挥着奠基性的关键作用。百善孝为先，孝文化是中华优秀传统文化的重要组成部分，学前教育专业学生作为未来的幼儿园老师，应当进行传承与弘扬。

"幼儿文学"是学前教育专业重要的必修课程，课程目标是使学生提高幼儿文学素养，涵养家国情怀，关心爱护幼儿，促进幼儿健康发展。本案例"幼儿故事讲述"来源于幼儿故事模块，共 2 学时。学生前期对幼儿故事的概念、特征、分类、创编均已掌握。本次课以讲述孝文化故事为切入点，让学生在讲、听故事中体悟孝文化的内涵，启发学生结合身边实际，讲述家庭爱的故事，在学习与实践中构建优良家风。

二、主要做法

（一）改编关于"孝"的故事，激发情感共鸣

（1）课前发布任务。课前教师通过职教云平台发布任务，让学生分组完成关于孝文化故事的搜集：一是进一步了解孝感的市情、实情；二是搜集关于"孝"的故事；三是查询"二十四孝"中发生在孝感的故事。学生们需将搜集到的故事改编成适合幼儿听赏的故事。学校处于孝文化名城——孝感，本课程的授课对象是学前教育专业五年一贯制学生，他们都来自孝感，对孝感的文化有所了解，学生们对此任务非常感兴趣。

（2）课上展示各组查询到的关于孝感"孝文化"的起源与发展。孝文化是中华优秀传统文化的重要组成部分，是孝感的靓丽名片（见图 1）。孝感的城市精神是至孝至诚、图强图新。孝感是全国唯一一座以孝命名的地级城市，因东汉孝子董永卖身葬父、行孝感天动地

而得名。孝感市有着得天独厚的孝文化资源。

图1　孝感名片

（3）展示关于"孝"的故事。学生们分组汇报，关于孝的故事有："忠孝双全""木兰从军""卧冰求鲤""最好的礼物""猪妈妈的生日礼物""沉香救母""再走一遍"等。发生在孝感的"三孝"故事有："董永卖身葬父""孟宗哭竹生笋""黄香扇枕温席"。通过小组合作搜集关于孝文化的故事，理解与改编这些故事，让学生进一步感知孝文化，激发情感共鸣。

（二）学习讲故事，研讨新时代孝的标准

（1）模仿优秀幼儿节目主持人讲故事。课前让学生模仿著名幼儿节目主持人讲故事，如"金龟子讲故事""凯叔讲故事"等。课上给学生播放"凯叔讲故事"中"木兰从军"的故事音频，让学生模仿并探讨：如何才能讲好故事呢？

（2）总结讲故事要领。听完凯叔讲的故事后，学生分组讨论，教师总结得出：首先要选择适合幼儿听赏的故事，要选择引人向上、向美、向善的故事；其次要将故事改编成生动形象的口语。还要设置悬念，增加波澜；讲述时要重视声音、表情、态势语造型，力求做到"如闻其声，如见其人"。

（3）探讨新时代孝的标准。引出话题让学生探讨：木兰为什么要替父从军呢？她的父亲因年老多病而不能胜任，木兰便女扮男装，替父亲出征。木兰从军体现了木兰保家卫国的英雄气概，以及孝敬父亲的女儿情怀。引导学生讨论：我们要如何孝敬父母呢？最后总结，新时期的孝需要学生们一是多感受父母长辈对自己的爱与付出。二是努力学习，争取学有所成。三是积极承担力所能及的家务劳动。四是反馈爱，尊敬父母、爱父母。在研讨过程中，学生们表示会以新时代的标准来尽孝，为建立和谐的亲子关系打下基础，为构建良好的家风贡献力量。

（三）模拟幼儿园场景，"声""情"演绎故事

（1）模拟幼儿园场景讲故事。播放往届学生参加技能大赛"幼儿故事讲述"的视频，模仿视频中优秀选手的声音、表情、动作等。各小组将课前搜集与改编的故事反复练习，选出一名代表进行幼儿故事讲述（见图2）。老师给予指导，反复优化。

图2 学生讲孝文化故事

（2）各组自评、小组互评、教师点评故事。各组同学讲述结束后，小组成员自评，其他小组互评，教师再点评，共同提高讲故事能力。通过改编故事，讲述故事，进一步理解了故事的内容，对孝的理解更深刻。新时代孝的内涵实际是爱，爱父母、爱长辈、爱师长、爱同学、爱幼儿。尊重爱护幼儿是孝文化重要的内容，不管是作为幼儿园老师，还是以后的家长，都是一直应该学习的内容。

（四）在实践中弘扬孝文化，构建好家风

（1）讲述自己家庭"爱的故事"。课后，教师布置任务，给父母打电话，聊聊自己家的温馨故事，并将故事改编，运用所学的讲故事技巧，将故事录音，上传到职教云平台。爱是孝文化的核心，是"幼儿文学"的主题，也是优良家风的基础。通过了解家庭温馨感人故事，进一步增进亲子感情，引导他们意识到家风的重要性，家风就是一个人和一家人成长的"地基"。学生已经成年了，应该积极构建良好的家风，并将此传承下去。

（2）"老吾老，以及人之老；幼吾幼，以及人之幼"。学生用实际行动弘扬孝文化，在校园向老师礼貌问好，尊敬师长。教师关爱学生，积极回应学生的需求，构建良好的师生关系。学生积极当志愿者（见图3），周末进社区义务服务社区、幼儿，进养老院服务老人，真正做到尊老爱幼。

图3 学生当志愿者

（3）在活动中弘扬孝文化。教师提供实践条件，让学生参加各类竞赛活动，如传承家风演讲比赛、朗诵比赛（见图4）等。和校企合作幼儿园合作，师生到幼儿园实践，给孩子们讲故事（图见5）。讲故事过程中，注意关注幼儿的情绪，及时回应，尊重爱护幼儿。

图4 学生参加讲故事比赛和朗诵比赛

图5 教师、学生给幼儿讲故事

三、教育效果

通过对孝文化的进一步理解，学生比以前更懂得尊敬师长，学习更认真，学习积极性大幅提高，师生关系更亲密。在教务处每月组织的评教评学中，笔者都被学生评为"最受欢迎的老师"。学生热爱传统文化，积极参加学校组织的"传承经典文化"朗诵比赛、"弘扬好家风"讲故事比赛等活动，收获颇丰。学生讲故事的能力得到了很大的提升，能从幼儿角度出发，以幼儿为本，有效达成了教学目标。

四、特色创新

深挖本次课蕴含的思政元素，实现"故事承载思政"与"思政寓于故事"的有机统一。对接岗位职业能力要求，融入幼儿园教师资格证考试内容、学前教育专业技能大赛标准，构建模块化课程内容。坚持以学生为中心，践行校企合作协同育人机制。创设丰富多彩的实践活动，让学生在实践中弘扬孝文化，构建好家风。

二十四、挖掘宜昌物流实践
讲好宜昌物流故事
融入地域特色文化

——"运输管理实务"课程思政案例

湖北三峡职业技术学院　吴春涛　崔蜜　杨菁菁　曾小娇　姜晶晶　黄世秀

一、案例背景

（一）"运输管理实务"课程内容介绍

"运输管理实务"是现代物流管理专业的核心课程，开设在大二下学期，共56学时，在开设过"现代物流管理""货物学""物流设施与设备""信息技术"等课程的基础上展开教学。

课程紧紧围绕服务国家"一带一路""长江经济带""乡村振兴"等重大战略和湖北"51020"现代产业体系、宜昌港口型国家物流枢纽建设需求，依据《高等职业学校物流管理专业教学标准》《物流管理职业技能等级标准》和职业院校物流技能大赛内容、"1+X"等级证书考核要求，对接运输调度、运输统计员等职业岗位能力，有机融入新技术、新标准、新业态，将教学内容重构为六大模块、二十个任务，如图1所示。

（二）教学对象及分析

"运输管理实务"课程授课对象为现代物流管理专业大二学生，前续课程主要有"现代物流管理""物流设施与设备""信息技术"等。根据学情调查（见图2），对学生从学习特点、行为偏好、知识基础、能力水平四个方面展开分析，具体如图3所示。

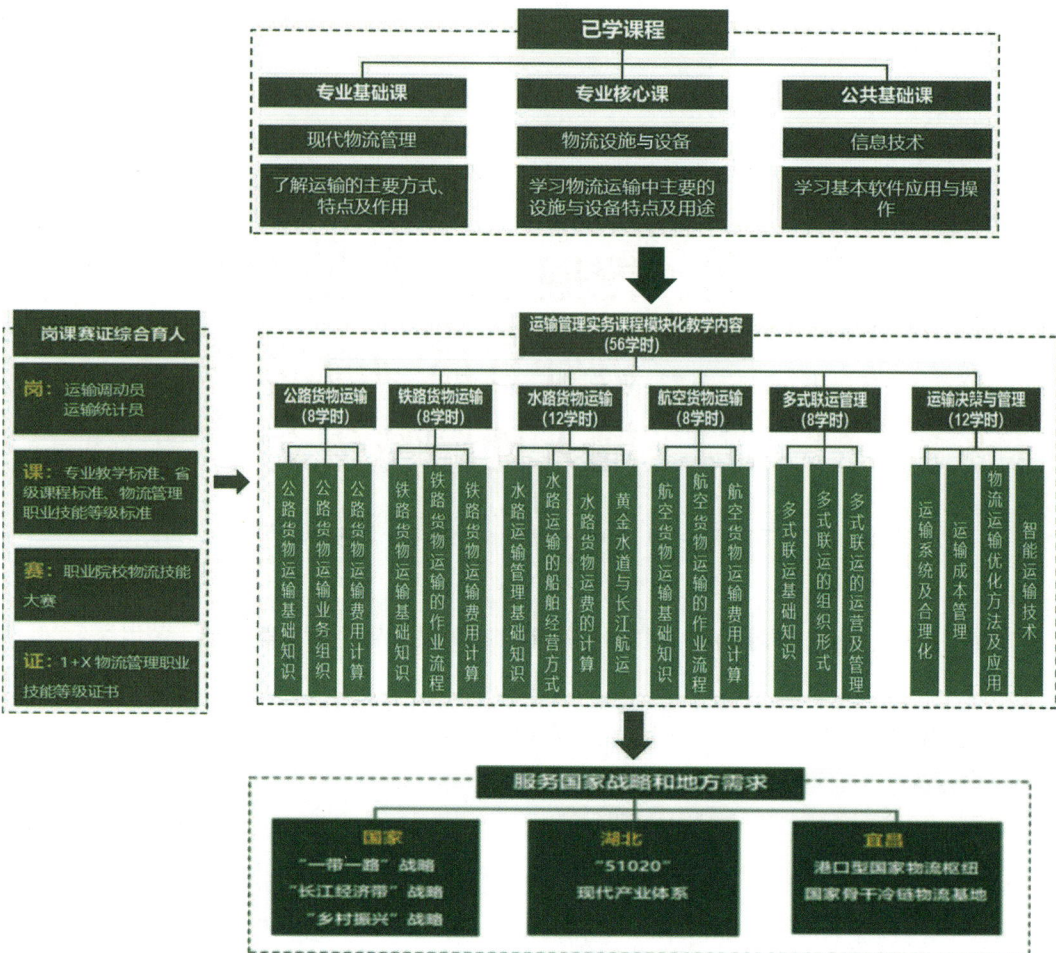

图 1   "运输管理实务"课程内容

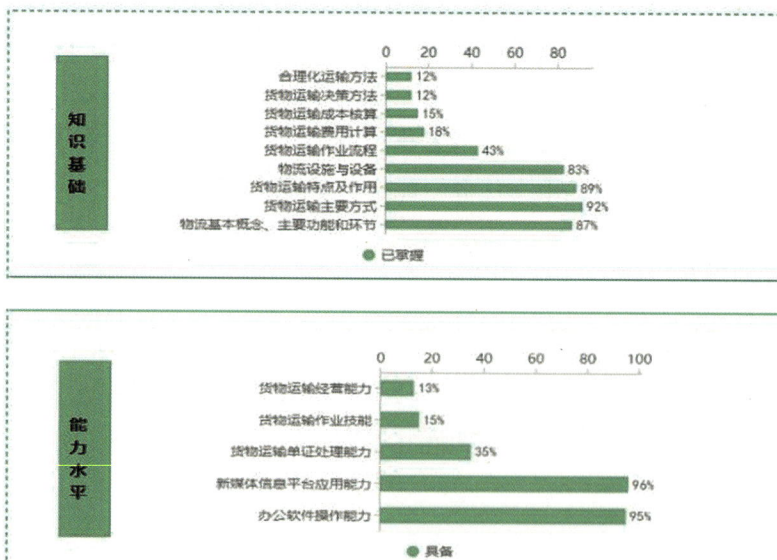

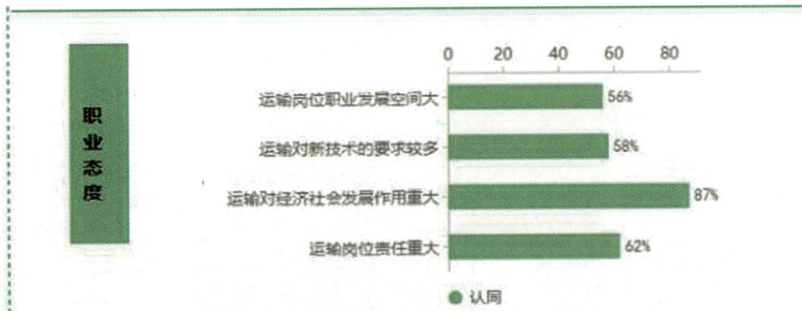

图 2 "运输管理实务"课程学情调查

"运输管理实务"课程学情分析

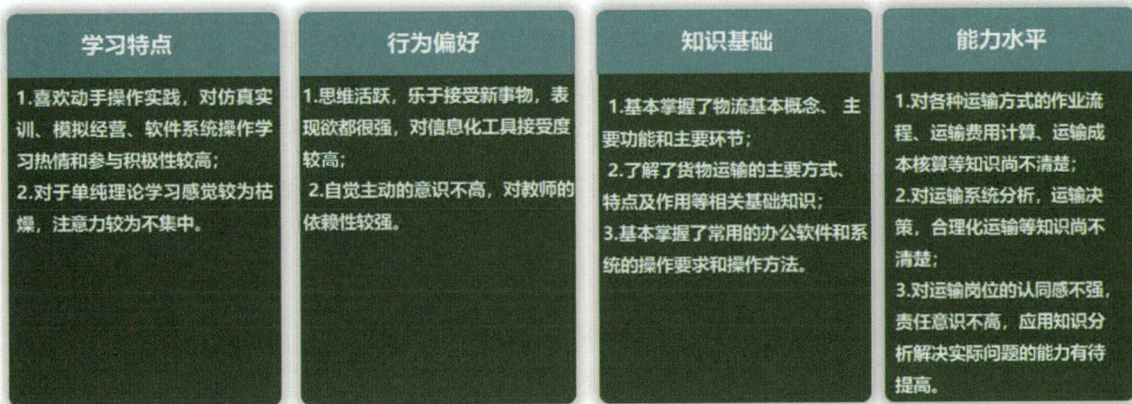

学习特点	行为偏好	知识基础	能力水平
1.喜欢动手操作实践，对仿真实训、模拟经营、软件系统操作学习热情和参与积极性较高； 2.对于单纯理论学习感觉较为枯燥，注意力较为不集中。	1.思维活跃，乐于接受新事物，表现欲都很强，对信息化工具接受度较高； 2.自觉主动的意识不高，对教师的依赖性较强。	1.基本掌握了物流基本概念、主要功能和主要环节； 2.了解了货物运输的主要方式、特点及作用等相关基础知识； 3.基本掌握了常用的办公软件和系统的操作要求和操作方法。	1.对各种运输方式的作业流程、运输费用计算、运输成本核算等知识尚不清楚； 2.对运输系统分析，运输决策，合理化运输等知识尚不清楚； 3.对运输岗位的认同感不强，责任意识不高，应用知识分析解决实际问题的能力有待提高。

图 3 "运输管理实务"课程学情分析

为提高学生学习的积极性，需采用任务驱动、教学做一体化的教学模式和激励导向的考核评价方式，并辅以信息化、数字化教学手段，在教学过程中提升运输岗位职业认同感，激发学生"服务国家战略，物流运输先行"的家国情怀和使命担当。

（三）"运输管理实务"课程教学目标

"运输管理实务"课程教学根据学情分析，结合行业企业需求，设置了知识、能力、素质、思政四维教学目标，具体如图 4 所示。

图 4 "运输管理实务"课程教学目标

（四）"运输管理实务"课程教学策略

"运输管理实务"课程基于建构主义学习理论和行动导向教学理论，以学生为中心，围绕"精心运输，传递品质"这一教学主题，以学生职业能力的提升和职业价值的塑造为出发点，铺设一明一暗两条线索。以货物运输作业任务为驱动，通过"课前、课中、课后"三阶段，"学、知、析、践、悟、拓"六环节来落实岗位技能；融入"精诚融和信"职业精神与素养，通过"提、触、求、强、促、显"六递进来提升学生的职业情感，营造三环六步、双线并轨、教学做思一体化课堂。

教师采用任务驱动法、讲授法、情境模拟法，引导学生小组合作、协作探究、自主学习，形成"学生探究＋教师导学＋同伴互教"的教学形式。

将产教融合实训基地作为上课地点，借助"运输管理实务"课程教学资源库，开展知识学习和技能锻炼，使用学习通全程记录，动态评价，实现线上线下混合式教学，具体如图5所示。

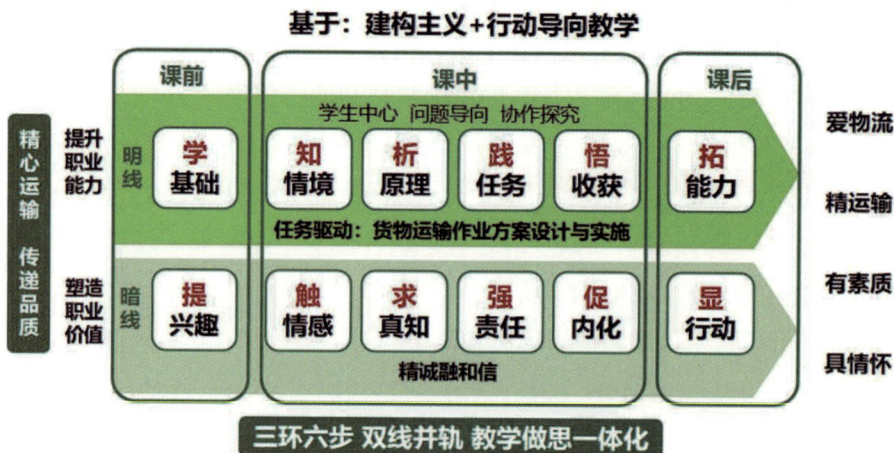

图 5 "运输管理实务"课程教学策略

二、主要做法

（一）立足人才培养，依托地域特色文化，充分挖掘课程思政资源

推动特色地方文化融入人才培养，深度挖掘和传播三峡地域长江航运文化，将长江航运文化凝炼成"精诚融和信"职业精神和素养，融入课程教学和人才培养中。整合校内外资源，搭建"课程教学＋企业实践＋思政育人＋文化传承"平台，将文化元素融入课程思政建设中，促进特色地域文化传承与专业教学同向同行。让学生们热爱长江、保护长江，传承三峡地区优秀长江航运文化，培养学生的爱国之心，厚植人文情怀，涵养职业理想，提升职业素养，潜移默化地使师生们共同建立起文化自觉和文化自信。具体如图6所示。

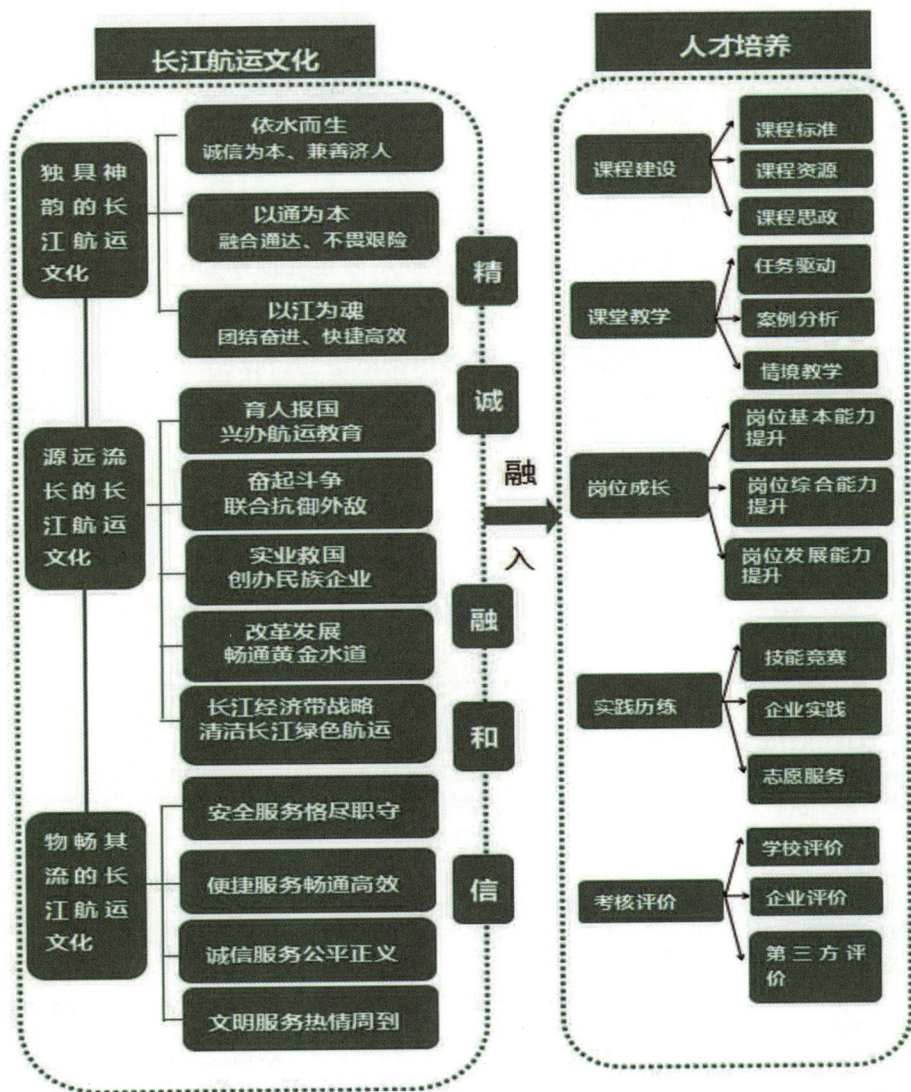

图6 长江航运文化融入人才培养与课程教学

（二）政校行企深度合作，构建地方特色课程思政教学案例库

课程教学团队和宜昌市物流业发展中心、宜昌市邮政管理局、宜昌市物流协会、宜昌港务集团等方面深入合作、协同育人，挖掘和建立课程思政教学案例库。

案例1：完善农村物流网络体系，助力乡村振兴。秭归华维物流、长阳百誉智慧物流畅通农村物流"最后一公里"，服务村民，推动乡村振兴。

案例2：宜昌柏斯音乐集团、鑫鼎生物科技公司、宜昌人福药业等企业打造优质品牌，对接"长江号"中欧班列，服务"一带一路"战略。

案例3：牢记总书记嘱托，建设宜昌港口型国家物流枢纽、三峡综合交通运输体系，畅通长江黄金水道，服务长江经济带战略。

案例4：共抓长江大保护——推动宜昌水运高质量绿色发展。宜昌非法码头整治，岸线生态整顿，船舶、码头、港口高质量绿色发展。

案例5：白洋港建设集装箱新型疏港铁路，国内首创将铁路引入码头平台并采用车船直取作业模式的示范工程。

案例6：一封感谢信背后——国家物流枢纽的应急转运故事。新冠肺炎疫情期间，宜昌主动发挥港口型国家物流枢纽作用，利用白洋港铁水联运完成9000吨国家储备粮转运，解决了西南饲料企业和大量农业养殖户的燃眉之急。

案例7："全国物流行业劳动模范"、宜昌市物流协会会长、三峡物流园常务副总经理陈兵采取标准化操作和专业化管理方式，借助信息手段提高运输效率，降低物流成本，有效解决了"最后一公里"的企业实践。

课程教学团队在案例资源库建设过程中，逐步形成了"三环一链六步"的案例编写与教学法，如图7所示。

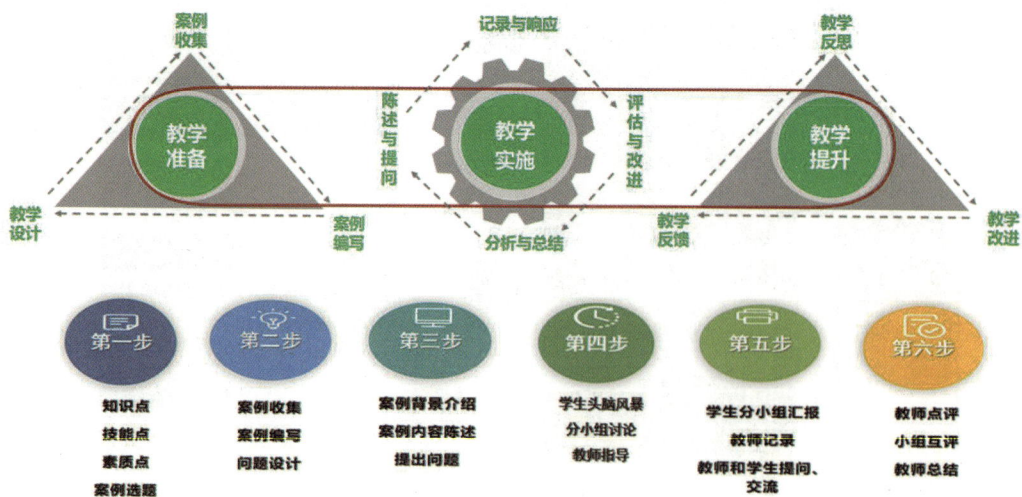

图7 "三环一链六步"的案例编写与教学法

（三）抓好课堂教学主线，优化教学实施

抓好课堂教学这一主线，做好课程的教学方案设计，优化课程内容设置，充分利用三峡综合交通枢纽白洋物流园、秭归港、云池港等产教融合实训基地，通过校内校外双课堂，学校专任教师、企业专家双导师，线上线下双平台，企业真实场景、虚拟仿真教学系统双资源开展课程教学，利用教学反馈信息系统等开展教学评价和师生互动。

将物流企业运输运营真实项目引入教学，激发学生的学习兴趣，把难以理解的理论转化为图片、动画、视频、仿真等形式便于学生理解和反复学习；通过企业实践、仿真模拟实训、学生小组讨论等方式，把知识点、技能点转化为案例或项目；通过教学资源、情境、任务、成果将"精诚融和信"的职业精神和素养融入课程教学的全过程；引导学生以团队合作学习，学做结合，培养学生的自学能力、知识拓展能力和创新能力。

课前：教师通过学习通教学平台和课程思政资源库，发布学习资料、企业案例及视频、课程知识测试和热点讨论等，明确学习要求与提交的学习成果材料，通过学习通互动平台实现师生、生生互动，激发学生的学习兴趣和情感共鸣，促进思考，为课中思政打下基础。

课中：教师导入教学情境，明确学习任务，集中点评课前共性或典型的问题，针对重点、难点指导学生学习。通过情境导入，引导学生分析明确学习任务；指导学生分组开展头脑风暴、小组汇报，根据讨论反馈，精讲教学重点，提升学生分析解决问题的能力；企业导师结合学习内容，介绍企业实际案例，融入行业企业创新实践，引入行业企业典型先进事迹和优秀文化，培养学生的笃行励新的创新精神，树立文化自信，厚植家国情怀。

充分利用物流虚拟仿真实训，组织学生结合企业实际项目分组开展模拟操作，结合系统反馈讲解、操作演示等讲解操作难点，指导学生持续修正模拟实训，不断提高自己的操作水平，并融入精益求精、精准高效的工匠精神；企业导师点评学生操作，介绍国家、行业企业新标准、新规范，引入长江大保护、绿色物流发展实践、企业安全规范要求等，培养学生树立人与自然和谐共生的发展理念和知规守规的安全意识；指导学生完成并汇报自己的学习成果，激发学生积极思考，优化学习成果，巩固学习效果。

课后：教师发布分层拓展任务和学习水平报告书，提供个性化的学习指导；引导学生积极参加企业实践，主动开展社会志愿服务活动，提升学生的服务意识和服务能力，让思政教育内化于心、外化于行。具体如图8～图12所示。

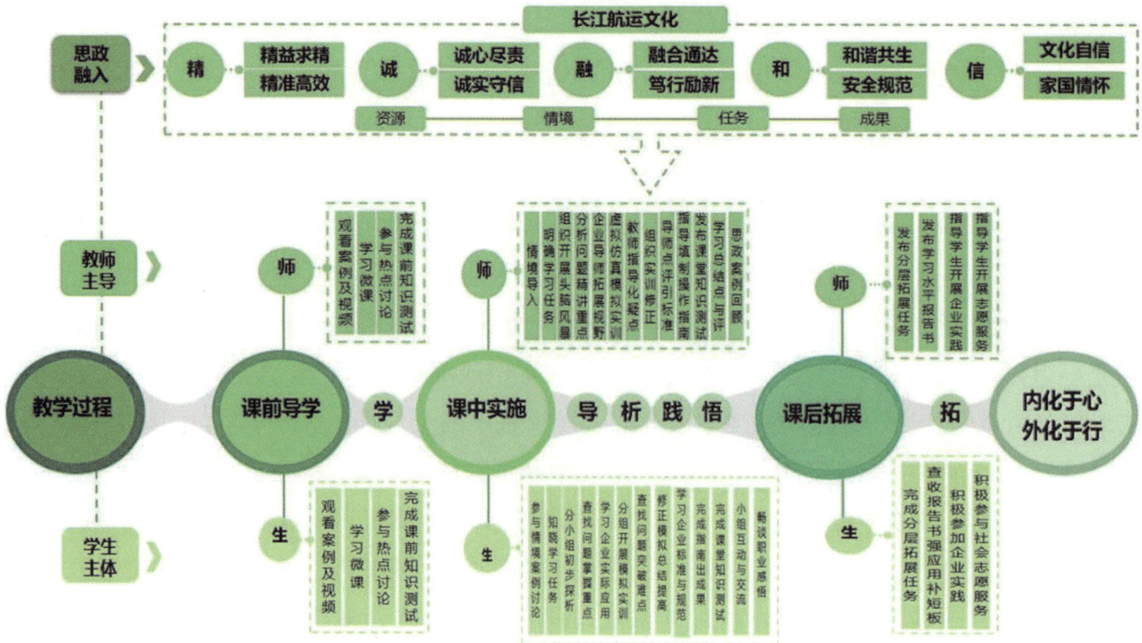

图 8 "运输管理实务"课程教学实施过程

图 9 现代物流管理专业学生走进"国家港口物流枢纽——秭归港"开展企业实践

图 10　现代物流管理专业学生走进"国家港口物流枢纽——白洋港"开展企业实践

图 11　现代物流管理专业学生走进"国家农村物流服务品牌——百誉物流"开展企业实践

图 12　现代物流管理专业学生参加宜昌"国家物流枢纽建设推进会"志愿服务

三、教育效果

（一）课程教学和岗位需求的无缝对接，提升了人才培养质量

通过课后问卷调查、麦可思报告，学生普遍认为课程教学形式多样，课程内容和企业实践衔接紧密，学生参与度高，教学效果好，综合素质得到全面提升（见图13）。所培养学生受到企业广泛好评，获省级"技术能手"称号2名，获省级以上大小奖项16项，其中国家级二等奖1项、省级一等奖4项，34人次获得省级以上奖励。

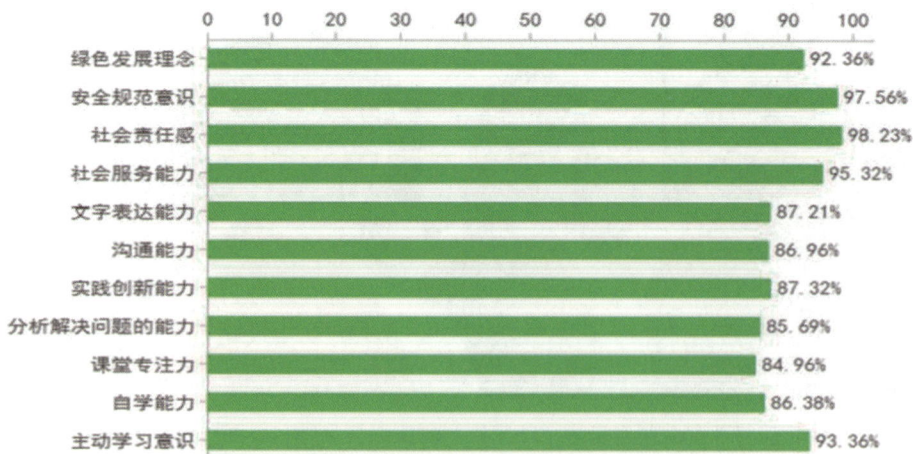

图 13　关于本课程对学生能力素质提升方面的评价

（二）教师教学能力得到提升，获得社会及同行认可

专业教师积极参加企业实践和课程思政建设，提升教育教学水平。"运输管理实务"获评 2021 湖北省课程思政示范项目，撰写的课程思政案例获 2021 湖北职业教育集团优秀案例，获湖北省教师教学能力比赛二等奖 3 项，全国高校物流教改教研优秀课题二等奖 1 项。

四、特色创新

（一）政校行企联动，深化产教融合，实施课程改革，推进文化传承

"运输管理实务"课程建设重视课程改革，立项了全国高校物流教改教研课题"大思政背景下校企协同育人研究与实践"。基于物流行业企业真实生产过程，融入智能运输技术、数字化运输运营、多式联运等新技术、新标准和绿色物流、长江大保护等新要求，融合地域特色长江航运文化，对教学内容进行了重构和优化，搭建"课程教学＋企业实践＋思政育人＋文化传承"平台，实现了教学过程与生产过程的对接，人才培养与优秀文化传承相融。

（二）深入实施"基地＋师资＋资源＋项目"四位一体课程思政建设

坚持"立足宜昌、融入宜昌、服务宜昌"教学定位，深入实施"基地＋师资＋资源＋项目"四位一体课程思政建设。依托三峡工程、港口型国家物流枢纽、长江大保护教育基地等宜昌优势资源，建设企业实践基地、课程思政教育基地；利用校企双导师、校企双课堂、线上线下双平台、虚拟仿真和岗位实践双资源开展课程教学；校企联动，与宜昌全国物流行业劳动模范、湖北省技术能手等企业专家共建共享课程资源和特色案例库，参照国家职业标准，基于企业真实工作过程和岗位需求，开发教学项目，学生置身于企业真实的实践环境中，提升了职业能力、职业精神和素养。

二十五、智仓慧储保供应　优配快送保民生

——"仓储与配送管理"课程思政案例

湖北水利水电职业技术学院　孟鑫

一、案例背景

（一）课程简介

本课程是高职高专现代物流管理专业的一门专业核心课，也是职业技能等级证书标准和职业技能大赛赛点融合课程，开设在大一下学期。课程主要对接生产、流通和服务领域中的仓储、配送等相关岗位群要求，围绕高职现代物流管理专业的人才培养目标，以仓储配送中心创建、运营、效益分析三大工作过程为线索，组织内容结构，将课程设计为10个项目和具体任务，如图1所示。

（二）教学对象

授课对象为高职高专现代物流管理专业一年级学生。基于产教融合背景下，校企合作在本专业开设订单班（就业企业 SHF）和普通班（实习企业 PLG），两个班在人才培养方案、毕业去向等方面有所不同，分班授课。

（三）课程教学目标

通过本课程的学习，学生应做到：准确把握智慧物流背景下仓储与配送中心管理与运作的科学理论和方法；深刻认识和认同仓储文化的历史起源及现实意义；增强法律意识、环保意识、质量意识、安全意识、劳动意识、大局意识和节约意识；切实提升仓储和配送岗位的多种职业能力、"严谨、细致、担当"的职业道德和"绿色、规范、创新"的价值理念；坚定"四个自信"。需磨炼十大"本领"，做有理想的"追梦仓配人"，为实现"双保双稳"——保供应保民生，稳经济稳民心而奉献自己的青春。

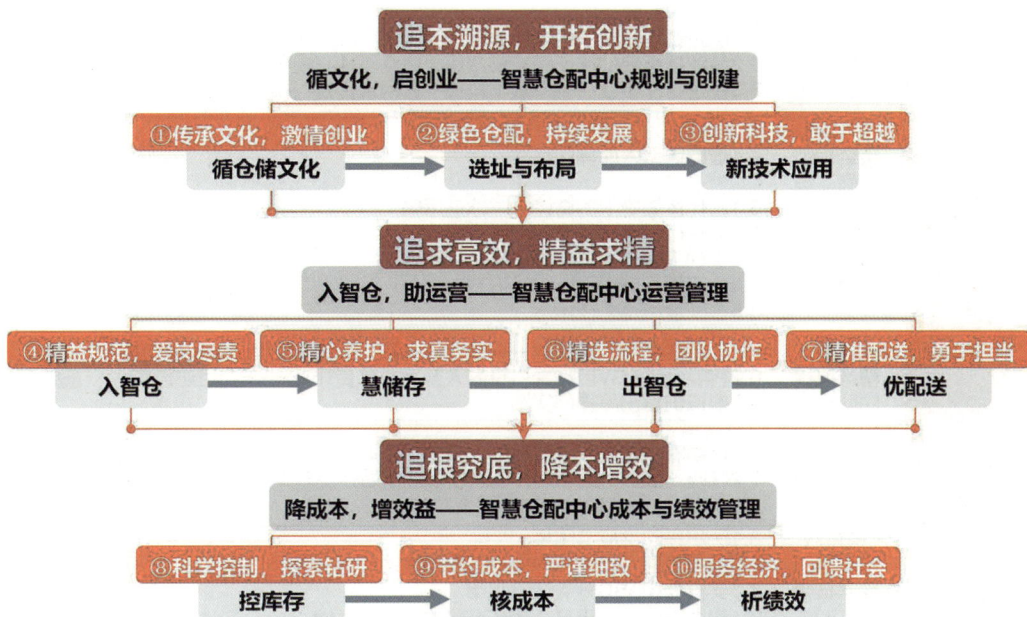

追本溯源，开拓创新

循文化，启创业——智慧仓配中心规划与创建

①传承文化，激情创业	②绿色仓配，持续发展	③创新科技，敢于超越
循仓储文化	选址与布局	新技术应用

追求高效，精益求精

入智仓，助运营——智慧仓配中心运营管理

④精益规范，爱岗尽责	⑤精心养护，求真务实	⑥精选流程，团队协作	⑦精准配送，勇于担当
入智仓	慧储存	出智仓	优配送

追根究底，降本增效

降成本，增效益——智慧仓配中心成本与绩效管理

⑧科学控制，探索钻研	⑨节约成本，严谨细致	⑩服务经济，回馈社会
控库存	核成本	析绩效

智仓慧储*保供应*，优配快送*保民生*

图 1　课程内容与课程思政设计框架

（四）教学策略

在教学中采用"四结合"思政建设模式和方法，将思政建设目标融入教学实践过程中。

1. 思政目标与教学内容相结合

课程思政目标对应知识点教学内容，支撑教学目标。课程思政目标的制定遵循以下标准：一是价值引领，课程思政目标体现习近平新时代中国特色社会主义思想、社会主义核心价值观、中国优秀传统文化等内容引领性，体现"全员、全程、全方位"育人教育理念，融入深厚的家国情怀、严谨的科学态度、开拓的创新精神等。二是逻辑联系，思政案例以专业知识为载体，思政目标应与知识点教学目标相对应，理清知识与思政案例的脉络、梳理能力与思政目标的层析逻辑，充分发挥课堂育人主渠道的作用，如图 2 所示。

思政框架	思政目标	思政案例/主题
追本溯源 开拓创新	项目一 传承文化 激情创业	1.1 "天下第一仓"——丰图义仓（案例和视频） 1.2 "常平仓"制度与罗斯福"新政" 1.3 校企合作企业——顺丰集团创始人王卫的励志创业故事 1.4 "快腿到家"——学长的创新创业故事
	项目二 绿色仓配 可持续发展	2.1 菜鸟物流园区30万平方米屋顶变身光伏发电站，超6成余电输送国家电网 2.2 "绿色仓储与配送"行动计划 2.3 打造绿色冬奥物流总共分几步（视频）

追求高效 精益求精	项目三 创新科技 敢于超越	3.1校企合作企业——"普罗格"的智仓科技（视频）
		3.2普罗格承建仙桃市防护物资应急储备基地（视频）
		3.3校企合作企业——"顺丰科技"官网宣传片（视频）
	项目四 精益规范 爱岗尽责	4.1虚拟仿真入库操作实践
	项目五 精心养护 求真务实	5.1古代运输史上的奇迹——冰道运输
		5.2钢铁厂钢水包倾覆特别重大事故
		5.3水利工程仓库的精细化智慧化管理
		5.4仓库施行5S管理，难点在哪
		5.5仓库盘点是个技术活
	项目六 精选流程 团队协作	6.1"企业课堂"微课程——"货至人前"新技术应用，企校共同育人
		6.2智能仓储AGV自动导引机器人来完成拣货作业——"大国重器2"（视频）
		6.3虚拟仿真出库操作实践
	项目七 精准配送 勇于担当	7.1打通农村物流配送"最后一公里"，助力乡村振兴
		7.2打通"最后一百米"，武汉疫情两年后，多方支援上海物流配送：中国企业，关键时刻从不含糊！（案例和视频）
追根究底 降本增效	项目八 科学控制 探索钻研	8.1沃尔玛的供应链困境
		8.2仓配之道：以客户为中心的柔性体系
		8.3安科公司ABC分类法的应用
	项目九 节约成本 严谨细致	9.1智能仓储的应用是仓储环节降本增效的关键
		9.2 2022中国智能仓储行业的降本增效（视频）
		9.3六方面举措推进物流业降本增效
	项目十 服务经济 回馈社会	10.1顺丰王者蜕变，鄂州枢纽三阶段展望
		10.2用心做强企业 用情回馈社会

图2　思政目标与思政案例的逻辑联系

2. 教师引导与学生思考相结合

教师在课堂上采用案例式、启发式、探究式、问题式、项目式、情景模拟式、比较式等多种教学方法，引导学生主动思考和充分展示其对思政价值的理解，引起学生情感共鸣，激发学生学习思政的主动性。辩论式教学培养学生全面、辩证的思维；分组任务培养学生的集体观念和协作意识；案例分析增强学生的理解力；讨论式教学培养学生的自觉性和主动性，从而有效激励学生学习内动力的产生。此外，引入企业专家、道德模范等协同教学，有助课程思政教学目标更好达成。

3. 思政教学与新媒体技术相结合

课程思政要契合学习新习惯。综合运用课程学习平台、虚拟仿真等信息化技术手段，开展"双课堂、双教室"线上线下混合式教学。在"虚拟教室"开设"知识课堂"系列微课程，引导学生自学，师生在线互动；在"智慧教室"讲授课程重难点，师生互动，结合"知识课堂"实现课堂翻转；由校企合作企业兼职教师在企业真实工作场景录制"企业课堂"系列微课程，用于线上或线下教学，以及在"虚拟教室"进入虚拟仿真系统模拟实施出入库作业，实现虚实结合、边做边学。实现对学生学习过程和效果的数字化分析，使教学与育人的效果最大化。

4.理论教学与职业实践相结合

对标国家专业教学标准和物流管理职业技能等级证书（中级）标准，契合全国物流职业技能大赛要求，理实一体、课证融通、课赛结合，以校企合作企业智仓内实际项目为载体，典型工作任务为驱动，融入企业真实工作场景"微课程"和仓储3D虚拟仿真操作的"虚实结合"，增强学生对职业实践操作的体验感，使学生在操作过程中养成安全高效的职业素养，在设计流程方案时培养精益求精的职业态度，真正做到"从理论中来，到实践中去"。

二、主要做法

以"项目六出智仓——智慧化出库运营"下"任务3货至人前——如何拣取"为例，展示思政内容融入教学的过程，如图3所示。

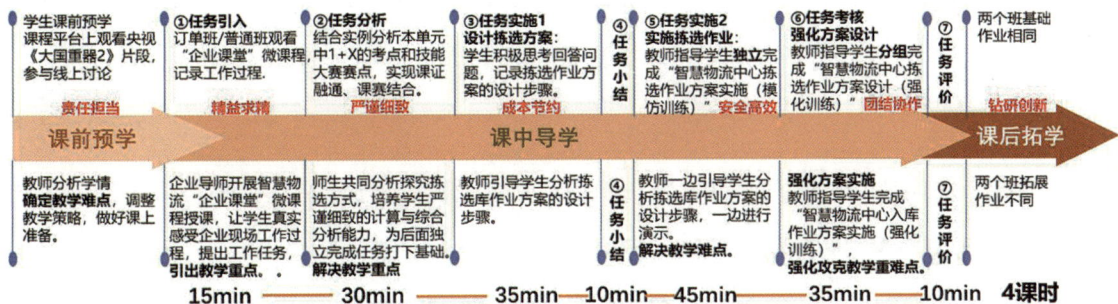

图3　"货至人前——如何拣取"教学实施过程

（一）课前预学环节——责任担当

课前在课程平台上布置观看央视《大国重器2》片段，菜鸟、京东无人仓的亮相，向世界展示了中国物流人自主创新研发的智慧物流和仓储设备，无人仓内启用了AGV自动导引机器人来完成拣货作业，工作效率比人工模式提高了3倍。同时在课程平台讨论区交流观后感，学生感概祖国在智慧物流与仓储设备方面的技术发展成果，激发了学生的爱国热情，学生感受到国家赋予新时代物流人的使命感和责任感。

（二）课中导学环节

按照合作企业智仓内拣货作业工作流程设计递进式任务，以一批货物的拣选作业任务驱动，围绕教学重难点设计教学活动，引导学生完成拣货作业方案设计与实施，融入课程思政和职业素养，落实德技双修。

1.精益求精

在任务引入环节，针对订单班和普通班实习就业进入的企业不同，分别融入校企合作企业（SHF 和 PLG）真实工作场景"微课程"，使学生切实感受身边的创新技术和对拣选作业流程管理要求的精益求精，紧跟智慧物流新技术发展——"货至人前"拣选方式的应用，增强时代感和吸引力，培养学生开拓创新的职业精神和精益求精的职业态度。

2. 严谨细致

在分析任务环节，师生共同分析探究解决问题，培养学生的综合计算分析能力，使学生养成严谨细致的职业素养，为后面独立完成任务打下基础。同时对标国家专业教学标准与职业技能等级标准，实现职业的可持续发展。

3. 成本节约

在任务实施 1 环节，师生共同分析设计拣选作业方案的步骤，通过课程平台完成拣选作业方案，增强成本节约意识。

4. 安全高效

在任务实施 2 环节，借助信息化教学技术增强课堂教学的德育效果，通过仓储 3D 虚拟仿真增强学生对拣选流程中不同岗位的体验感，教师指导学生独立完成拣选方案的实施，增强安全高效意识。

5. 团结协作

在任务考核环节，继续使用仓储 3D 虚拟仿真软件，学生按小组分岗位角色进行训练考核，增强团结协作的意识，如图 4 所示。

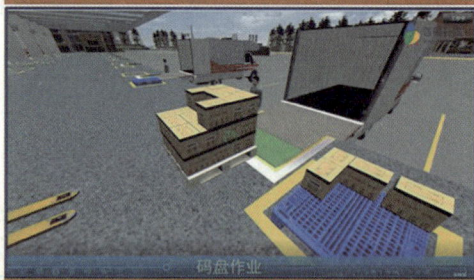

图 4 "货至人前——如何拣取"教学实施场景

（三）课后拓学环节——钻研创新

通过课后在线辅导、线上答疑，引入发散式话题，组织学生参与讨论，激发学生的创新性思维；通过线上提升拓展任务，引领学生去探索新技术应用，培养学生的钻研开拓精神。

三、教育效果

（一）明确学习的价值目标，提升学生学习兴趣

通过课程思政的建设与实施，与学生产生了情感共鸣，激发了学生学习的内生动力，学生学习成绩有明显提高。教学改革前后的期末成绩对比，不及格率减少19%，平均分提高了8分左右。

（二）融入特色的思政元素，实现学生素养升华

结合课程特点适时融入专业特色的思政元素，营造了良好的课程思政环境与氛围，激发了学生的兴趣。通过校企双元育人，采用启发式、探究式、讨论式等方式，有效地开展课程思政教学，引导学生深入思考，保证了课程思政的教学效果；使学生具备精益求精的专业精神、开拓创新的职业素养，成为有理想、有担当的新时代物流人。

（三）毕业生广受业界赞誉，服务湖北经济发展

学生能力突出、综合素质优良，多次在全国及湖北省职业技能大赛、创新创业大赛中获奖，在省内具有较高的知名度。毕业生深受用人单位好评。第一届订单班已经顺利完成了实习和就业，学生的综合能力和个人素质受到合作企业领导和员工的一致肯定，多名学生在实习期结束后直接被确立为各部门组长及储备干部。通过校企合作不断促进人才培养质量，形成了人才储备基地，更好地服务湖北数字化商贸产业集群，使产业结构不断由劳动密集型向知识密集型转移升级，促进区域社会经济发展，如图5所示。

图5 订单班合作企业评选出"优秀实习生"

四、特色创新

（一）目标"三融合"——价值塑造与知识传授、能力培养有效融合

将德育教育与专业教育深度融合，以"智仓慧储保供应，优配快送保民生"为思政主题，搭建思政目标框架：传承仓储文化，激发创新精神——借力智慧科技，赋能仓配运营——控成本提效益，保民生保供应。做有理想的"追梦仓配人"，为实现"双保双稳"——保供应保民生、稳经济稳民心而奉献自己的青春。整个过程融入文化自信、创新创业、工匠精神、劳动教育、社会责任、绿色发展等思政元素，实现"润物细无声"的育人效果。

（二）模式"四结合"——创新思政建设模式和方法

思政目标与教学内容相结合。坚持遵循价值引领和逻辑联系标准制定课程思政目标，对应知识点教学内容，支撑教学目标。教师引导与学生思考相结合。教学过程中坚持"以学生为中心"，采用多种教学方法引导学生主动思考其对思政价值的理解，有助于达成思政目标。思政教学与新媒体技术相结合。运用"双课堂、双教室"线上线下混合式教学方式，借助信息化的教学技术增强课堂教学的德育效果，3D虚拟仿真增强体验感，最大化教学与育人效果。理论教学与职业实践相结合。理实一体、课证融通、课赛结合，培养学生在职业实践中的职业素养和职业态度，提升职业能力。

二十六、以衣载道　以美育人

——"服装美学：服装的文化语言"课程思政案例

武汉职业技术学院　戴冬秀　杨雪君　熊赛　高菁　朱丽芬　刘利　严芮　汪玲

一、案例背景

"服装美学"课程作为服装与服饰设计、服装设计与工艺专业（以下合称"服装专业"）的专业基础课，于 2017 年起面向大一新生开设，年修课人数 300 余人；2023 年进一步纳入全校公共美育课程，面向全校新生开放，年修课人数逾 3000 人。

课程秉持"以衣载道，以美育人"的思政理念，定位为既培养服装专业学生的职业素养，又兼顾大众对服装审美的价值需求。课程三维目标是让学习者建构系统化的服装美学知识脉络，掌握服装的美学价值挖掘方法，练就美学思辨与洞察能力，树立文化自信、工匠精神和爱国主义情操。

本课程针对传统美学类课程抽象理论居多、学生学习积极性不高、效果难以巩固、更无法在后续课程中加以灵活应用的现状，系统化重构课程内容，形成由简单到复杂的 8 个模块，即服装与美、色彩之美、材质之美、设计之美、形式之美、文化之美、艺术之美、穿着之美。采用"翻转课堂 +BOPPPS"的教学策略，独创"赏型、知意、共情、育美、创新、躬行"六个学习环节。每个环节巧妙融入本身就是教学内容的思政案例（见图 1），如服装的文化语言中，开篇采用"《秦风·无衣》诗词案例"导入，一方面从专业的角度解读诗词"岂曰无衣？与子同袍。王于兴师，修我戈矛。与子同仇！岂曰无衣？与子同泽……岂曰无衣？与子同裳……"中"袍""泽""裳"的服装样式，另一方面让学生品读中华诗词之美，学习秦国军民团结互助、共御外侮的高昂士气和乐观精神，起到文化自信和爱国强国的思政引领，从而浸润式达成教学目标和思政目标，有效突破了传统美学课程抽象表意的局限，激发了学生的学习兴趣，提升了学习效果，增强了美学素养与应用能力。

翻转课堂	课前			课中				课后
BOPPPS	Bridge-in	Objective	Pre-assessment	Participatory Learning			Postassessment	Summary
美学课堂	赏型	知意		共情	育美	创新		躬行
目的	案例导入引导学生关注课程内容	明确三维目标了解课程知识点	完成课前测试	打造专业情景精讲重难点	升华课堂效果促进学科思维培养	启迪创新思维	测试知识掌握程度	总结课堂强调实践鼓励作为
模块一 服装与美	服装的起源	服装的价值	相应章节部分学生课前认知测试	模拟以服装设计师身份，打造具体分支任务的场景	职业理想		相应章节部分课后知识掌握测试	梳理章节内容完成相应设计开发任务
模块二 服装色彩之美	"白丁"的白色	服装色彩的表现形式与应用			中华五色理论	服装品牌"国潮色"的崛起		
模块三 服装材质之美	素纱禅衣是什么材质	服装材质的种类与应用			服装设计与自然资源的开发	我国自主培育的天然彩色纤维和绿色纤维应用		
模块四 服装设计之美	敦煌壁画中的服饰与现今服装作品	服装设计的基础与流程			李宁和盖亚传说品牌对敦煌文化的再设计	服装品牌"新中式"的应用		
模块五 服装形式之美	旗袍的"九翘三弯"	形式美的法则			创造美的形式与过程的规律总结	民族服装品牌对形式美的运用		
模块六 服装文化之美	《秦风无衣》中的出现的服装	服装的表意与表象			服装的变化是中国革命文化的体现；服装文化语	田阿桐改良后的"毛式中山装"		
模块七 服装艺术之美	莲花冠的演变	服饰与艺术的关系			服装与艺术的相互影响	《千里江山图》在中式品牌服装中的运用		
模块八 服装穿着之美	四季型人测试	服装与人的关系			以人为本			

图1 服装美学的"BOPPPS"策略及课程思政图谱

二、主要做法

（一）思政案例就是教学内容，实现从学到用的三维目标

解构服装之美的"色、质、形、文、艺、感"六要素，针对高职学生特点，系统重构课程内容，形成纵向逐级递进的 8 个单元模块，每个模块自然融入承载教学内容的思政案例，培养学生的学习兴趣和应用能力。如模块四通过敦煌壁画的服饰案例展示服装的"设计之美"、模块五通过旗袍"九翘三弯"案例展示服装的"形式之美"，培育文化自信。

（二）思政案例契合职教方法，实现从知到行的能力提升

采用"翻转课堂+BOPPPS"策略，在课前、课中、课后三个阶段融汇思政案例。课前案例翻转让学生自测；课中引入思政案例激发学习兴趣；课后通过思政案例引导学生自我总结、后测及拓展创新。学生完成"课前感性认知→课中深入认知→课后拓展创新"从知到行的能力提升。

如模块二，引入"往来无白丁"思政案例，将服装色彩理论翻转到课前；课中引入中华五色理论；课后拓展升华到"国潮色"的兴起案例，自然激发文化自信。

（三）思政案例贯注六个环节，实现举一反三的应用迁移

课程针对服装美学抽象且偏理论的特点，独创"赏型、知意、共情、育美、创新、躬行"六个沉浸式学习环节，思政案例贯注全程，依托智慧职教、武职MOOC信息化平台，应用"纸条范"等信息工具，实现从理解到创新应用的迁移。

图 2 示例，模块六"服装的文化之美"第一单元"服装的文化语言"六个教学环节。

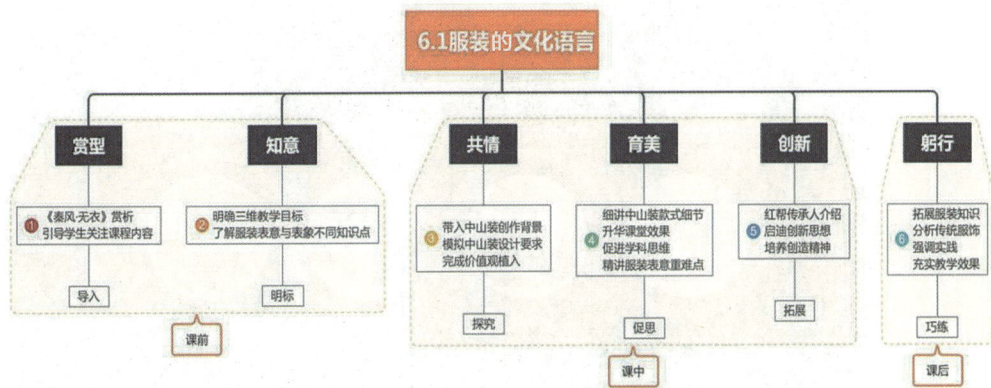

图 2　服装的文化语言六个教学环节

三、教学实施

教学内容	第一单元　服装的文化语言		
学情分析	学生对服装造型有直观的认识，在服装文化内涵方面了解不够深入，文化传承意识薄弱，创新意识不足		
教学目标（O）	**知识目标**	**能力目标**	**思政与素质目标**
	1. 了解中山装服装款式特点 2. 掌握服装文化的表意与表象	1. 能感知服装的文化语言 2. 能应用服装的文化语言表达服装造型	1. 感受革命文化，弘扬家国情怀 2. 增强文化自信 3. 提升整体职业素养
教学重点	1. 了解服装语言的表意和表象 2. 感知服装造型表达的文化信息		
教学难点	应用服装的文化语言表达服装造型		
	教学策略		
教学组织与方法	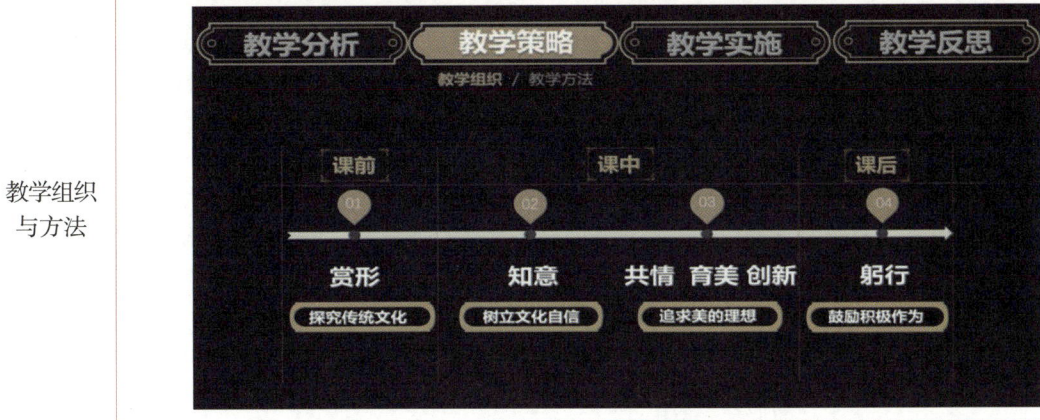		

续表一

教学资源与手段			

教学实施过程			

课前

教学环节	教师活动	学生活动	思政意图
赏型（P1）	1. 在智慧职教云平台上发布《秦风·无衣》诗词讲解微课；【思政案例1】 2. 上传周朝末年，秦地军中服制特点资料； 3. 发布前测任务。	1. 了解《秦风·无衣》诗歌创作背景； 2. 自主学习，了解我国传统服饰种类； 3. 服装表意与表象的不同。	【文化自信】 《秦风·无衣》体验诗词之美，培养文化自信。

课中共 4 个环节

教学环节	时间(分)	教师活动（B）	学生活动（P2）	思政意图
知意（BP2）	15	1. 解读诗词。【思政案例2】 （1）《秦风·无衣》中如何用"袍、泽、裳"来反映战局的紧张； （2）服装具有表意和表象两种语言模式。 2. 播放视频：民国时期的中式服装种类。	1. 巩固前置学习知识，查漏补缺； 2. 了解并梳理民国时期服装种类。	【文化自信】 解读古代服饰袍、泽、裳的形式，感受中华传统服饰文化的魅力，激发学习兴趣。 【爱国主义】 民国时期中式服装承载爱国运动故事。
共情（P2）	30	1. 中山装诞生历史背景。【思政案例3】 （1）适于卫生，便于动作； （2）宜于经济，壮于观瞻； （3）丝业、农业各界力求改良； （4）庶衣料仍不出国内产品。 2. 讲解服装表意特点。	1. 听思政故事； 2. 归纳服装表意特点。	【革命文化】 中山装的历史背景故事，注入革命文化，培养爱国情怀。

续表二

教学环节	时间(分)	教师活动（B）	学生活动（P2）	思政意图
育美（P2）	20	中山装的款式表意【思政案例4】 1. 立领风纪扣：严谨治国； 2. 前片四口袋：礼义廉耻国之四维； 3. 口袋四粒扣：人民拥有选举、创制、罢免、复决四项权利； 4. 胸前五粒扣：行政、立法、司法、考试、监察的五权分立，也代表仁义礼智信传统美德； 5. 袖口三粒扣：民族、民生、民权； 6. 后片不破缝：祖国统一不容分割。	1. 学生先行解读并线上提交； 2. 归纳中山装款式特点。	【爱国主义】 中山装文化语言，培育爱国主义精神。
创新（P3）	25	1. 介绍毛式（新式）中山装设计者田阿桐的生平和工作；【思政案例5】 2. 发布课后测试。	1. 总结毛式（新式）中山装特点； 2. 完成课后测试。	【工匠精神】 田阿桐生平故事，培育工匠精神。

课后				
教学环节		教师活动	学生活动	思政意图
躬行（S）		1. 发布课后任务，引导探究其他中式服装的文化语言； 2. 发布旗袍的发展历程。	1. 绘制单元思维导图、中山装发展编年图谱； 2. 拓展解读旗袍的文化语言。 【思政案例6】 学生解读旗袍的文化语言。	【家国情怀】 解读旗袍文化语言，培育家国情怀。

教学评价与反思	
教学效果	单元前测：客观题的平均正确率60%，90%以上的学生无法用专业术语完成对服装文化语言的表达与分析。 单元后测：客观题的平均正确率87%，95%的学生能绘制本单元思维导图，75%的学生能应用专业术语完成旗袍的造型语言表达。 学生通过中山装的思政故事，强化了对中国革命文化的关注度，培养了家国情怀。加深了服装文化的底蕴与素养，提升了审美情操。

四、教育效果

（一）课程满意度持续提升

课程连续 5 年校内督导及同行评价为优，学生学习兴趣明显提高，学生测评满意度连续五年持续提高（见图 3），近三年位居课程开出学院前 5%。

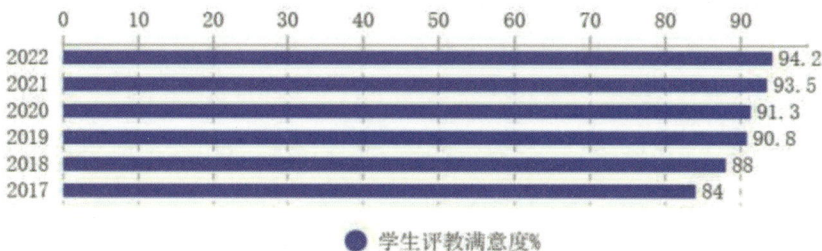

图 3　连续 5 年学生评教满意度

（二）学生职业素养明显增强

学生审美素养在后续专业课学习中明显提升，服装专业群的在校生参加各类大赛的获奖级别明显提高。2023 年，参加全国职业院校技能大赛服装创意设计与工艺赛项取得国赛一等奖；2022 年参加大学生"互联网＋"创新创业大赛获得 3 项省金奖、1 项国家银奖；2021 年参加都市丽人举办的"正青年"全国大学生内衣设计大赛与本科高校同台竞技夺得 2 个银奖中的一个。

（三）示范辐射范围广

（1）2023 年课程入选全校美育公选课。

（2）课程被首批新型现代学徒制单位际华三五零六纺织服装有限公司采用，已为 100 名员工进行了培训并受到全体学员好评。

（3）案例收录至 2021 年"高等纺织服装院校课程思政联盟课程思政教学设计案例"。

（4）课程独创的"思政案例六步贯注"法推广应用在"服装陈列"校级在线课程，广受师生好评。

（5）"服装美学"获 2022 年智慧树微课大赛全国二等奖。

五、特色创新

（一）思政案例选取原则创新：三个承载

为实现思政目标融入教学目标的润物效果，秉承教学内容兼具思政功能的原则，确保案例选取做到三点：内容承载传统文化、作品承载匠人故事、背景承载革命故事。

（二）教学设计路径创新：思政元素纵横交织

重构课程内容，按认知规律由简单到复杂，以序化的 8 个模块呈现服装的美学元素，形成内容难度纵向加深、由知到行横向递进的思政元素"纵横交织"体系。

（三）课程教法创新：思政案例六步贯注

采用翻转课堂 +BOPPPS 教学方法，独创思政案例全程贯注的"赏型、知意、共情、育美、创新、躬行"六个学习环节，实现美学课程从抽象难懂到"知行合一"的转变。

二十七、游武当仙山　讲中国故事

——"导游实务：地陪导游服务"课程思政案例

湖北工业职业技术学院　司小妹

一、案例背景

"导游实务"是高职旅游管理专业开设的一门专业核心课程，依据职业能力成长规律，设计出学生团体武当山二日游地陪导游服务、中老年团体华东五市七日游全陪导游服务、散客拼团欧洲十二日游领队导游服务三个学习情境。通过学习课程，培养能够"服务地方经济、讲好中国故事、弘扬民族文化"的具有崇高的思想品质、良好的职业道德、健全的人文素养、严谨的工作态度、端正的行为规范的德才兼备、全面发展的高素质、复合型技术技能导游人才。

"游武当仙山，讲中国故事"为"导游实务"中学习情境一学生团体武当山二日游地陪导游服务的内容，教学对象为大一年级学生，授课时长 36 课时，课程内容主要围绕地陪导游的服务流程展开。

二、"课程思政"设计理念及思路

（一）设计理念

认真贯彻党的二十大精神，落实党中央、国务院关于国家职业教育改革部署和《国家职业教育改革实施方案》有关要求，以"旅游业服务地方经济"为指导思想，结合"以文塑旅、以旅彰文"文旅融合发展时代需求和武当地域文化特色，为鄂西生态文化旅游圈的发展培养高素质技能型人才，将职业性、开放性、实践性、交互性、动态性和领悟性融入"三点循环三线融合"教学模式，如图 1 所示。

图1 "三点循环 三线融合"教学模式

（二）设计思路

根据旅游管理专业人才培养目标和课程标准，以"学生团体武当山二日游地陪导游服务"为学习情境，对应地陪导游服务流程学习任务，将武当道斋、武当民宿、武当徒步、武当古建、武当物产和道典武当融入"食、住、行、游、购、娱"旅游六要素的教学过程中，同时增设突发事件处理和游客个别要求处理等子任务，培养学生爱岗敬业、耐心专注、勇于创新的工匠精神和遵纪守法、随机应变、团结合作的职业素养，如图2所示。

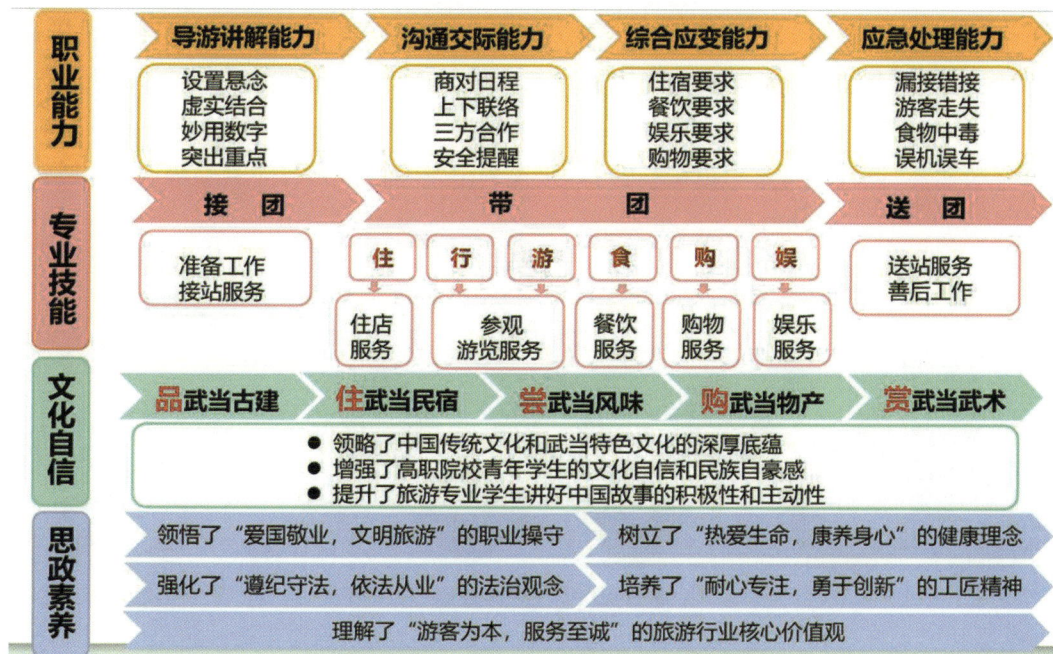

图2 学生团体武当山二日游地陪导游服务

三、"课程思政"内容供给及教学融入点

在思政元素的选择上，以"结合社会热点""融合传统文化""关注道德提升"为原则，教学过程贯穿"聚匠心、有大爱、精讲解、乐服务"，实现课程思政的价值传递。主要内容供给及思政教学融入点如图3所示。

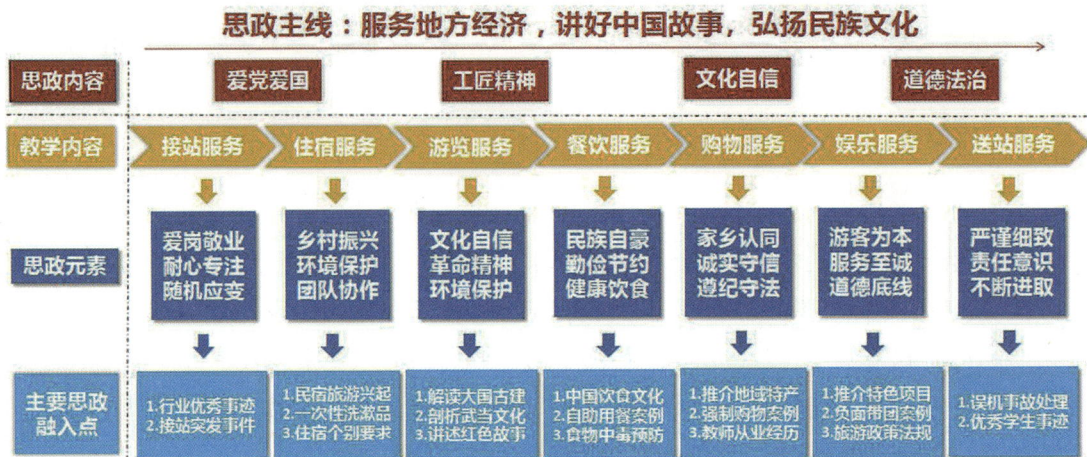

图3 地陪导游服务教学内容及思政融入

四、"课程思政"教学实施思路

"导游实务"课程经过多年摸索实践，逐步探索出"三维五步六环"教学模式，如图4所示。

图4 "三维五步六环"教学模式

（一）打造"三维"教学空间

"三维"即课堂教学从课前、课中、课后三个维度展开，包括课前导学、课中研学和课

后拓学。

课前，教师进行教学引导和设计，在"超星学习通"教学平台发布教学任务，学生提前预习，提高学习效率和主动性。

课中，教师通过引知识、定方案、演情景、评效果、测目标五个方面开展教学，团队协作解决问题，互相学习反思问题。

课后，教师给合教学内容布置调研、参观等实践活动，延伸教学空间和体验，从而实现接待服务能力的提升。

（二）实施"五步"教学步骤

"五步"即教学实施过程中的"引、定、演、评、测"五个步骤，包括案例分析引知识、小组讨论定方案、师生模拟演情景、师生评价悟接待、游戏真题测效果。

"引"：教师结合旅游行业的时事和焦点话题，选择如"淄博烧烤""雪乡天价住宿"等恰当的案例，引导学生关注旅游业最新动态。

"定"：结合任务书，教师组织学生分组进行头脑风暴，讨论方案并确定最优方案，培养学生合作学习以及思考和处理信息的能力。

"演"：教师组织学生进行课堂分组实训，并以游客的身份参与到情景模拟中，增强学生的体验感和参与感，提升学生随机应变的能力。

"评"：教师引导学生自评、互评、推优，提高学生自主学习能动性。点评和肯定增强了学生的自信，加深了学生对新知识的认知。

"测"：教师播放地陪导游服务的错误视频，引导学生进行纠错游戏，通过游戏竞争的方式，既能激发学习兴趣，又能体验工作乐趣。

（三）构建"六环"教学链条

"六环"即从课堂、企业、社团、社会、网络、比赛六个场域开展交互式立体化课程思政教学，第一课堂和第二课堂联动育人。

1. 教学主课堂

教师通过教学过程中的价值引导，让学生能明辨是非，树立正向的价值观念；探索创新和延展课程教学内容，将优秀传统文化知识与课程内容有机结合，提升学生的传统文化素养，提高学生的文化自信。

2. 企业融课堂

一是"走出去"，课程实践内容安排学生赴校企合作旅行社旺季实训，强化服务意识、责任意识、安全意识。二是"请进来"，邀请旅游业界精英到校进行专题演讲，拓展学生视野，强化学生的行业归属感和自豪感。

3. 社团趣课堂

教师创新教学环节，组织学生组建义旅青春志愿服务队，带领学生深入十堰市博物馆、烈士陵园等实践基地为市民提供志愿讲解服务，用实际行动诠释新时代雷锋精神的新风尚。

4. 社会大课堂

教师带领学生进行红色研学、乡村振兴等社会实践活动，与时代发展同频共振。景区一线优秀导游带团并讲解示范，倡导学生学习优秀导游宣传热爱祖国家乡的热忱和爱岗敬业、热情好客、诚信服务的职业素养。

5. 网络云课堂

通过超星学习通平台分享优秀导游事迹及负面带团案例，引导学生线上分享感悟。优秀事迹生动地诠释了劳模精神、工匠精神，加深了学生对导游职业的认同感；负面案例使学生以案为鉴，从中汲取教训，警醒自己。

6. 比赛竞课堂

每年举办校园导游大赛，通过"讲好湖北故事"来弘扬荆楚文化，宣传文旅资源，提高学生职业技能和道德修养，培养精益求精的工匠精神。此外，选拔优秀学生参加省、市级导游竞赛，提升了学生的心理素质和业务素质。

五、"课程思政"教育效果

（一）促进了学生优质就业

课程结合旅游行业特点及人才需要的形势，加强学生职业理想的树立以及工匠精神的培养，使其能以良好的道德素养为企业服务，进而实现学生的优质就业。近年来，有近百位毕业生在国内大型旅行社和景区任职，表现优异，得到用人企业的一致好评。

（二）斩获了多枚比赛奖牌

近年来，旅游专业学生代表学校参加导游、创业、求职等各项技能大赛，屡获佳绩、捷报频传。10 多名学生在省级技能比赛中获奖，20 多名学生在市级技能比赛中获奖。

（三）提升了专业建设水平

随着课程思政的实施，育人效果稳步提高，专业建设水平逐步提升。旅游管理专业通过湖北省品牌专业验收，获批设置研学旅行"1+X"证书试点。课程教师团队连续 3 年参加校级教师教学能力比赛和课程思政课堂教学比赛，获得一等奖 1 项、二等奖 3 项和三等奖 1 项。

六、"课程思政"特色创新

（一）文旅融合，凸显地域文化

以武当文化为载体，坚持旅游业服务于地方经济的发展导向。将武当道斋、武当民宿、武当徒步、武当古建、武当物产和道典武当融入"食、住、行、游、购、娱"旅游六要素的教学过程中，让学生在学习导游技能的同时深刻领略了武当文化和中国传统文化的深厚底蕴，增强了青年学生的文化自信，提升了讲好中国故事的自豪感和主动性。

（二）以赛促学，提升职业技能

以提高人才培养质量为宗旨，以专业技能大赛为依托，坚持"以赛促教、以赛促学"，充分利用省、市、校导游大赛等赛事，有效地提升了学生导游核心素养与技能，从而为"讲好中国故事、传播中国声音"打下扎实的基本功，真正肩负起传播中华优秀传统文化和践行社会主义核心价值观的重要使命。

（三）挖掘案例，促进就业创业

将旅游专业优秀毕业生事迹及时事热点案例贯穿教学始终，使思政教育入脑入心入行动。将湖北飞途旅游公司总经理郝飞、武当369旅行社导游韩冬华等优秀毕业生的案例融入课堂，发挥模范引领作用，激发学生的职业成就感和责任感，让学生认识到人人出彩，技能强国，促进学生就业创业。

二十八、培根铸魂　启智润心
用歌声讲述中国故事

——"声乐"课程思政案例

江汉艺术职业学院　刘丹　李铁民

习近平总书记指出："青年的价值取向决定了未来整个社会的价值取向，而青年又处在价值观形成和确立的时期，抓好这一时期的价值观养成十分重要。这就像穿衣服扣扣子一样，如果第一粒扣子扣错了，剩余的扣子都会扣错，人生的扣子从一开始就要扣好"。从总书记的讲话中可见大学生思想政治教育的意义和重要性，高等职业院校是培养高素质技能型人才的摇篮，更要牢记为党育人、为国育才的神圣使命。

一、案例背景

（一）课程简介

声乐课程是高职音乐教育专业的一门专业核心课，开设 4 个学期，共 68 学时，前导课程为乐理、视唱练耳课程，后续课程为合唱排练、音乐教学法、教育见习等课程。依据音乐教育专业人才培养方案和小学音乐教师相关标准，结合岗位需要，参考国家规划教材将本课程教学内容整合为五大模块。

（二）学情分析

声乐课程教学对象为高职音乐教育专业一、二年级学生，学生生源类别为音乐类艺术考生，通过高考前集训学习，学生能够掌握一定的声乐演唱技巧，了解初中级音乐理论知识；学生爱思考，动手能力强，习惯于通过网络获取碎片化知识；但系统重构和解决新问题的能力比较薄弱，对声乐演唱技巧的系统性认知还比较模糊，不能准确表达声乐作品的情感和内涵。

（三）教学目标

音乐教育专业秉承"四有"好老师标准，利用声乐课程教学课堂主渠道，将学生声乐演唱能力培养与思政教育和德育教育相融合，构建了以能力为本位、以价值观引导为关注点的"三师"课程教学目标。

（1）铸师魂（素养目标）：培养学生爱党、爱国、爱学生，有家国情怀和教育报国之志，传承民族音乐文化，具有一定艺术修养，坚韧敬业、服务社会。

（2）强师能（能力目标）：具备较强声乐演唱与表演能力，能胜任声乐教学任务，具备分析、解决问题的能力和反思问题的能力。

（3）固师本（知识目标）：掌握声乐演唱方法和声乐教学方法，了解分析问题和解决问题的方法。

（四）教学策略

课程组经过多年来声乐教学经验积累，探索了"三段四步"阶梯递进式教学模式（见图1），将教学过程设置为"探、研、练、演"四个环节，借用"声乐演唱模拟仿真动画""全民K歌软件"等多样化信息技术和多媒体资源辅助教学；采用任务驱动法，以爱国、感恩等不同体裁声乐作品为引领，根据学生职业能力成长规律设置练习任务；通过课前学生自学，课中教师导学、师生互评，课后专业拓展、专家点评等方式，促进学生声乐演唱的反思、改进与提升，并将爱国教育、红色文化、职业素养等思政教育融入教学始终，引导学生逐步完成学习任务。

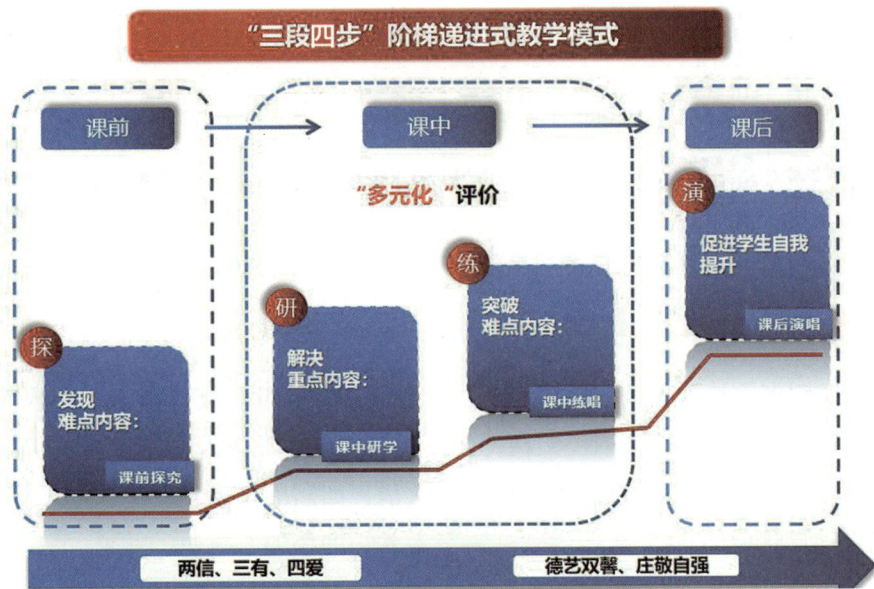

图1 "三段四步"阶梯递进式教学模式

二、主要做法

（一）以声乐作品题材为主线，重构五类题材歌曲库

声乐学习是一个不断修正的过程，教学内容包含声乐演唱技巧训练和声乐作品演唱训练两部分，需要学生由易到难反复性地进行歌唱练习。结合高职音乐教育专业声乐课程教学内容自身特点，课程组以"声乐作品题材"为载体和主线，将声乐演唱方法、声乐作品、课程思政内容进行有机融合，根据不同题材声乐作品特点，将声乐作品演唱教学内容重构为五大类题材，分别为"感恩题材、军旅爱国题材、中国梦题材、红色题材、地方民歌题材"五类。再以不同题材作品为模块，遴选具有鲜明思政内容和演唱特点的声乐作品引入到各教学模块中。再遵循声乐演唱技巧训练"由浅入深"原则，声乐作品演唱训练"由易到难"原则，重构五大模块中声乐作品教学顺序实施教学，使学生在学习声乐演唱技巧和声乐作品演唱的过程中，渗透课程思政教学内容，如图2所示。

中国梦题材		红色题材		军旅爱国题材		感恩题材		地方民歌题材	
教学内容	思政标题	教学内容	思政标题	教学内容	思政标题	教学内容	思政标题	教学内容	思政标题
春天的故事	改革开放神州巨变	我的爱人你可听见	长征精神代代相传	小白杨	扎根边防蓬勃向上	母亲	含辛茹苦母爱无疆	草原夜色美	魅力草原广袤无垠
走进新时代	国家富强人民幸福	怀念战友	民族团结祖国统一	战士的第二故乡	戍守海疆以哨为家	拉住妈妈的手	感恩母爱寸草春晖	乌苏里船歌	赫哲故里幸福生活
江山	人民至上执政为民	松花江上	铭记历史吾辈自强	祖国慈祥的母亲	赤子之心爱国之情	父亲	父爱如山厚重无言	三峡情	钟灵毓秀美丽三峡
阳光路上	科学发展巨龙腾飞	弹起我心爱的土琵琶	赤诚报国勇于亮剑	祖国万岁	家国昌盛国泰民安	感恩	饮水思源心存感恩	天边	憧憬梦想情恋草原
不忘初心	不忘初心砥砺前行	红星照我去战斗	红色基因世代相传	我和我的祖国	祖国与我血脉相连	感谢亲人	学会感恩与爱同行	康定情歌	情歌故里浪漫康定
春风十万里	百年梦圆壮哉中华	毛主席的恩情比山高比水长	饮水思源不忘党恩	战士为祖国守安祥	守土戍边保家卫国	老师我想你	十年寒窗师恩难忘	甘肃老家	浓郁乡愁大美甘肃

图2　民族男高音课程思政教学内容矩阵图

（二）践行江职校训精神，凝炼"两信、三有、四爱"思政内容

基于声乐课程五个模块技能训练教学内容，结合学生声乐学习训练和艺术实践特点，凝炼"两信、三有、四爱"践行江职校园精神的声乐课程思政教学内容，如图3所示。

（1）赓续红色血脉、理想信念的"两个"自信，即制度自信、文化自信。

（2）具备精细执着、诚实敬业的"三有"素养，即执着、敬业、友善。

（3）坚守政治认同、家国情怀的"四爱"思想，即爱党、爱国、爱父母、爱学生。

（4）践行德艺双馨、庄敬自强的"江职"精神，即江汉艺术职业学院校园精神。

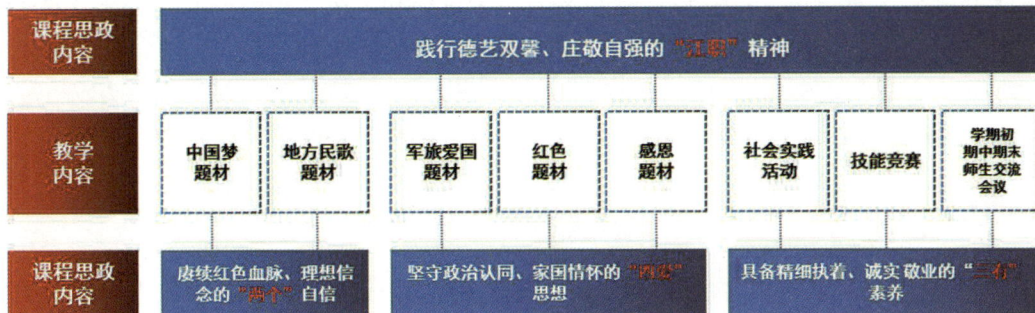

图 3 专业教学内容与思政内容对照图

（三）以作品《毛主席的恩情比山高比水长》为例，解析课程思政设计构思

1. 课程思政设计

歌曲《毛主席的恩情比山高比水长》是男高音民族唱法的演唱曲目，选自五类声乐模块之红色题材，本次课的课程思政主题为"饮水思源，不忘党恩"，课程思政教学内容是厚植学生爱党、爱国的思想感情。嵌入的思政元素为《中国土地法大纲》通过后，人民可以翻身做主，有了自己的土地，通过诵读"哈尔滨靠山屯全体翻身农民给毛主席的来信"激发学生的爱党爱国之情。

2. 课程思政切入点

学生正式演唱本首声乐作品前，在对歌曲创作背景解析教学环节中，教师通过视频赏析手段，让学生了解《中国土地法大纲》颁发前中国社会的真实背景，以及在人民分得土地后内心幸福感和对中国共产党的感激之情。

3. 课程思政元素具体内容

内容 1：在中华民族过去几千年的封建历史中，劳苦大众从没有真正成为土地的主人。自中国共产党领导中国革命以后，在 1947 年 7 月 17 日至 9 月 13 日，中共中央工作委员会在西柏坡召开全国土地会议，确定在解放区彻底平分土地的方针。9 月 13 日通过了《中国土地法大纲》，规定"彻底废除封建性及半封建性剥削的土地制度，实行耕者有其田的土地制度"，人民可以翻身做主，有了自己的土地。

内容 2：1947 年 9 月，哈尔滨市顾乡区靠山屯的百姓给毛泽东主席写信："毛主席啊，没有您，我们真得饿死了。这回我们都翻身了，分了地分了马，分了衣服粮食，都有吃有穿……"这封信的字里行间洋溢着翻身农民获得土地后的喜悦，以及对共产党、毛主席无比的感激之情。

4. 课程思政预期达成效果

通过赏析视频让学生了解我国真实历史，了解共产党始终是和人民站在一起，为人民谋福祉，激发学生对演唱《毛主席的恩情比山高比水长》这首声乐作品的情感，让学生将情感表达的更准确，更加淋漓尽致，进而达到演唱教学目标和"饮水思源，不忘党恩"的课程思政目标。

三、教育效果

（一）信息化手段应用，学生学习兴趣显著提升

教师将课程线上教学资源、视频动画、唱吧 APP 等数字资源赋能课堂教学，使学生学习产生良好"兴趣效应"，学生学习主动性显著提升。

（二）"三段四步"教学模式，学生职业能力显著提升

本课程实施以来，收获了良好的学习效果，学期末专业考核整体及格率达 97% 以上，近三年学生获国家级技能竞赛奖项 3 项，省级奖项 125 项，其中学生董艺荣获 2022 年全国职业院校技能大赛高职组艺术专业技能（声乐表演）赛项一等奖，如图 4 所示。

图 4　师生参加技能竞赛和社会志愿服务图集

（三）"思政 + 技能"相融合，课程建设硕果累累

声乐课程被认定为校级课程思政示范课程和校级精品在线课程，团队负责人连续两年受邀为省职业院校教师素质提高计划培训授课专家，团队教师获省教学能力大赛一等奖，如图 5 所示。

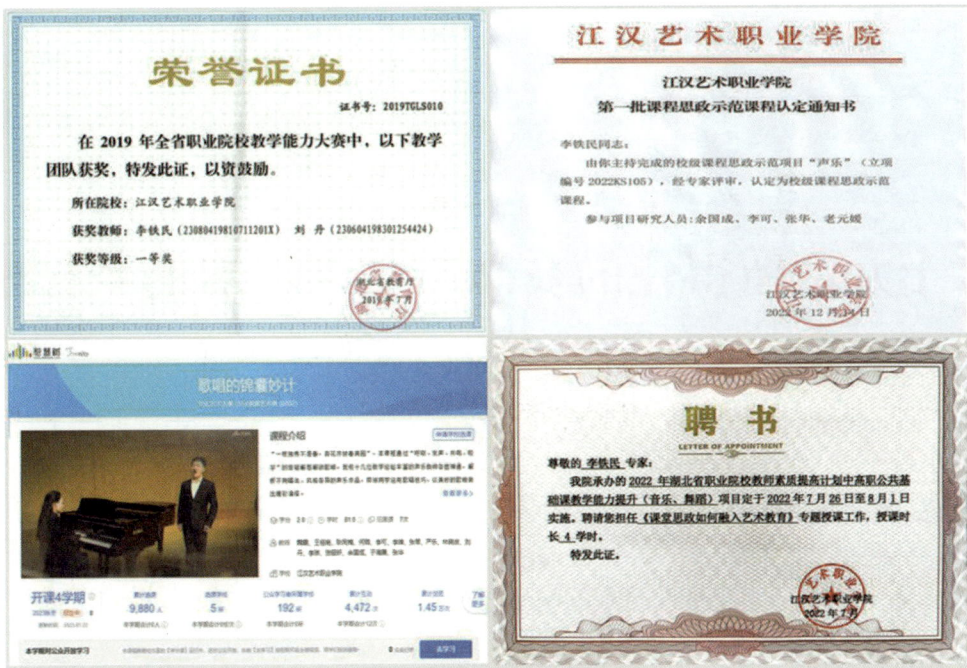

图 5 　课程建设成果图集

四、特色创新

（一）注重信息化技术应用

课前引用在线课程平台导学引领学生学练自主化，课中观看模拟仿真动画和历史故事视频使声乐教学可视化，课后选用唱吧 APP 练歌、线上互评使声乐训练智能化，有效促进学生演唱能力提升。

（二）注重教学团队建设

打造"三美、三爱、三讲"课程教学团队，即课堂教学语言美、教法美、课堂美，教师思想爱祖国、爱讲台、爱学生，教师自身讲立德树人、讲团结奉献、讲追求卓越。

（三）注重化课程思政融入系统

以音乐教育专业"心系三尺讲台，筑梦美丽中国"育人目标为统领，系统设计声乐课程各模块和教学任务育人目标，凝炼了"两信、三有、四爱"践行江职校园精神的声乐课程思政育人体系。

二十九、留得住的乡愁情　享不尽的乡村乐

——"中国传统古民居"课程思政案例

咸宁职业技术学院　邓芳

一、案例背景

（一）课程名称

"中国传统文化"。

（二）授课对象

2019级中小企业创业与经营专业乡村旅游方向学生，是政府"一村多名大学生计划"（简称"一村多"）学员。与普通统招学生相比，他们在诸多方面存在差异。在学习和生活经历方面，"一村多"学生兼具社会人士和学生两重身份，面临学习和生活双重压力；在求学心态和学习需求方面，"一村多"学生学习目的明确，有强烈求知欲，渴望学到实践性知识，建设所在乡村。在主观想法和客观现实方面，"一村多"学生年龄跨度大，虽理解和吸收知识的快慢不一致，但心智成熟，更具有自主学习意识。

（三）课程内容

根据乡村传统文化特点，结合乡村旅游发展、乡村文旅融合需求，有效选取课程内容，如图1所示。

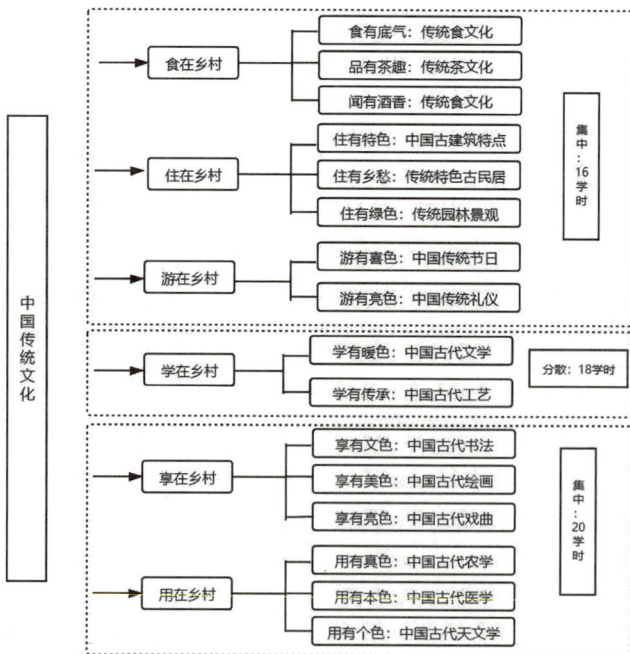

图1

（四）培养目标

1.留住乡愁，延续乡村文化血脉

以学习者为中心，以高素质农业农村人才培养为主线，以"爱祖国、知传统、懂文化"，留住乡愁，"护生态、懂保护、能传承"，保护乡村传统文化为思政重点，培养学生保护传统文化、留住乡愁、延续乡村文化血脉的意识。

2.振兴乡村，共筑美丽乡村中国梦

将"懂农业、爱农村、爱农民"、振兴乡村文化的专业精神、服务乡村振兴的职业精神贯穿于教学始终，对接"乡村振兴"和"文旅融合"，提升学员整体文化素养，树立文化自信，共筑美丽乡村中国梦，如图2所示。

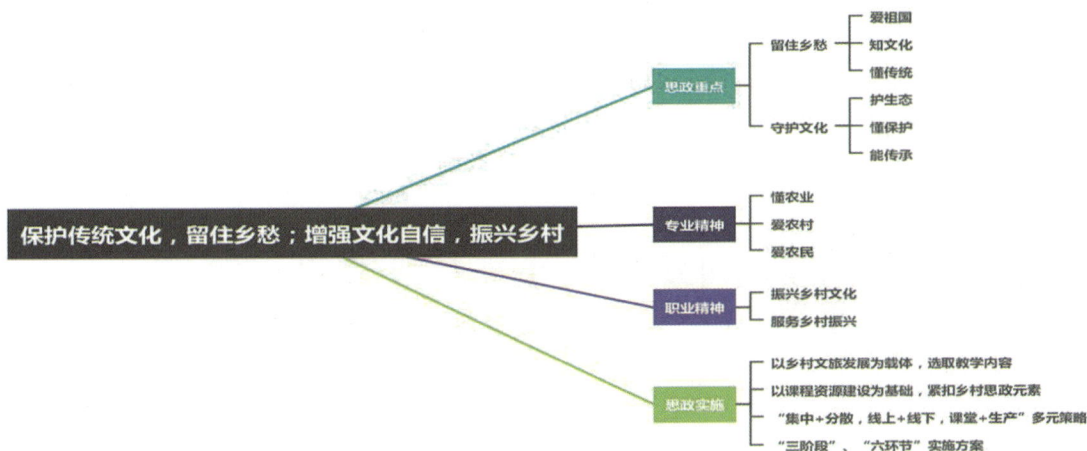

图2

（五）思政育人目标

（1）认识中国传统文化的优秀要素，深入了解中华民族文化的主要精神，坚定文化自信，保护乡村生态环境和传统文化，热爱美丽乡村，勤恳、踏实地为乡村振兴服务。

（2）能够借助文化的力量，践行文旅融合，开发和保护传统村落，传承非物质文化遗产，提升农家乐和民宿的文化品位，科学系统地进行乡村旅游开发，利用旅游助力乡村振兴。

（3）通过中国传统文化所蕴含的思维方式、价值观念、行为准则，培养学生理性的态度和科学务实的工作精神，能更好地为乡村居民和乡村旅游者提供适应其审美及文化需求的服务。

（4）提升学生人文素养、职业道德和创新意识，使其成为能够深入农村、服务基层的高素质劳动者和技术技能人才。

中国传统文化要素与育人目标对应关系如图3所示。

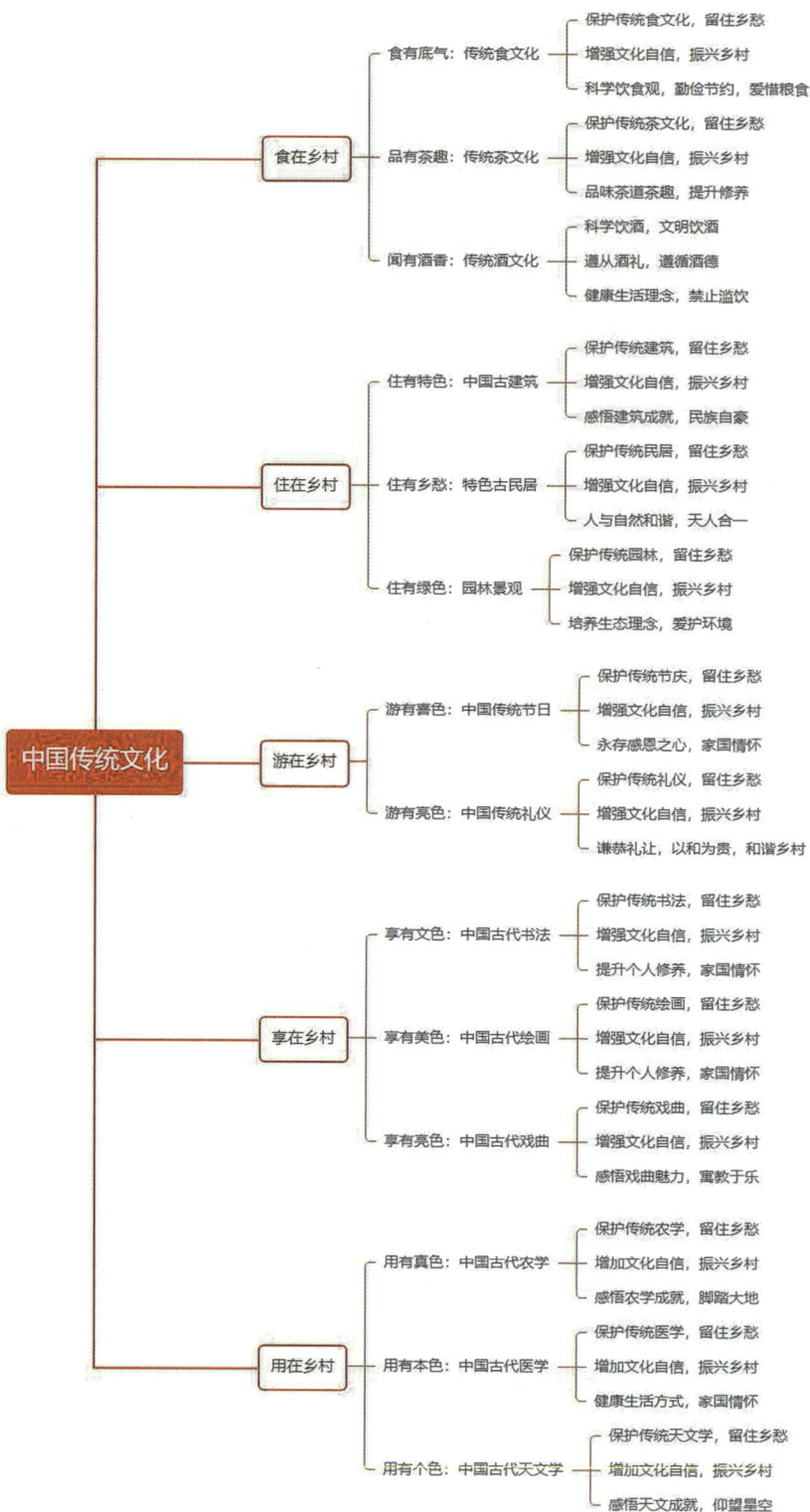

食有底气：传统食文化
- 保护传统食文化，留住乡愁
- 增强文化自信，振兴乡村
- 科学饮食观，勤俭节约，爱惜粮食

食在乡村
品有茶趣：传统茶文化
- 保护传统茶文化，留住乡愁
- 增强文化自信，振兴乡村
- 品味茶道茶趣，提升修养

闻有酒香：传统酒文化
- 科学饮酒，文明饮酒
- 遵从酒礼，遵循酒德
- 健康生活理念，禁止滥饮

住有特色：中国古建筑
- 保护传统建筑，留住乡愁
- 增强文化自信，振兴乡村
- 感悟建筑成就，民族自豪

住在乡村
住有乡愁：特色古民居
- 保护传统民居，留住乡愁
- 增强文化自信，振兴乡村
- 人与自然和谐，天人合一

住有绿色：园林景观
- 保护传统园林，留住乡愁
- 增强文化自信，振兴乡村
- 培养生态理念，爱护环境

中国传统文化

游在乡村
游有喜色：中国传统节日
- 保护传统节庆，留住乡愁
- 增强文化自信，振兴乡村
- 永存感恩之心，家国情怀

游有亮色：中国传统礼仪
- 保护传统礼仪，留住乡愁
- 增强文化自信，振兴乡村
- 谦恭礼让，以和为贵，和谐乡村

享在乡村
享有文色：中国古代书法
- 保护传统书法，留住乡愁
- 增强文化自信，振兴乡村
- 提升个人修养，家国情怀

享有美色：中国古代绘画
- 保护传统绘画，留住乡愁
- 增强文化自信，振兴乡村
- 提升个人修养，家国情怀

享有亮色：中国古代戏曲
- 保护传统戏曲，留住乡愁
- 增强文化自信，振兴乡村
- 感悟戏曲魅力，寓教于乐

用在乡村
用有真色：中国古代农学
- 保护传统农学，留住乡愁
- 增加文化自信，振兴乡村
- 感悟农学成就，脚踏大地

用有本色：中国古代医学
- 保护传统医学，留住乡愁
- 增加文化自信，振兴乡村
- 健康生活方式，家国情怀

用有个色：中国古代天文学
- 保护传统天文学，留住乡愁
- 增加文化自信，振兴乡村
- 感悟天文成就，仰望星空

图 3

（六）教学策略

1. "三阶段" "六环节" 的 "忙农闲学" 错峰教学

整个教学过程分为前期分散学习、课中集中教学和后期分散学习三个阶段。按照"文化预览""文化视窗""文化解读""文化辩论""文化践行"和"文化拓展"六大环节开展。采取集中教学与分散教学相结合，农忙季节与教学环节相结合，线上教学与线下教学相结合的方式进行，有效解决农学矛盾。

2. 利用好教室与田间地头两个阵地

集中阶段，保证课堂教学效果；分散阶段，借助聘请的学员当地"田秀才"与"土专家"指导，增进知识灵活运用。

二、主要做法

（一）思政理念与思路

中国城镇化过程中，乡村建设出现了城乡分离、乡村空心化等现象。新型农村建设也存在千城一面的现象，如何把记住乡愁与发展乡村旅游结合起来，如何将优秀传统文化魅力与现代文明结合起来，此种理念贯穿课堂教学始终。

首先通过前期分散的调查本地美丽乡村建设情况的任务，提升学生建设家乡的责任感和使命感，培养他们高质量发展乡村旅游的主体意识。

其次在课堂集中教学环节中，巧妙融入文化自信、天人合一、人与自然和谐共生、敬老尊贤、孝亲友爱、精雕细琢、工匠精神等不同思政点，润物细无声。

最后在后期分散环节，要求学生借助文化的力量，践行文旅融合，开发和保护传统村落，科学系统地进行乡村旅游开发，达成课程总体目标和思政目标，如图4所示。

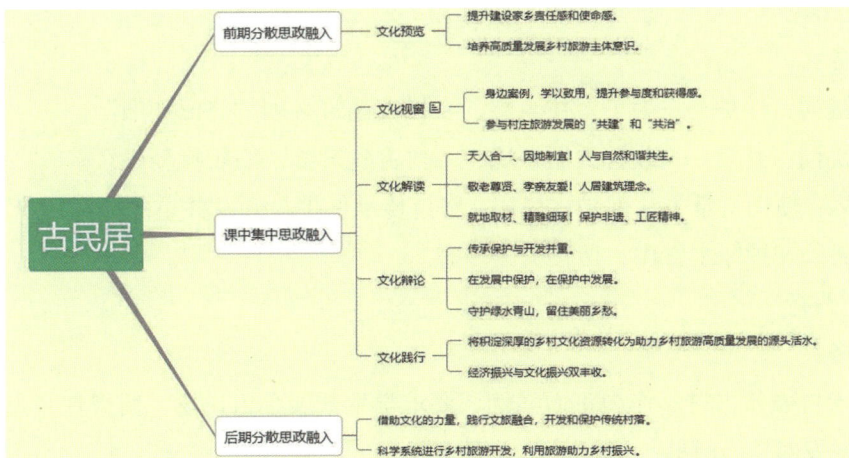

图4

（二）思政设计与实施

1. 前期分散（文化预览）

1）教学任务

（1）职教云平台推送安徽西递宏村徽州古村落视频。

（2）职教云平台推送古民居保护与开发基础知识和前沿知识。

（3）发布学习任务：搜集古民居开发案例，挖掘本地与古民居有关的特色文化元素。

2）思政融入

通过实地调查，提升学生建设家乡的责任感和使命感，培养他们高质量发展乡村旅游的主体意识。

2. 课中集中（文化视窗、文化解读、文化辩论、文化践行）

1）文化视窗

教学任务：以学员所在村庄要打造为留得住乡愁的"历史文化民居园"作为案例导入新课。提出问题：古民居的文化价值体现在哪里，为什么值得去保护和开发？"历史文化民居园"开发的对策有哪些？

思政融入：身边案例，学以致用，提升参与度和获得感，引导学生从内心坚定文化自信，深入参与到整个村庄或村落旅游发展的"共建"和"共治"中。

2）文化解读

教学任务：观看微课视频，了解古民居类型；聆听老师对于古民居文化内涵的讲解。

思政融入：

选址方面——天人合一、因地制宜！人与自然的和谐共生。

布局方面——敬老尊贤、孝亲友爱！人居建筑理念。

选材方面——就地取材、精雕细琢！文化遗产的保护、工匠精神。

3）文化辩论

教学任务：

正方关键词：保护——为了留住乡愁，乡村古建筑必须"修旧如旧"。

反方关键词：开发——改善人居环境，乡村古建筑要"旧貌换新颜"。

思政融入：使用科学方法保护古民居，坚持传承保护与开发并重的原则，在发展中保护，在保护中发展。守护绿水青山，留住美丽乡愁。

4）文化践行

教学任务：

以西递宏村徽州古村落作为正面案例，要求学生开展小组讨论：留得住乡愁的"历史文化民居园"开发对策有哪些，形成简单方案。

思政融入：合理开发古民居，激励学生自觉将积淀深厚的乡村文化资源转化为助力乡村旅游高质量发展的源头活水，实现经济振兴与文化振兴双丰收。

3. 后期分散（文化践行）

1）教学任务

学生以亲近乡村，追忆乡愁为主题，结合本村实际，拓展思维，在"田秀才"和"土专家"指导下，将课中形成方案在实践中进行检验，将实践检验中遇到的问题、解决措施、取得成效、感悟等上传至职教云。

2）思政融入

借助文化的力量，践行文旅融合，开发和保护传统村落，科学系统地进行乡村旅游开发，利用旅游助力乡村振兴。

（三）思政考核与评价

采用"3+3+3"的考核评价方式，即教师、小组和学生三方评价；前期分散、课中集中和后期分散三段评价；学习态度、思政教育和学习行为三维评价。通过学生小组完成任务、整理方案、汇报成果等方式，培养学生的沟通能力、口头表达能力和团队合作精神。

三、教育效果

（一）教学比赛获佳绩

教学团队以"中国传统文化"课程参加校级、省级教师教学能力比赛、课程思政说课比赛，屡获佳绩，如图5所示。

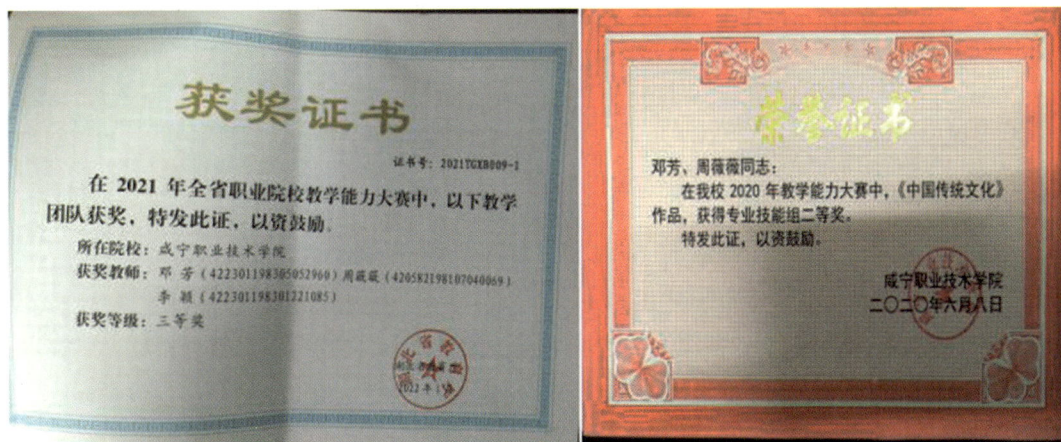

图 5

（二）学生课堂评价高

学生评课结果显示，教师的评优率高达 98%。学员对教师评价深入细致：老师知识丰富，让我了解到古建筑的魅力、等级、布局；老师治学严谨、要求严格、循循善诱。

（三）培育乡村古民居建设典范

彭金光负责"乡遇·鸡公山"美丽乡村建设，顺应自然、利用自然，保护村中古民居。凌琼华的"凤凰山庄"，传承与发展明清时代古民居，文旅结合，挖掘本地特色传统美食，打造特色乡村文旅产品。

四、特色创新

（一）专题嵌入，元素化合，培养乡村实用型人才

课堂实施过程中，采用"专题嵌入"与"元素化合"方式，将职业教育特色、中国传统文化精髓和当地乡村发展相结合。教学内容以乡愁为主线，围绕"美丽乡村""乡村振兴"和"文旅融合"开展，将中国传统古民居与乡村建设相融合，符合学生实际需要，形成"留得住、用得上、干得好、带得动"的"永久牌"乡村实用型人才。

（二）身边案例，学以致用，提升学员能力素养

对接乡村振兴带头人岗位需要，充分挖掘学员资源，用好"家乡案例、身边案例、自身案例"，最后实际成果能运用到实践中，既提升了学员文化素养，也增进了实践能力。学生通过理解体会古民居文化内涵，增加了知识积累，提升了文化素养。学生初步认识到如何挖掘、保护、传承古民居文化，提升了知识的应用能力。

三十、走近国之重器　传承红色基因

——"三峡旅游文化：三峡水利文化"课程思政案例

三峡旅游职业技术学院　张丽利

党的十八大以来，习近平总书记围绕文化自信与文化育人作出一系列重要论述，深刻阐释了以文化人、以文育人的理念与内涵。三峡旅游文化是中华优秀传统文化的有机组成部分，三峡地区红色资源遍布，课程思政融入点丰富，有悲国忧民的屈原大夫呈现的爱国精神，有人间大义的昭君和亲呈现的民族精神，有百年一梦的三峡工程展现的大国重器工匠精神，还有鬼斧神工的山水文化展现锦绣山河民族智慧等等，"三峡旅游文化"课程实施是加强学生人文素质教育、弘扬三峡旅游文化的重大举措。

一、案例背景

（一）教学内容

"三峡旅游文化"课程是三峡旅游职业技术学院导游专业必修、地方特色课程。课程为国家教学资源库地方特色课程，省级立项在线精品课程。课程根植于深厚的三峡文化中，本案例"走近国之重器，传承红色基因"为"三峡旅游文化"课程中三峡水利文化模块教学内容。三峡工程红色基因深厚，课程内容涉及三峡大坝景区讲解，为全国导游人员资格考试湖北考区现场考试讲解抽选景点，有效对接岗课赛证。

（二）教学对象

本课程教学对象为导游专业大二年级学生，具有爱国主义情怀，具备一定专业知识与技能，对三峡水利文化有一定了解但不深入，对三峡精神理解领悟不够；拟参加全国导游人员资格考试，学习积极性较高但讲解技能有较大提升空间。

（三）教学目标

本模块教学目标从素质、知识、能力三个维度进行设计，将思政目标融入素质目标，如盐融于水，具体如下：

素质目标：理解现代水利工程中所蕴含的"人水和谐"理念，树立正确的水资源利用观；深刻体会及感受大国重器三峡工程的红色基因、科技创新，树立民族自豪感、文化自信，传承红色基因；加强团队协作与沟通意识，培养合作精神。

知识目标：理解现代水利工程文化的概念、分类及内容；掌握以三峡工程为代表的三峡现代水利工程文化相关知识；了解三峡水利文化旅游开发的原则、策略及探索模式等内容。

能力目标：掌握运用信息化手段获取资源及辅助学习的能力；强化小组合作，提升团队协作、探究学习的能力；结合专业核心课程所学，提升三峡工程讲解能力。

（四）教学策略

为发挥"课程育人"的功能，本着"知识传授渗透价值引领，价值传播融入专业气息"的原则，基于探究式教学理论、思政育人和岗课赛证融通的核心理念，结合教学分析、导游专业国家教学标准、全国导游人员资格考试大纲、导游职业规范和课程标准，教学团队构建了"一体两翼三维四大场景"教学推进模型（见图1），校内授课学时为2课时，校外实践4课时，拓展迁移"先锋之旅"志愿服务、导游服务技能大赛等第二课堂活动，实现三全育人，通过整合教学内容、红色资源进课堂，实践亲临红色资源，感受红色基因、民族振兴、科技创新，将家国情怀、文化自信等价值引领贯穿于教学全过程。

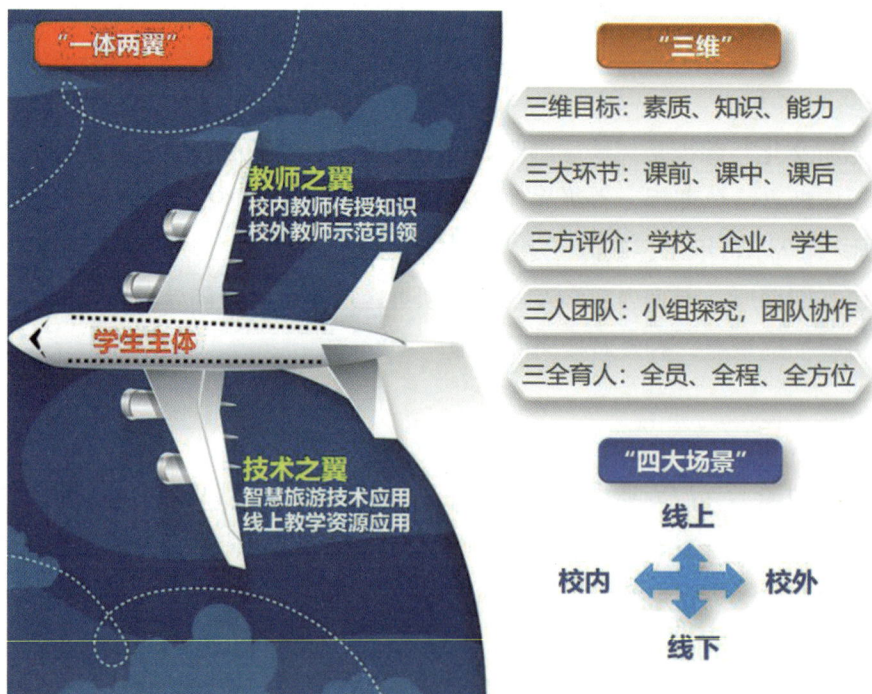

图1 "一体两翼三维四大场景"教学推进模型

二、主要做法

（一）教学场景实施

突出"一体两翼三维四大场景"教学模式中四大场景的育人作用，实现校内校外、线上线下育人有机结合。

1. 校内场景：第一课堂突出"一体两翼"教师引领

第一课堂教学中，实现了知识传授与价值引领的统一。通过教师讲授，开展师生之间的讨论交流，以学生讲解三峡工程为基础开展讨论。把学生讲解的过程和效果纳入课程考核评价范围，促进学生深入挖掘三峡工程文化，提升了学生的导游讲解水平。引导学生以三峡工程文化为切入点，积极钻研探索，拍成短视频，上传至社交平台和教学资源库，宣传三峡水利文化旅游资源，如图 2 所示。

图 2　校内课堂运用 360 全景景区教学系统教学

2. 校外场景：实景课堂突出身临其境实践提升

本课程校外场景依托校外实训基地三峡工程——它是首批 100 个中央企业爱国主义教育基地，是改革开放以来我国发展的重要标志，是我国社会主义制度能够集中力量办大事优越性的典范，是中国人民富于智慧和创造性的典范，是中华民族日益走向繁荣强盛的典范。通过实景课堂，校内外教师协同教学，由教学团队中的楚天技能名师示范讲解，带领同学们走进大国重器，感受并传承红色基因，提升思想道德素质，如图 3 所示。

图3　校外课堂楚天技能名师周利平带领学生实践

3. 拓展迁移：第二课堂突出育人延续活动育人

发挥本地旅游文化资源在第二课堂实践教学中的独特作用，学院组建了"先锋之旅志愿服务队"组织师生共同参与到志愿服务活动中去，践行奉献、友爱、互助、进步的志愿服务精神，传承红色基因。第二课堂实践教学还鼓励学生参加相关导游业务大赛、研学课程设计大赛等活动，如图4、图5所示。

图4　学生参加校企联合举办的"我为大国重器代言"志愿讲解大赛

图 5 学生参加第九届 "三峡大坝旅游杯" 导游服务技能大赛

（二）课程思政融入

1. 知识传授渗透价值引领

三峡工程作为改革开放以来我国发展的重要标志，是我国社会主义制度能够集中力量办大事优越性的典范，是中国人民富于智慧和创造性的典范，是中华民族日益走向繁荣强盛的典范。在传授三峡现代水利工程文化的过程中，渗透大国重器三峡工程的红色基因、科技创新元素，引领学生树立文化自信，培养学生科技报国、精益求精的精神。

2. 价值传播融入专业气息

把红色基因通过理论宣传和专业教育的方式传承下去。本案例面向导游专业，导游作为文化的传播使者、城市地区形象的代言人，会讲解传播优秀的传统文化是必备素质和能力。同时三峡工程作为全国导游人员资格考试湖北地区面试环节必考景点，在本案例教学中融入专业气息，强化学生对三峡工程及其红色基因的掌握和讲解，相辅相成，相得益彰。

3. 显性课堂延伸隐性课堂

打通红色基因与课程的互动，是实现红色基因有效融入课程思政的实践向度，有利于实现育人与育才的有机统一。做好隐性教育与显性教育有机统一，第一课堂与第二课堂有机统一，岗课赛证有机统一，拓展大国重器我代言志愿讲解服务、导游服务技能竞赛等活动，将显性课堂有效延伸至隐形课堂，实现全过程育人。

（三）教学手段应用

1. 线上资源库和线下课堂教学相结合，相辅相成

依托国家课程资源库资源，注重线上线下混合式教学，有效依托智慧景区开发与管理专

业国家教学资源库及智慧职教的职教云和慕课平台，有序推进线上线下混合式教学、自主开放式教学，构建线上线下立体化育人场景，如图6所示。

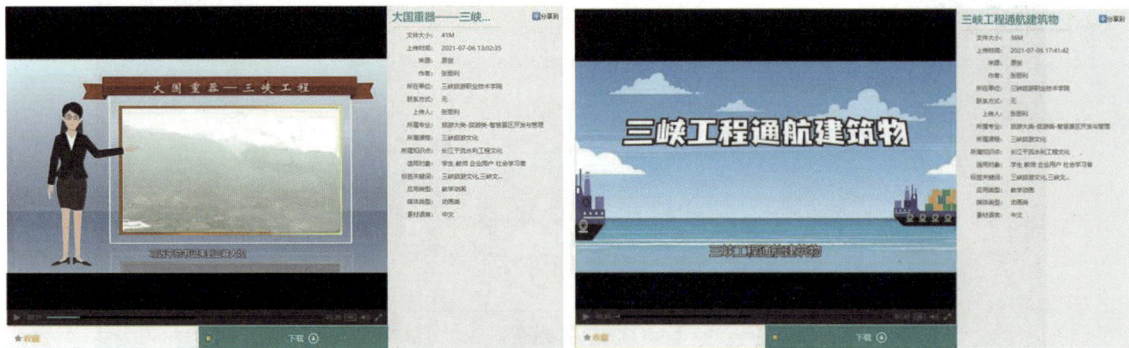

图6 丰富的教学资源库微课及动画资源

2. 现代科学技术和三峡传统文化结合，相得益彰

依托学校智慧旅游体验中心，利用全息投影、VR等现代化信息技术，将三峡传统文化教学和实训所需要的各种真实场景予以还原和再现，尤其针对三峡水利枢纽无法直接呈现在学生眼前的旅游文化资源，能够更好地开展模拟实训，让学生提高核心素养，强化实践能力，彰显鲜明特色，不断智慧融入、科技赋能，如图7所示。

图7 学生通过VR感受国之重器三峡工程

3. 三峡文化理论与区域实践项目结合，知行合一

把三峡文化理论的学习与学生的实训实践内容相结合，让学生在实践中感受三峡文化的

魅力，把课程思政落到实处。校企合作共育是课程实施的重要模式，学生将课堂上学习的理论知识带到实践项目，把所学知识应用于实践，理论联系实际，知行合一。

三、教育效果

（一）教学目标有效达成——文化育人，思政飘香

课堂教学中依托"一体两翼三维四大场景"教学推进模型，充分发挥学生主体作用，依托校内智慧旅游实践教学基地、社会化教育资源和线上课程平台，高质量完成课堂教学目标和思想育人目标。在认识水平上，通过课程思政教育进一步深化了对三峡水利文化的认识，更为重要的是通过专业课的课堂学习体验到了大国重器和红色资源的现实意义，进一步加深了对新中国社会主义发展史的理解，转变了对思政课知识点比较枯燥、与自身专业学习关系不大的认识。

（二）实践能力有效提升——三全育人，综合提升

通过校内校外线上线下相结合的学习，学生增长了三峡水利工程文化知识储备，不仅提升了专业实践能力，同时中华优秀传统文化、革命前辈红色精神、大国重器工匠精神都引领着学生成长为一个乐于奉献、勇于奋斗、不畏艰辛的新时代青年。

（三）育人成果有效固化——重视研究，走深走实

坚持价值观导向，从课堂上的小赛开始，逐级引导推荐，为校级、省级和国家级专业赛项进行选手储备。大赛的成果不仅为学生和学校带来荣誉，同时也是育人成果的体现。作为教育者的教师们，通过重视教学研究，走深走实，总结阶段性经验，如授课教师王赟、张丽利发表的学术论文《浅析高职院校地方特色课程中的课程思政融通——以三峡旅游文化课程为例》。

四、特色创新

（一）弘扬传统文化，特色鲜明

以三峡工程红色资源为依托，通过校内外课堂场景，让作为旅游文化传播者的导游专业学生们能够全面了解三峡工程的文化全貌，充分发挥宣传教育功能，讲好中国故事，让红色基因、革命薪火代代传承，凝聚砥砺新征程、奋斗新时代的强大力量。

（二）一体两翼模型，有效推进

基于探究式教学理论，构建"一体两翼三维四大场景"教学模型，充分发挥学生主体作用，教师讲授示范引领，信息技术辅助学习。

（三）校企共建共享，同向同行

突出三峡特色，重点与区域龙头旅游企业长江三峡旅游发展有限责任公司合作共建，开发研制了一批风格多样、内容丰富的动态、静态资源，建成校企共建、共用的立体化教学共享资源库，实现协同育人。

（四）课程思政育人，润物无声

通过知识传授渗透价值引领、价值传播融入专业气息、显性课堂延伸隐性课堂三大融合方式，有效将现代三峡水利工程文化和大国重器价值引领相渗透，将导游职业岗位特点融入知识传授和价值引领过程中，将校内课堂向校外实践课堂延伸，向志愿服务、技能等活动延伸，知行合一，立体育人，润物无声。

三十一、荆山楚水　茶人匠心

——"茶叶感官审评：湖北茶品鉴"课程思政教学案例

三峡旅游职业技术学院　蒋洁

一、案例背景

（一）教学内容简介

"茶叶感官审评"课程是茶艺与茶文化专业核心课程，课程以就业零距离、加强学生文化素养、提升学生职业素质为目标。依据茶艺与茶文化专业培养目标和课程标准，本课程共64学时，教学内容包括九个学习情景，"湖北茶品鉴"属于学习情景九，用时4课时。

（二）教学对象分析

本课程的教学对象为三峡旅游职业技术学院2021级茶艺与茶文化专业的学生，共34名同学，全部来自湖北省，但生源构成复杂，其中6人通过普通高考录入，10人通过技能高考录入，18人通过单招录入，绝大多数同学对于所学专业认知比较粗浅。此外这个班的学生知识储备较弱，自主学习意识淡薄，对于理论课程缺乏兴趣，但都能迅速掌握各种信息化的教学手段，对于实操课程学习意愿强烈。在进入本章节学习内容之前，学生已初步掌握六大茶类相关基本知识，了解不同茶类的感官审评方法与审评术语。

（三）课程教学目标

以学生为中心，以技能为本位，以岗位要求为导向，以赛证为抓手，以职业生涯为目标，最终确定本章节素质、知识、能力三维一体教学目标，并进一步确定教学重、难点。

素质目标	培养学生的文化自信，以及精益求精的工匠精神 树立学生服务地方，为地方文化和经济做贡献的志向
知识目标	掌握不同类别湖北茶的品质特征及相关知识 掌握不同茶类感官审评的知识
能力目标	具有品鉴及推广湖北茶的能力 具有通过感官审评，对茶品进行品质鉴别的能力
教学重点	不同类别湖北茶的品质特征
教学难点	对茶叶进行感官审评并确定茶叶等级

（四）教学策略

本章节的学习分为课前、课中、课后三阶段，"探""学""练""创""拓"五个环节环环相扣，层层递进，用中国传统文化熏陶学生，用工匠精神感染学生。课前通过自主探究学习"探索"本章节相关学习内容；课中师生同操作来"学习"课程内容，在"练习"中理解文化蕴意，掌握本节课重难点，通过"创新"，发散学生思维，将知识点转化到实际运用中；课后引入"拓展性"实践，将真实的行业活动带进课堂，让学生真正做到学有所用，体现职业教育本质，如图 1 所示。

为了高效完成课堂教学，在学习过程中课堂教学主要采用任务驱动教学法来激发学生学习兴趣，用小组合作学习法通过自评、互评提高课堂效率，用模拟演练引入大赛规程，以赛代考，检测课堂学习效果。为了提高课堂参与度，帮助学生掌握教学重难点，教学过程中，充分利用智慧职教云课堂、Smart 智慧实训系统、教材、技能大赛技术规范、网络等线上线下教学资源，充分发挥学生主观能动性，培养学生的职业技能和职业素养。

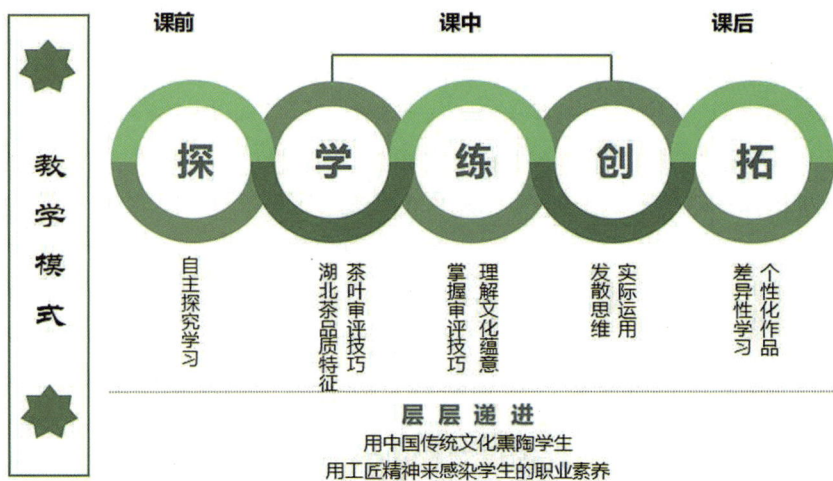

图 1　教学策略

二、主要做法

（一）课前准备阶段

课前，教师在职教云平台发布课前学习任务单，要求学生提前预习新知，了解湖北有哪些名茶，这些名茶隶属的茶叶类别及它们的品质特征。根据职教云课前活动数据显示，90%以上的同学完成了预习任务。另外对接宜昌本地茶产业活动，发布宜昌万人饮茶日活动招募现场茶艺师的信息，以真实的产业需求来提升学生的学习兴趣。

（二）课中教学阶段

进入课中教学阶段，依次进行"学""练""创"三个环节的教学任务。

（1）课中学。基于"岗课赛证"融通的理念，老师对本章节的知识重点进行讲解，使学生进一步了解湖北名茶的种类以及品质特征，学生观察干茶茶样或品尝茶汤的滋味，识别出具体的茶叶名称。在学生掌握湖北茶的品质特征后，老师通过 Smart 智慧实训系统对学生进行茶叶感官审评操作要领的现场展示，培养学生的文化底蕴和严谨认真的工作态度，提升学生精益求精的工匠精神和严谨细致的职业素养。学生对老师的讲授和操作进行观摩和学习，掌握重难点，如图 2～图 4 所示。

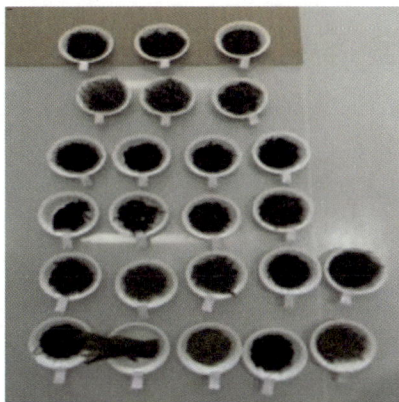

图 2　干茶茶样识别

图 3　茶汤比对

图 4　学生在课堂上进行茶汤识别实训

（2）课中练。老师讲解完毕，学生进行小组演练，并通过自评、互评、老师点评等方式来掌握教学重点——茶样和茶汤的识别。最后采用以赛代考的方式，进行茶叶感官审评操作演练。选择同一类三款不同价位的湖北茶，学生进行现场感官审评，对每一款茶样进行点评，并对三款茶进行定级。以此帮助学生突破本节课难点——茶叶感官审评及定级。

（3）课中创。茶叶评鉴既是教师教学的重点，也是学生学习的难点，为此在讲授和练习后，教师回到课前任务二"宜昌万人饮茶日茶艺师招募活动"，使学生能够学以致用，传播文化，并且提升宜昌城市知名度和学生的自豪感，以及对所学专业的信心。

（三）课后拓展阶段

课后，根据本章节所学内容——湖北茶的种类和品质特征，让学生选择自己最喜爱的湖北茶或者自己的家乡茶进行推广活动方案设计，根据学生学习效果及能力的差异，允许学生按照实际情况，以视频、图片、文本等多种不同形式进行作品提交。培养学生的职业技能，加强学生对中国传统茶文化的理解，提升学生的职业素养和审美情趣。

三、教育效果

在本章节的教学中，设置了课前、课中、课后的"探""学""练""创""拓"五个环节，将"岗课赛证"进行融通。学生对于湖北茶的品质特征相关理论知识比较容易掌握，但在干茶茶样识别和审评定级的操作上比较容易迟疑甚至出错。课后需要学生加强将理论知识进一步带入实践活动的能力，全面提升学生的职业技能和精益求精的工匠精神。

设置课后创造性作业，让学生去探索更多的湖北茶，加强学生对于家乡湖北茶文化的自信。另外允许学生根据自身能力进行差异性学习，提交个性化作品，可以让不同学情的学生发挥自己的特长。

后期，我们将持续关注不同学情的同学在学习过程中的不同表现，进一步加强个性化的教学；另外，我们将不断升级教学资源，进一步完善课程资源库建设。

四、特色创新

（一）润物无声，唤醒学生使命担当

把湖北茶的评鉴作为"茶叶感官审评"课程中一个独立的教学模块，将教学内容所蕴含的人文精神、家国情怀、文化自信和社会责任等体现社会主义核心价值观的价值理念和价值范式，有意、有机、有效地融入课程教学的各个环节、各个方面。展现茶叶在湖北经济发展

中的重要性，呈现湖北历史悠久的茶文化，激发学生的职业使命感，对家乡的认同感，对家乡传统茶文化的理解，以及对家乡的自豪感。

（二）精益求精，培养学生工匠精神

专业课教学是培养高职学生"工匠精神"的主阵地，基于高职学生的学情，研究和分析适合本专业学生发展的人才培养目标、课程教学目标、教学内容、考核评价，将专业课与"工匠精神"养成计划紧密结合。"茶叶感官审评"课程是茶艺与茶文化专业核心课程，其本身也是一门严谨务实的学科，需要学生一丝不苟的职业素养和扎实的专业技能。在教学的过程中，贯彻"岗课赛证"相融通的理念，在自评、互评、老师点评等实践操作过程中挖掘精益求精、求真务实等工匠精神，通过湖北茶的茶样识别、茶汤比对、审评定级等教学活动，引导学生进一步理解"工匠精神"，培养与新时代经济发展需求相适应的高素质专业技术人才。

（三）产教融合，加深学生专业认同

产教融合，以参与产业实践活动为平台提升学生的职业素养。在教学过程中，为激发学生学习兴趣，引入当地产业活动，将课程内容与本地产业对接，体现了职业教育的本质，服务本地经济的同时，让学生学有所获、学有所用，加深学生对于所学专业的认知和对所学专业的认同感和信念感，如图5、图6所示。

图 5　学生在宜昌万人饮茶日现场推广宜昌茶

图6　21级茶艺班学生参加长盛川茶业有限公司茶叶推广活动

三十二、传承非遗文化　创新育人特色

——"装饰画：楚纹样再设计"课程思政案例

长江艺术工程职业学院　徐慧芳

一、案例背景

（一）教学内容简介

"装饰画"是艺术专业的基础课程，"楚纹样再设计"是本课程的核心内容之一，其主要内容是认识楚纹样及楚纹样的特征、变形方法等，主要任务是进行楚纹样的再设计，包括构图、造型、色彩表现手法、绘制方法与材料制作工艺等内容。

（二）教学对象及分析

教学对象为工艺美术品设计专业的大一学生，具备一定的美术基础及能力，前期已学习了素描、设计、平面构成、色彩构成等，具备一定的审美能力和实操能力。

（三）教学与育人目标

1. 知识传授目标

了解楚纹样的历史发展；掌握楚纹样特点；了解楚纹样作为装饰图案的长处。

2. 能力培养目标

学会传统楚纹样的元素变形与想象；具有一定的审美感受力；能把传统与创新相互结合，做出符合当代审美价值的楚纹样设计。

3. 思政育人目标

提升学生的文化自信与民族自豪感；弘扬中华民族文化，坚定大学生的理想信念；促进正能量的传播。

（四）教学策略

本课程采用"问题驱动"与"互动教学"的授课方式，教学过程结合了线上教学与实践环节。在讲授"楚纹样的再设计"过程中将课程思政与艺术教育深度融合，实现思政教育润物无声的育人效果。

二、主要做法

（一）搜集资料，互动教学（课前）

课前请学生搜集楚纹样中的典型形象，如豹子、鸟人、鹤等，鼓励学生主动挖掘艺术作品中蕴藏的优秀传统文化和社会主义先进文化。以投屏的方式呈现学生作业，再由教师进行重点梳理，引出知识点①楚纹样的认识。

【设计意图】通过课前准备激发学生的学习兴趣，同时让学生在准备过程中体悟文化自信，培养其自主学习能力。

（二）作品分析，启发引导（课中）

1. 视频播放

播放《漆器——传统凤凰纹饰所带来的震撼之美》的视频片段（见图1），以中国传统纹样的传统故事引入民族文化，以大漆绘制引入荆楚漆艺。通过这种直观的多媒体教学，让学生更加坚定民族信仰、增加文化自信、增强民族自豪感，并请学生思考"视频中的凤鸟形象特点是什么？"由此引出知识点②Ａ传统楚纹样的特征——具象性。

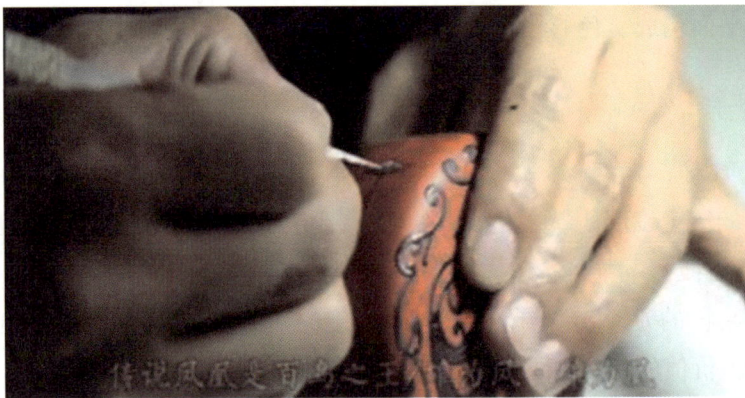

图1

2. 图片分析

观看出土漆器上战国早期凤鸟纹样元素到战国中晚期凤鸟纹样元素的变化（见图2），启发学生思考凤鸟形象发生变化的根本原因在于国力的增强、人们审美的进步等，由此让学生体悟个人发展与国家发展之间的紧密关系，鼓励学生肩负起时代责任和历史使命，激发学生的强国梦。引出知识点② B 传统楚纹样的特征——抽象性。

图 2

3. 表格总结

整理六种楚纹样的抽象方法，让学生学会从具象到抽象的多样变形方式，了解在设计过程中需要精益求精、勇于创造的精神。讲解知识点③战国楚纹样的抽象变形过程。帮助学生更好地理解抽象变形的艺术手法，把握抽象设计的方法。

战国楚纹样（凤鸟纹）					
具象	1. 早期：静立或行走，仪态端庄，大方典雅			2. 中晚期：展翅欲飞或大步雀跃状	
抽象	1. S 型凤鸟纹变形	2. 条形凤鸟纹变形	3. 两头凤鸟纹变形	4. 漩涡状凤鸟纹变形	5. 云凤纹的系列变形	6. 龙凤连体纹的系列变形

【设计意图】 通过视频、系列图像、表格总结的呈现，增强课程对学生的吸引力和感染力，以非遗文化为案例激发学生的家国情怀与文化自信，提升学生的审美鉴赏力和创作能力。

（三）翻转课堂，创作讨论（课中）

由教师给出代表性的楚纹样（结合视频和图片），让学生根据兴趣分组并自由讨论，通过对艺术作品的赏析使学生充分感受中华文化的博大精深，加深对中华优秀传统文化的了解。引出知识点④纹样的特点：具象美、抽象美。

课堂创作：由学生自己对选中的纹样进行再设计——楚纹样装饰画绘制，绘制完成后进行互评工作。引出知识点⑤楚纹样再设计。

【设计意图】 采用"翻转课堂"的教学方式可以有效提升学生学习的主动性和语言表达能力。作品创作后互评的方式可以激发学生的主动性和积极性，并结合专业特点，培养学生的创作能力与创新能力。

（四）历史文化，知识迁移（课中）

以战国楚文化的漆器作品为例，引出知识点⑥中华民族对自然之美的崇尚以及对艺术精神的追求。以此加深学生对中华美学精神的认知和理解，提升学生的文化认同感和民族自信心。

【设计意图】通过楚文化知识和漆器知识串联的方式加深学生对中华文化的认同感，对工艺美术品专业的认同感。

（五）线下线上，协同覆盖（课后）

教师定期在线上发布课前预习任务以及相关学习资料，并通过微信群、智慧职教课堂等方式加强与学生的联系互动，帮助学生进行自主学习，提高其学习效率和学习质量。

每节课后请学生根据"课程难易度""知识掌握度"等要素对本次课作出评价，进行智慧职教线上打分。组织学生以传统文化为题材进行艺术创作并将其中的优秀作品通过微信公众号、抖音号等APP进行线上发布，增强学生学习的积极性，发挥学生的创造力。

【设计意图】线上教学贯穿课前、课中和课后3个环节，运用新媒体技术不仅能增强学生学习的主动性和积极性，更能提高学生运用现代信息技术自主解决问题的能力。

三、教育效果

（一）价值塑造效果

首先，对楚文化经典漆艺作品和传统纹饰的讲解能够提升学生的文化自信与民族自豪感，增强学生的文化自信和精神认同。其次，通过挖掘纹饰创新发展中的价值观，能够让学生深切感受到创作带来的成就感。最后，本门课程还结合工艺美术品设计专业特点鼓励学生创作具有中国特色、中国力量、中国智慧的艺术作品，并以线上线下的方式打通信息渠道，形成覆盖，让学生在实践中实现自己的价值。

（二）知识传授效果

在教学过程中，导入大量装饰画作品和音像资料，深入浅出，帮助学生理解知识内容；注重知识的拓展和迁移，勾连古今中外，横纵拓展，帮助学生有效掌握知识内容；在教学过程中注意对学生思维方式的培养，尤其是具象到抽象的设计思维。另外，结合线上教学，增强师生互动，并结合专业特点将理论与实践有机融合，使学生能够学以致用。

（三）能力培养效果

本案例通过对楚纹样和装饰画的赏析，一定程度上提高了学生的审美鉴赏力。通过翻转课堂、讨论学习等教学方式，培养了学生的逻辑思维能力和语言表达能力。另外，线上线下相结合的教学模式，增强了学生学习的积极性以及自主学习的能力，为今后的学习与创作打下一定基础。

四、特色创新

（一）引入非遗文化传承

课程案例的挑选与讲解是思政教育的重要一环，选取楚纹样作为案例可融入非遗文化、民族美学、劳动精神、工匠精神，实现思政内容与课堂内容的紧密融合。

（二）创新课程思政路径

本案例采用"翻转课堂"教学模式，围绕"理论知识—实践能力—传播能力"的三维路径展开，进行知识互相讨论、实践相互评价、作品相互传播。同时，定期的作品发布活动还有助于艺术实践平台的搭建以及课堂联动的实现，从而实现让学生在参与中体验，在体验中认同，在实践中内化，促进思政内容自然而然地传播。

本案例采用"混合式"教学模式，进行智慧职教线上评价，线上打分。借助数据平台的记录将学生的成长轨迹进行数字化、可视化的呈现，以便教师即时调整教学内容，并且搭建推进实践平台、建立线上账号、开展展览比赛等活动；重构了课堂教学生态和评价标准，将"三维"目标最大化、最优化；优化了"思政元素"设计与实践，彰显了课堂是教育的主战场。

三十三、德技并修　校所融合　言传身教　育训结合

——"印章印文鉴定"课程思政案例

武汉警官职业学院　付琳　仲龙　陈琼

一、案例背景

（一）课程基础

"印章印文鉴定"是司法鉴定技术专业必修的专业核心课程，是法庭科学的重要组成部分。随着社会经济与科技的快速变革，涉案印章种类及案件类型复杂多变，检验的技术难度不断攀升，这就要求法庭科学工作者具备能够解决各种印章印文鉴定的实践能力与职业素养。在人才培养过程中，我们坚持立德树人，将"技能传授"和"价值引领"有机统一，培养思想政治坚定、德技并修，遵守职业道德、具有规范意识和工匠精神，掌握印章印文鉴定活动应知应会的专业知识和实践动手能力，能够从事印章印文司法鉴定辅助工作的高素质技术技能人才。

本课程是专业核心课程，学生进入大二下学期，通过前置课程的学习，已具备一定鉴定理论基础，仪器设备基础操作能力，鉴定材料预检能力，因此在课程学习的过程中，还需引导学生养成良好的司法鉴定规范意识，具有较强正义感和法治观念，追求公平公正、诚实守信等思想觉悟就显得尤为重要。

（二）课程思政主要培养目标

（1）公平公正、维护法治。鉴定人应为了维护社会主义法治和社会公平正义，强化责任意识、纪律意识、规范意识，勇于通过印章印文同一性鉴定、朱墨时序鉴定等专业知识揭露伪造行为，还原事实真相。

（2）职业道德、敬业精神。良好的职业道德，是做人做事长久精进的前提保障。只有爱岗敬业，严谨务实，增强工匠精神，才能成为鉴定领域的行家里手，向榜样靠齐。

（3）诚实守信、科学客观。造伪者违背了诚实守信的原则，作为未来的鉴定人，要捍卫诚实守信的中华传统美德；同时，鉴定人自身要做到诚实守信，不可因外界干扰或受利益诱惑作伪证。

（4）共同协作、相互尊重。司法鉴定意见书的出具须由两名以上鉴定人完成，既要相对独立地进行分别检验，又要共同讨论协作才能签发意见书，因此相互尊重、团结合作非常重要。

（5）民族自信、文化自信。我国印章的出现与刻章工艺发展拥有非常久远的历史，通过学习本课程，能激发学生的民族自信和文化自信。

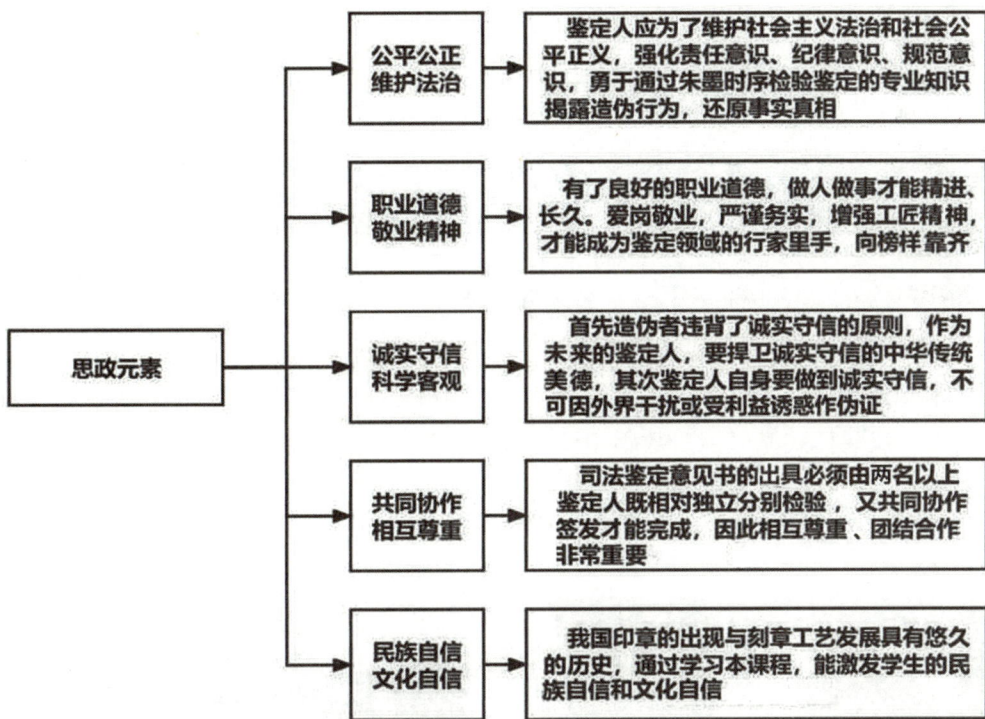

二、主要做法

（一）教学设计

立足于专业人才培养目标和课程标准，在对课程整体设计的基础上，根据知识点和技能点挖掘课程思政元素，结合司法鉴定人职业道德规范、相关执业技术规范，凝练成"公正、敬业、诚信、法治、协作、自信"的课程思政培养目标，分层次、有计划、潜移默化地融入教学全过程。

（二）教学特色

在课程教学中凸显行业特色，能够将司法鉴定职业道德、行业标准和技术规范，以及社会主义核心价值观贯穿始终，将行业先进的高科技设备与信息化教学手段、在线开放课程资源有效结合，破解教学重难点；师生实时互动，激发学生高度参与；任务驱动，无缝对接工作岗位；模拟实训，强化鉴定实操技能；辩论交流，增强出庭质证能力；多元评价，提升职业规范意识。"思、学、行、辨、呈"五个教学环节逐步推进，环环导入思政元素，最终达成思政和专业双重教学目标。

（三）教学实施

课程思政建设贯彻"全过程育人"理念，按照教学的实施过程，遵循教育教学和学生的成长规律，并将育人贯穿课堂教学"课前、课中、课后"全过程。

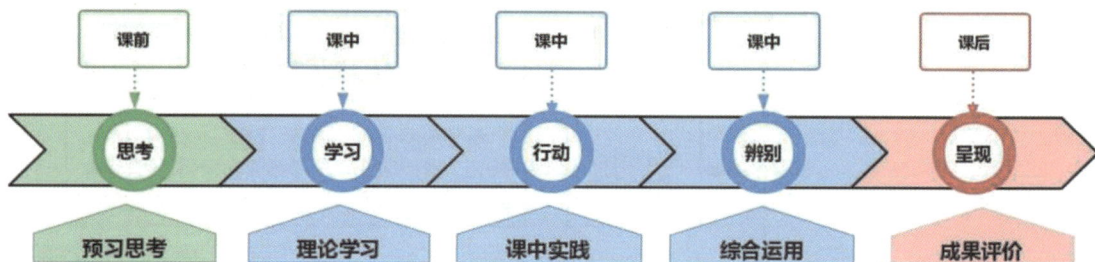

课前	课中	课中	课中	课后
思考	学习	行动	辨别	呈现
预习思考	理论学习	课中实践	综合运用	成果评价

1. 课前（思）

使用文检仪、体式显微镜、数码相机等制作教学资料；使用"智慧职教"网络教育平台上"印章印文鉴定"在线开放课程发布预习作业和任务，重点培养学生自主探究、独立思考的能力，激发学习兴趣。

2. 课中（学、行、辨）

"印章印文鉴定"课程对接印章印文鉴定助理工作岗位，应用文檢仪、体视显微镜、拉曼光谱仪和显微红外光谱仪等行业先进的仪器设备，遵循《文件鉴定通用规范》（GB/

T37234—2018）、《印章印文鉴定技术规范》（GB/T37231—2018）和《篡改（污损）文件鉴定技术规范》（GB/T37238—2018）等技术规范，深度融入求真务实、去伪存真、重法崇真的新时代司法鉴定职业精神，结合专业需求和工作流程，采用项目化教学方法，详细设计知识点和技能点所蕴含的思政元素，导入案例，展示校本鉴定所真实案例资料，设计课程思政的实施途径，在本课程17个单元任务模块（36课时）中有机融入思政元素。

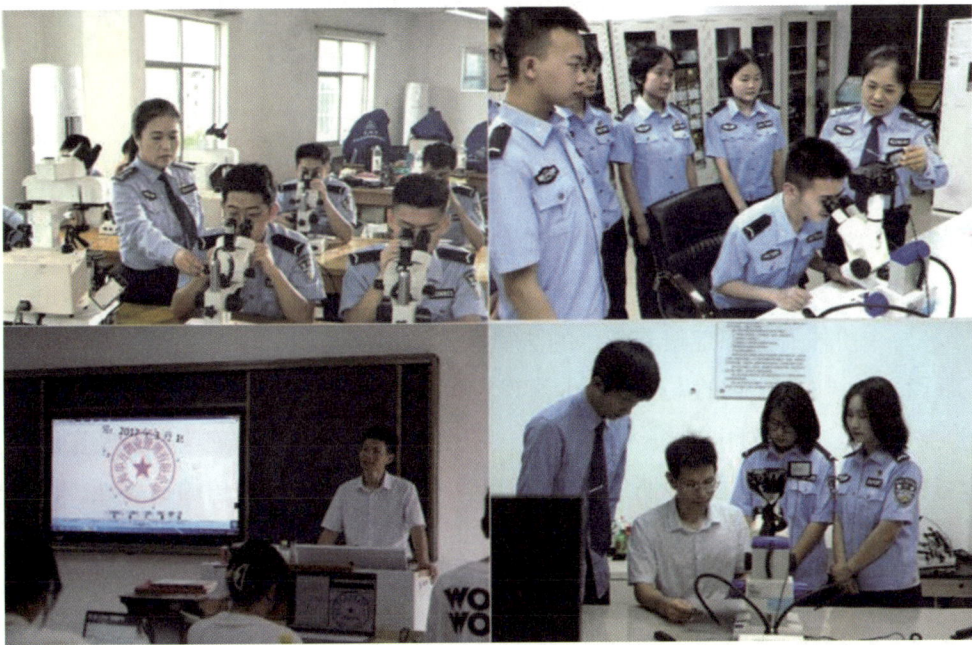

3.课后（呈）

学生以小组为单位，按规范要求使用办公软件共同完成《司法鉴定意见书》，发送至评价平台，由校内专任教师和行业技能名师对学生作业进行多元评价，给出反馈意见，帮助学生答疑解惑，疏导引领，传递正能量，与学生亦师亦友。同时学生根据评估反馈进行反思、改进和提高，学生通过互联网平台、教学资源平台、案例资源平台等方式收集相关信息并加以筛选、归纳、总结。促使课后复习与课前预习，达到知识巩固的效果，以提高学生的规范意识，强化鉴定人职业思维意识。

三、教育效果

（一）学生课堂学习效果

本课程在教学中潜移默化地融入德育，取得了较好的教学效果。在以往学习的过程中，学生们普遍感到"印章印文鉴定"这门课程中的"朱墨时序鉴定"这一章节比较难学、难懂、概念抽象，对这一章节课程的感性认识较差，教师在教学中使用传统的教学方法和教学手段很难实现教学目标。现在，通过采用线上＋线下混合式教学模式，在教学过程中融入思政元素，以职业素养教育和法制教育，通过信息化手段和高科技仪器设备有机结合还原重现案例事实，让学生普遍感到本课程的教学形式灵活多样、内容真实有趣。与往届学生相比，学生的出勤率、抬头率和学习效果均有所提高。在课上课下，学生发言、提问、讨论的人次明显增多，与教师互动频繁，学生不仅与教师交流学习方面的问题，还包括职业规划方面的困惑，学生完成作业的态度认真，参与实践的积极性高涨。90% 的学生表示非常喜欢本课程的现场实践教学和实操作业。

（二）案例思政教育效果

教师在教学过程中始终强调学生主体地位，高参与度让学生学习热情较传统教学模式有了显著提升。通过课前自主学习，课中案例教学、小组协作、任务驱动、讨论辩论、课后总结评估，在每个阶段有意识地培养学生的法律意识、责任意识、规范意识、协作意识和爱岗敬业的工匠精神，树立正确的人生观、价值观和职业观。通过在课中列举司法鉴定程序通则、文件检验技术规范、印章印文检验技术规范、鉴定人的职业道德等理论知识及实际案例并讨论互动，让学生们更深刻直观地明白科学、严谨、客观、公正、诚信的重要性，以及出具虚假鉴定报告的严重后果。

（三）职业素养呈现效果

职业教育与素质教育相结合，德育融入专业教学，是双赢的行为，既潜移默化地培养了学生的鉴定专业技能、鉴定思维能力、出庭质证能力，还提高了学生对专业的认可度和参与程度。部分学生鉴定书得到鉴定机构行业专家的正面评价，增进了学生理论自信和文化自信，为其下一步迈入司法鉴定领域打下坚实的基础。

"思、学、行、辨、呈"五个环节逐步推进，环环导入思政元素，最终达成思政和专业双重教学目标，培养思想政治坚定、德技并修、具备科学文化和工匠精神的高素质技术技能人才。

四、特色创新

（一）体现专业特色，融入新时代鉴定人的职业精神内涵

课程全面融入行业技术标准，强调司法鉴定人职业道德素养，培养学生成为政治立场坚定、职业素养过硬、技术能力过硬的鉴定专门人才，充分凸显行业与职业特色。通过校所合作，双师育人，充分发挥教师榜样引领作用，将新时代劳模精神与宋慈精神有机融合，代代相传。

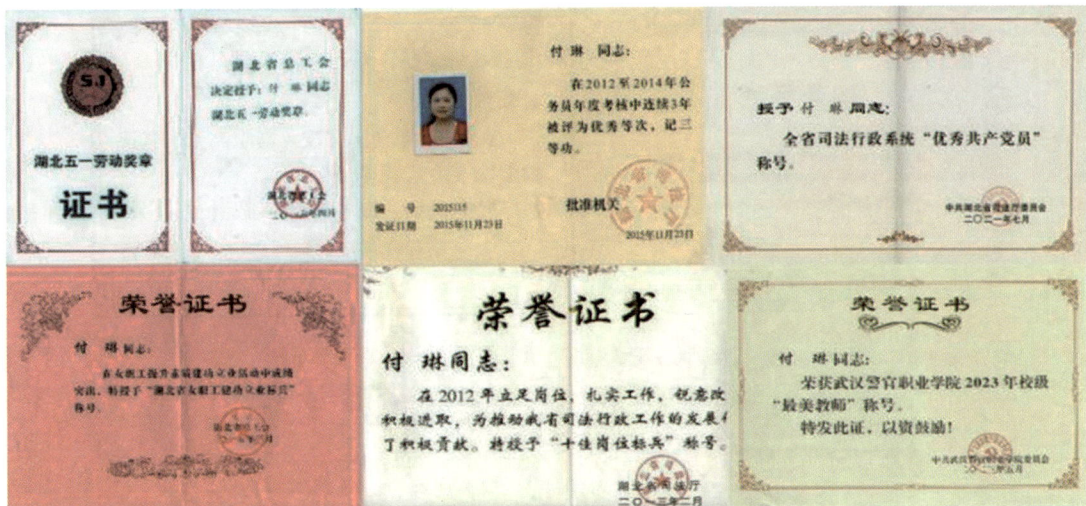

（二）形成了"全过程、双元协同"育人模式

校所双元协同构建课程思政建设团队，校所合作开发新形态教材，校内专任教师与行业技能名师共同修订课程标准，建设精品在线开放课程，模拟项目任务实施，在"课前、课中、课后"全过程协同育人，遵循课程的教学规律和成长规律，将思政目标随学习项目层层递进，相互融合。

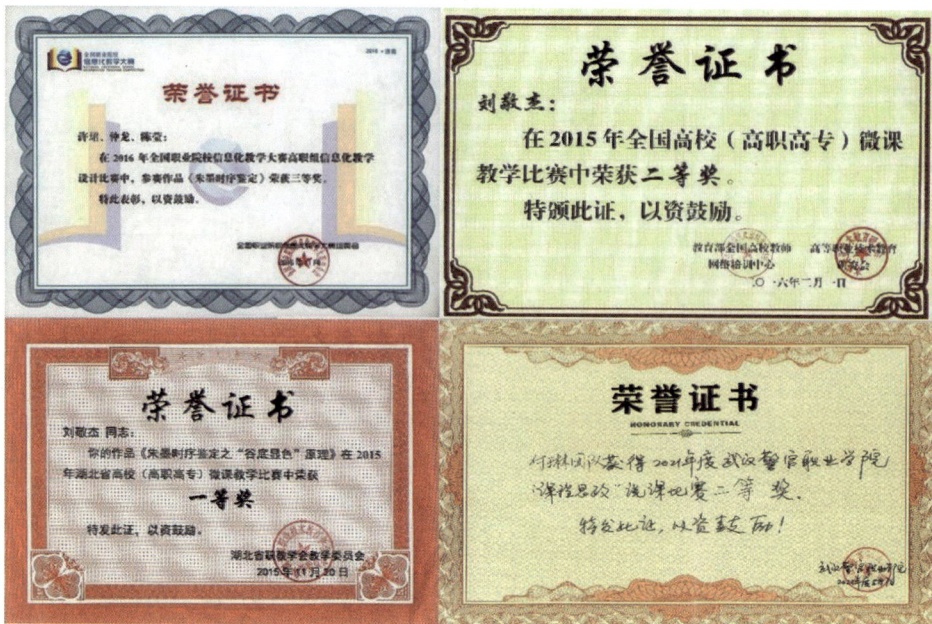

（三）"言传身教、德技并修"，育人效果显著

教师参加教学能力大赛，指导学生参加职业技能大赛，成绩突出。近五年获得：第二届"瑞源杯"文件检验技能大赛笔迹鉴定一等奖；首届"弘德网杯"全国司法职业院校司法鉴定技能邀请赛，团体一等奖，笔迹鉴定项目一等奖 1 项、二等奖 2 项，印章印文鉴定项目二等奖 3 项，指印鉴定项目一等奖 2 项、二等奖 1 项；2023 法庭科学技能测试暨第一届"瑞源杯"手印检验大赛获优秀组织奖。教师示范引领、言传身教，学生以赛促学，德技并修显成效。

奖项	院校	参赛团队	指导教师	参赛编号
一等奖	广东司法警官职业学院	熊子宁（队长）、李金沛	王蕾	92692825868
	湖南司法警官职业学院	温亚姣（队长）、陈国利、黄璐琪	何海洋	92695755085
二等奖	武汉警官职业学院	张雨轩（队长）、刘忠练、柯胜申	付琳	92696006588
	武汉警官职业学院	林倩倩（队长）、杨子垚、唐慧娟	李雪黎	92698000215
	武汉警官职业学院	彭孟秋（队长）、程莎、孙璐	仲龙	92697057333
三等奖	湖南司法警官职业学院	赵雨萍（队长）、李彦瑾、陈柄延	唐润宇	92692645798
	海南政法职业学院	何女美（队长）、范莉晴、王留	赵玉	92609342330
	湖南司法警官职业学院	黄亿柏（队长）、徐冠军、卢家俊	胡芳	92700646097

三十四、我为家乡代言　尽显家国情怀

——"字体与版式设计"课程思政案例

长江职业学院　毕丹

一、案例背景

（一）课程内容简介

作为创新行动发展计划国家级骨干专业，广告艺术设计专业注重全面贯彻党的教育方针，落实立德树人根本任务，充分发挥专业课程的育人功能，将思想政治工作贯穿教育教学全过程，深入发掘和提炼课程所蕴含的思政要素和德育功能。

"字体与版式设计"是广告艺术设计专业的专业基础课，属于通用能力培养课程，共计64学时，在整个课程体系中起着承上启下的作用。课程以学生为主体，教师为主导，以"我为家乡代言"典型设计项目为依托，以具体设计任务为载体，融入"爱国爱乡"情怀将学生培养为思想政治坚定、德技并修、践行社会主义核心价值观的广告行业高素质技术技能人才。

（二）教学对象及分析

"字体与版式设计"课程开设在第三学期，教学对象为广告艺术设计专业大二学生。学生已具备绘画和设计基础水平，共性问题是怵头晦涩的理论知识和枯燥的学习节奏，做事缺乏耐力和毅力，但获取网络信息资源能力强，有奇思妙想，喜欢自我表现，喜欢传播，望获得认可，希望学习有趣、实用、贴合广告设计师岗位能力要求的学习内容。

（三）课程教学目标

通过对教学内容的精心提炼与设计，要求学生从字体绘写、字体创意设计、版式形式法则及方法等方面掌握字体版式设计在平面、空间立体上应用的整体工作流程。具体实现的课程目标如下：

思政目标：坚定文化自信，培养家国情怀，树立正确选择和使命担当。

知识目标：了解字体产生的缘由和各自呈现的视觉个性，及字体与版式设计的相互配合关系对平面设计的重要影响。

能力目标：掌握字体创意变化的处理方法，以及版式设计中各视觉要素的设计编排能力。

素质目标：践行精益求精工匠精神，不畏锤炼作品，树立质量意识，形成爱岗敬业工匠品德，具备良好职业素养。

（四）教学策略

乡村振兴战略是党和国家提出的重大战略，是当今乡村发展的主旋律。乡村旅游产业现阶段逐渐火热，但主题特色不突出、竞争力吸引力不足是暴露出的普遍问题。结合此背景，课程组培养学生运用"字体与版式设计"的知识技能为"家乡旅游文化特色"宣传做出贡献，从而培养学生立足时代、深入生活，树立正确的艺术观和创作观，引导学生热爱国家、热爱故乡的思想情感。

课程内容与项目设计交替并行。培养学生职业技能与职业素质；设置情景教学，激发学生求知欲；课程考核以能力为中心，考查学生实际应用能力；建立教学反馈机制，评价教学效果，使教师了解学生的要求，明确教学改进方向。在教学中采用以学生为主体，教师为主导，实行工学交替、项目导向的课程理念。

二、主要做法

（一）主要思路

1.思政主题与教学目标融为一体

课程教学目标中的思政目标是在社会主义核心价值观的基础上培养有爱国爱乡情怀、传承中华文化、崇尚劳动的广告行业高素质技术技能人才，与课程思政主题融为一体。

2.课程内容与思政元素相融合

在课程中设计思政主题，带入思政元素。将树立文化自信、抒发家国情怀、秉持工匠精神、传承中华文化等思政主题以"项目导入、任务驱动"的方式与课程内容体系自然融合。

3.学生作品和思政元素相结合

学生最终完成的结课作业是以"我为家乡代言"为主题，涵盖明信片、杂志内页、海报及宣传折页的综合展陈效果，以成果推荐会的形式在课堂上展示给师生，并通过自己的创意作品由衷自豪地为家乡的旅游文化做讲解宣传，由此将学生作品和思政元素紧密结合。

（二）课程设计

课程模块	典型工作任务	课程思政主题与设计	教师活动	学生活动
1.字体的认知	1-1 了解汉字简史（6学时）	（1）介绍汉字的演变过程，让学生感受到汉字的魅力和蕴含着的璀璨的历史文化，树立文化自信。（2）渗透汉字文化，激发爱国情怀，从而为弘扬中华优秀传统文化贡献自己的力量。	（1）在"学习通"平台发布学习任务并批阅学生上交的学习报告。（2）引导学生分组讨论项目重难点并积极发言交流。	（1）对汉字的演变过程进行自主调研和学习，形成文字总结提交"学习通"平台。（2）分组讨论并记录教师所讲内容。
	1-2 掌握宋体字的书写方法（6学时）	通过对宋体字的学习，了解宋体字的结构美和笔画美，提高学生对我国宋体字的审美教育，从而进行爱国主义教育以及书写宋体字时理解工匠精神的内涵。	通过讲授、示范、点评以及布置课堂练习和现场指导来解决项目的重难点。	（1）完成对自己姓名宋体字书写的课堂练习。（2）完成对家乡名称宋体字书写的平时作业。
	1-3 掌握黑体字的书写方法（6学时）	黑体又称"方体"，横竖等粗，笔画方正，均匀对称，起落笔整齐，笔端统一，通过书写让学生深刻理解工匠精神的内涵。	通过讲授、示范、点评以及布置课堂练习和现场指导来解决项目的重难点。	（1）完成对自己姓名黑体字书写的课堂练习。（2）完成对家乡名称黑体字书写的平时作业。
	1-4 了解汉字的结构特征（6学时）	汉字作为记录和传承中华文化思想的视觉载体，它不仅影响着中国人思维的构建模式、认知方式，而且对中国人的文化观念、价值取向产生了方向上的定位。通过剖析汉字构形系统及其发展过程，从中可以发掘中华文化的深层次思想。	指导学生课堂练习，展示学生作品，邀请学生互评，教师总结。	完成对"家乡旅游文化宣传广告语"宋体字及黑体字书写的平时作业。
	1-5 掌握西文字型的书写方法（4学时）	西文字母的书写由于形体简单清楚，便于认读书写，流传很广，成为世界最通行的字母之一。通过书写加深对崇尚劳动价值观念的认识。	指导学生课堂练习，展示学生作品，邀请学生互评，教师总结。	（1）完成对自己姓名拼音字母衬线体及无衬线体书写的课堂练习。（2）完成对"家乡旅游文化宣传广告语"英文版衬线体及无衬线体书写的平时作业。

课程模块	典型工作任务	课程思政主题与设计	教师活动	学生活动
2. 创意字体设计	2-1掌握西文文字的创意设计方法（2学时）	通过西文文字创意设计方法的学习，强调以美育人、以美化人，全面提高学生的审美、人文素养及创新意识。	通过案例分析引导学生审美意识，指导学生从调研内容中提取家乡特色关键词信息。	从家乡的特色景点、特色小吃、非物质文化遗产等方面进行调研，从最能代表家乡特点的内容当中提取8个最具代表性的词语进行创意字体的设计。
	2-2掌握汉字的创意设计方法（8学时）	通过对汉字创意设计方法的学习，体会汉字的奥妙和艺术魅力，增进学生对祖国优秀传统文化和家乡特色文化的理解和热爱，激发爱国爱乡情怀。	讲授汉字创意设计方法，引发学生"汉字之美"的主题讨论。教师一对一指导学生手绘方案，给予修订意见。	运用汉字创意字体的设计方法在网格纸上完成代表家乡特点的8个词语的手绘彩稿方案。
	2-3掌握文字群的创意设计方法（6学时）	通过对文字群创意设计方法的学习，加强学生对家乡旅游特色词组的设计能力。提升对家乡文化特色的理解和体验，弘扬中华美育精神。	指导学生针对手绘定稿完成作品电子稿，帮助学生解决文字群创意设计中遇到的问题。	8个词语手绘方案定稿后用电脑软件绘制完毕，将其设计为一套明信片并打印成实物。
3. 版式设计	3-1掌握文字在版式中的应用方法（8学时）	通过对家乡旅游文化杂志内页的设计，引导学生自觉传承和弘扬中华优秀传统文化，作为"家乡代言人"为家乡旅游做好宣传。	通过讲授讨论布置学习任务，指导学生按要求搜集相关素材并进行杂志版式的制作。	通过对家乡图文信息的搜集，设计一则推荐家乡旅游文化的文章版式，需完成杂志内页的设计样式并打印成实物。
	3-2了解版式设计准则（6学时）	通过对家乡旅游文化海报的设计，加深对家乡的了解，挖掘出家乡更多的特色亮点，从而更加热爱祖国的大好河山，增强文化自信。	通过讲授讨论布置学习任务，指导学生按要求搜集相关素材并进行旅游推广海报的制作。	运用字体与版式设计的方法为家乡设计一幅旅游推广海报并打印成实物。
4. 宣传折页设计	4掌握宣传折页的设计要点（6学时）	通过对家乡旅游文化宣传折页的设计，引导学生立足时代、扎根社会、深入生活，树立正确的艺术观和创作观，增强学生热爱家乡之情，从而提升学生爱国爱社会主义的思想情感。	指导学生完成宣传折页，并组织学生依次完成课程综合作品的讲解展示。	为家乡设计一套旅游宣传折页，并进行"我为家乡代言"成果推荐会（作品涵盖明信片、杂志内页、海报及宣传折页的实物展示）。

三、教育效果

通过课程项目设计，将"正确价值引领，共同理想信念塑造"作为课堂的鲜亮底色，让学生具备爱国精神、精益求精的工匠精神、社会责任担当的思想觉悟和道德素质。通过实战项目训练使学生在实践中得到思政延伸，为今后打造中国良好的广告产业环境贡献个人力量。

让学生以"我为家乡代言"典型设计项目为依托，以具体设计任务为载体，通过科学多样化的课题训练，利用字体版式设计独特的表现手段，摸索设计规律，启发设计灵感，树立了学生学习广告艺术设计专业为国家为时代做奉献的使命感与责任感。

学生向师生展示课程作品"我为家乡代言"

"字体与版式设计"部分课程作品展示

作品名称：宜昌——人之城·盛之地

作品名称：横刀立马·梦千年赤壁

四、特色创新

1. 传统文化思政元素赋予课程内容深厚文化内涵

以"我为家乡代言"为项目依托，通过传统文化思政元素赋予课程内容深厚的文化内涵，激发学生学习的内驱力，提高课堂学习的积极性，真正做到"润物无声，立德树人"。

2. 以项目为载体细化课堂思政任务设计

从课堂实践角度出发，研究课堂思政的革新举措，以项目为载体细化任务设计，很好地实现了将课程思政目标与知识、技能、素质目标统一融合，深化了主流意识形态的应用与实践。

3. 授课形式选择与授课效果匹配理想

运用翻转课堂的形式，实现了"做中学，学中做"的学习效果，全面提升了学生的思政素养。实现了专业课思政元素"基因式"地融入教学活动之中。

三十五、绿色引领　工学结合　树木树人

——"森林调查技术"课程思政案例

湖北生态工程职业技术学院　杨繁　唐志强　李秀梅　周火明

一、案例背景

党的十八大以来，以习近平同志为核心的党中央对艰苦边远地区和基层一线人才工作高度重视，作出一系列重要部署。为破解基层林业人才"下不去、留不住、用不上"的问题，落实立德树人根本任务，我校林业技术专业以开展课程思政教学改革为途径进行实践探索，为服务乡村振兴，培养适应现代林业发展需要的技术技能人才提供思路。

（一）教学内容简介

本案例教学内容选自高职林业技术（代码420201）专业基础课程"森林调查技术"。教学内容紧扣林业技术专业人才培养目标和人才培养规格，与森林资源调查岗位群的知识能力结构相配套，对接林业资源调查与监测工程技术人员（2-02-20-10）岗位要求，以培养学生吃苦耐劳、团队合作及工匠精神为主线，参照教学规范及行业职业技能标准确定教学项目。

（二）教学对象及分析

本课程教学对象为高职林业技术专业一年级学生，学生已学习森林植物、地形测量、森林环境等基础课程，对调查对象有一定的认识，已掌握测量测绘、树木识别、生态环境因子调查等基本技能。学生非常愿意动手实验，对森林有一定认识，但是缺乏严谨求实的职业态度，在心智、道德、情感各个方面有很强的可塑性。

（三）教学目标

课程总目标：能够熟练使用常见测量和森林计测器具的使用方法，完成单株树木、林分调查因子测算，采用标准地法、角规测树法、森林抽样调查方法进行一定面积的森林资源调查；能够通过仪器、工具的使用完成相应的测定项目的外业工作，并对外业测定的资料进行

分析整理、填表计算。厚植林业情怀，培养学生知林爱林、独立思考、吃苦耐劳、诚实守信的优秀品质，以及发现问题、分析问题、解决问题的能力。

（四）教学策略

课堂教学始终坚持立德树人导向，全面推进课程思政协同育人，打造师生学习共同体。以国家林业技术专业教学资源库自建"森林调查技术"网络在线课程为基础，借助学习通、学习强国等现代信息技术平台，通过运用 BOPPPS 有效教学法，加深学生对森林资源调查基本理论的理解，组织开展基于真实工作任务的项目化实训，培养学生综合分析问题能力、解决问题能力和创新能力。

以林分调查教学任务为例：课前，教师根据学生自测结果动态调整教学目标重难点，精准开展二次备课；课中，导入"NASA：地球正变得越来越绿"课程思政话题，结合学情分析，引导学生互动和讨论，过渡至课堂教学目标，然后基于真实工作场景和标准地调查项目化实训，让学生分组实操，运用所学技能完成实训任务，开展小组成果汇报与小结；课后，通过林业技术专业教学资源库＋虚拟仿真平台让学生对授课内容进行沉浸式巩固拓展，帮助学生有针对性地进行改进和提高，培养学生的创造性思维和解决问题的能力，让他们更好地应对未来。

二、主要做法

（一）坚持绿色发展观，做好人才培养顶层设计

通过调研湖北省林草行业发展规划及林草人才需求分析，结合《高等学校课程思政建设指导纲要》对林业技术高水平专业人才培养方案进行全面修订，以培养技术技能人才为主线，坚持立德树人，德技并修，将生产实践、思政素质、劳动教育、创新创业项目贯穿人才培养全过程，服务生态文明建设。林业技术专业人才培养顶层设计如图1所示。

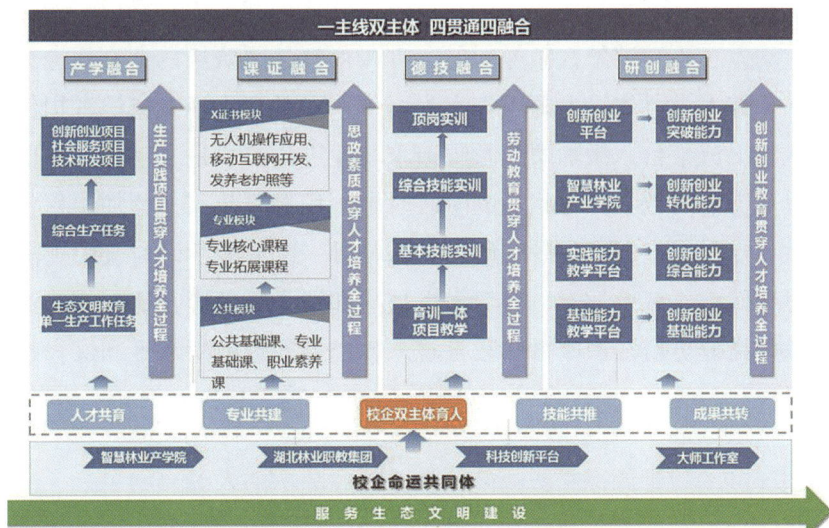

图 1　人才培养顶层设计图

（二）深耕课程思政，构建"1234"育人模式

习近平总书记在课程思政建设方面多次强调，各门课都要守好一段渠、种好责任田，使各类课程与思想政治理论课同向同行，形成协同效应。课程团队以教育部规划教材为教学基本，绿色生态文明引领，立足人才培养目标和课程标准，在课程整体设计的基础上，根据知识点和技能点挖掘课程思政元素，搜集思政典型素材，贯彻"全过程育人"理念，按照课程项目教学的实施过程，遵循教育教学和学生的成长规律，将育人贯穿课堂教学"课前、课中、课后"三阶段全过程。让学生在精神中浸润，逐步形成正确的价值观，树立职业理想。课程思政设计如图2所示。

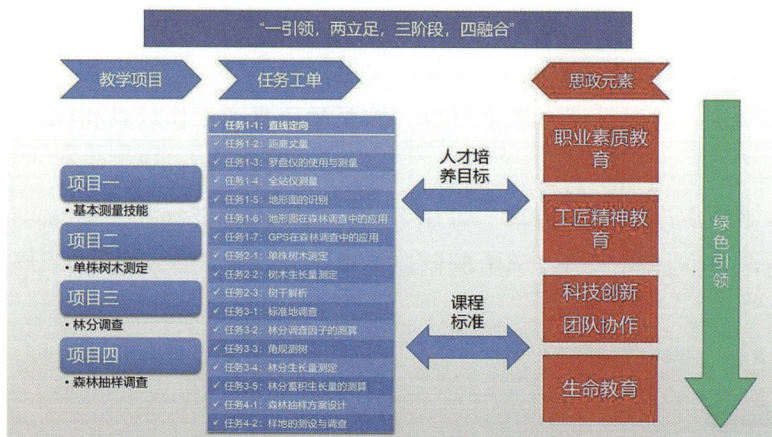

图2　课程思政设计流程图

（三）加强师资队伍建设，打造高水平教学团队

教师作为课程思政改革的执行者，其素质和能力直接影响着课程思政的效果。针对教师不主动做、不知道怎么做等问题，本课程教学团队从三个方面进行了探索：一是名师引领，以林业技术学科省级名师工作室为引领，引进高水平专家学者担任兼职教师或导师，打造教育教学交流平台，激励团队教师追求职业进步；二是主动作为，要求团队教师分模块收集整理林草行业与教学内容相关的时政时事，挖掘思政点，增加课程思政案例资源的丰富性和价值性，与时俱进；三是专题研讨，在每月一次的教学研讨会中提前选定主题，涵盖课程思政与思政课程、有效教学、教育教学技能和课堂管理等，让参与者深度聚焦展开研讨，帮助团队教师高效更新知识储备和教育观念，提高教育教学水平和综合素质，成为教师队伍的骨干力量。

（四）挖掘课程思政特色，实施精准树木树人

在课程思政教学改革中，课程团队成员结合所授专业知识和技能点归纳整理出生态文明

创新案例（20+）、林草生产特色案例（20+）、务林人榜样案例（10+）、校本特色案例（10+）。将生态文明建设、绿色发展理念、学校行业办学特色融入到教学过程中，做到以"树"喻人，以文化人，培养学生的生态环保意识和可持续发展观念，实现育人效果的最大化。

（五）凝聚产教融合资源，建设多元化育人路径

为增强职业教育的适应性，教学团队创新课堂教学模式，积极开展"第二课堂"。一是凝聚产教融合智库资源，开展校内校外双导师授课，先后组织邀请国内外林草领域专家学者、学校领导、班主任等进班开展"同上一堂思政课""大国工匠进校园""德国近自然林业及在湖北应用的思考""生态文明主题班团"等系列思政育人活动；二是充分用好产教融合实践资源，组织学生参加全国森林资源一类调查、省级森林资源二类调查、基层林木种质资源调查、古树名木资源调查、长江三峡库区消落带生态植被调查、生物多样性调查等各种社会实践和科研项目调查工作，让学生在学中干、干中学，通过实践引领社会育人，建设多元化育人路径，如图3所示。

图3　学生参加校内外实践

三、教育效果

（一）专业认知发生根本改变

学生通过对本课程的学习，了解了我国在推动绿色发展方面的努力和成就，感受到了新的科学技术手段为森林资源动态监测提供了更加高效、准确的方法，对专业的认知从最初的

"挖坑种树"刻板印象变为"生态文明的践行者和生态安全屏障的保护者",以更加科学的视角明晰所学专业的优势和特点,坚定专业发展,激发专业学习的热情和使命感。

（二）课堂教学质量明显提升

对比课程思政改革前后数据发现,学生的日常考勤率提高到96%以上,课堂氛围活跃,课堂抬头率、教学参与率都显著上升。以实施课程思政改革前后教学期末考试成绩为例,学生期末考核成绩有显著性差异,并且课程平均成绩和最低分有大幅度提高。在期末教师教学评价中,学生认为教学团队提供的课程内容丰富、有趣且易于理解,对老师们的教学方法和技巧非常满意。

在教学实践中,学生在工作岗位上吃苦耐劳、谦虚好学,受到用人单位的良好评价（见图4）,教学目标有效达成。

图4 学生实践获单位好评

（三）激发学生创新精神和实践能力

在各类职业技能大赛中,学生的创新能力得到激发,林业学子参加的"生态农林物联网系统""桃金猕猴"等项目分获湖北省"互联网+"创新创业大赛银奖、铜奖的好名次,在中国（南方）现代林业职业教育集团林分调查技能竞赛中,先后获二等奖1项、三等奖2项。

同时,统计显示,我校林业技术专业应届往届毕业生中50%以上从事森林资源调查工作,真正做到了学以致用。李瑞等多位从事森林调查工作的林业技术专业的同学先后获评长江创业学子、十佳林科毕业生。

四、特色创新

（一）坚持绿色引领,增强专业使命感

在课程中融入与林草行业相关的国家政策、地方发展战略及规划纲要,使学生从发展的

角度正确认识所学的专业知识，增强专业使命感。通过务林人榜样故事将林业工作者艰苦创业、吃苦耐劳、忠于职守、无私奉献的精神根植于学生心中，引导学生牢记林业人的初心与使命，扎根祖国大地，激发职业认同感。

（二）加强工学结合，实现多元共育

把工学结合作为课程思政教学改革的切入点，让学生能够在完成真实工作任务的过程中锻炼自己的专业技能和能力，同时潜移默化地强化了他们的吃苦耐劳精神和职业素养，帮助学生更好地适应社会和提高未来竞争力，实现多元共育。

（三）着力校本思政，注重内涵式发展

从课程思政的可持续发展角度出发，着力挖掘学校办学特色、发展历史等思政亮点，走内涵式发展道路，为课程思政的可见可触可感探明方向，让学生能够在春风化雨、润物无声之中潜移默化地接受价值观的引领。

三十六、溯传统文化之源　悟中华宴饮之道
育新型匠心之才

——"宴会策划与管理"课程思政案例

湖北职业技术学院　吴亚娟

一、案例背景

"宴会策划与管理"是酒店管理与数字化运营专业核心课程，依据专业教学标准、岗位标准及人才培养方案，将该课程内容体系确定为岗位基础、岗位实施和岗位提升三个模块，依据岗位工作过程将内容细分为五大任务，分别是宴会认知、宴会预订、宴会设计、宴会实施和宴会综合管理。该课程授课对象是专业大一学生，通过本课程学习使学生掌握宴会设计和管理基础知识，具备较强的设计能力、创新能力和数字化运营与管理能力，通过赏析、领悟、探究、实践等途径培养学生养成良好的职业素养、文化素养、审美素养和精益求精的工匠精神，涵养家国情怀，树立文化自信和职业认同。

二、主要做法

（一）追溯中华宴饮文化之源，树立文化自信

以"宴会起源和发展"教学单元为例，教师发布任务，学生通过自主查阅资料，小组分享交流我国宴席的发展简史（见图1）。同学们知道了四千年前的"开国大宴"；周朝完善的宴饮礼仪制度；春秋时期，上菜程序和现在大致一样；南北朝时期已经出现了素宴；隋唐时期酒令盛行；明清时期，更是我国宴席发展的完善成熟时期；满汉全席的出现，标志着我国宴席已发展至登峰造极。通过学习，激发了学生对中国传统宴席文化的兴趣，同时教师引入习近平总书记对文化自信的相关论述，引发学生对我国传统文化的热爱，坚定文化自信，做好中华优秀文化的传承者。

图 1　纪录片《中华宴饮文明》

（二）赏古今名宴，悟中华宴饮之道

教师继续引导学生欣赏影视剧和文学作品中的古代名宴场景（满汉全席、烧尾宴、诈马宴等）和当代著名宴席（开国第一宴、G20 国宴（见图 2）、一带一路国宴等），领悟中华宴饮之道——精、美、情、礼。

析"精"——通过赏析、探究，引导学生领悟并总结宴会之 12 精：食材精挑、原料精选、切配精细、工艺精到、烹制精湛、餐具精美、菜店精致、酒水精醇、氛围精雅、服务精致、人员精心、礼仪精进等。

赏"美"——通过赏析、探究，引导学生领悟并总结宴会之 11 美：色美、形美、嗅觉美、质地美、意境美、器皿美、席面美、装饰美、氛围美、环境美、人员美等。

图 2　G20 国宴餐具赏析

共"情"——通过赏析、探究，结合生活实际引导学生感受宴会所传递的情感，大到国事，小到家事，人们品佳肴美味，谈心中之事情，增进了情感交流，进一步领悟"饮德食和，万邦同乐"的哲学思想。

行"礼"——通过赏析、探究，引导学生真正领会"夫礼之初，始诸饮食"的真正内涵，待客的迎来送往，座次的精心安排，台面的点缀美化，尊重宾主的饮食习惯等无不体现宴饮之礼，并引导学生在生活和工作中处处践行礼仪。

（三）匠心设计主题宴会，文化融入，显时代特色

中餐主题宴会方案设计是该课程的教学重难点和关键技能点，具有很强的专业性、实践性和文化性。在开展教学时需要学生结合企业任务、赛项任务，联系时代背景，融入传统文化、地域特色等，将主题元素融入到中心装饰物、餐具、台面布草、菜单、菜品等各个环节，将情感、态度、价值观巧妙融入到专业技能操作中，使得课程思政更加有温度。下面以中餐主题宴会台面设计教学单元为例进行说明。

1. 师生共赏优秀作品，挖掘传统文化元素

教师引入 2022 年国赛优秀作品《祥狮送瑞》，分析其创意来源。舞狮是中华民族的传统习俗之一，至今已有一千多年的历史。舞狮有着祈求风调雨顺、生活平安幸福的重要意义。

接着引导学生赏析台面要素，启发学生思考各个元素内涵和表达的情感，《祥狮送瑞》主题创意设计摆件的底盘选用红色大鼓，营造喜庆热闹的气氛，旁边以象征富贵吉祥的牡丹做点缀，大鼓上面则将福娃、绣球、祥狮、牌楼等元素组合在一起，两名福娃神灵活现，脚踩绣球，营造出了"牌楼舞狮"的热闹、喜庆的场面，如图3、图4所示。同时引导学生思考台面布草、餐具等的设计内涵和主题呈现。

图 3　国赛作品《祥狮送瑞》　　图 4　国赛作品《祥狮送瑞》

2. 任务引领，解析主题，共商创意

教师发布企业真实的工作任务和国赛题库任务——客户订单，学生根据客户要求，确定主题名称，围绕主题，小组协作共商创意，将传统文化元素巧妙融入台面设计的各个元素中。

3. 匠心设计，成果展示

学生通过赏析和领悟，在进行创意台面设计的时候，自然而然地将传统文化元素、家国情怀融入到设计作品中。各小组展示了"金榜题名""十二生肖""孝文化""立夏""航天梦 中国梦""珠联璧合"等不同主题的创意台面设计，如图5、图6所示。立意新颖深刻、积极向上，设计呈现精致美观、题艺结合。

图 5　学生作品《立夏》

图 6　学生作品《金榜题名》

三、教育效果

"宴会策划与管理"课程在教学活动的各个阶段通过学习优秀作品、视频赏析、传统文化学习、小组协作、实践演练等方式反复进行思政浸润，激励学生深刻学习传统文化，树立了文化自信，领悟到了博大精深的中华宴饮之道。通过理论融入和实践训练，将传统文化、家国情怀、工匠精神从内化领悟到展现诠释，有效达成了学习目标。

四、特色创新

"宴会策划与管理"课程构建了以"传承传统文化，求精、求美"为主线的课程思政主线，不断挖掘思政元素，学生通过"做与思、讲与悟、练与评"的亲身体验，收获课程思政带来的效果。开展课程思政与时代背景、企业实践、生活实际紧密结合，让学生产生共鸣，切实得到思想道德层面的熏陶和启迪，从而实现"三全育人"的教育价值。

三十七、职场育"英"才 妙"语"出精彩

——"大学英语Ⅰ"课程思政案例

咸宁职业技术学院 陈晓娟

一、案例背景

作为高职院校通识基础必修课程，大学英语具有丰富的中西方政治、文化、思想的交流和碰撞的内容，在高职复合型人才培养方面具有不可替代的重要作用。我校大学英语教学团队以立德树人为根本任务，积极探索"课程思政"育人机制，取得了一定成效。

（一）教学内容简介

参考教育部《高等职业教育专科英语课程标准（2021 版）》和实用英语交际职业技能VETS 证书（初级），选用国规教材《高职国际英语进阶综合教程》，结合学情重构"大学英语Ⅰ"的教学内容，在求职应聘、工作礼仪、人际交往、地域风情、购物环境、健康问题、制造行业等话题的知识技能体系中挖掘提炼蕴含的文化基因和价值范式，突破课程思政碎片化教育形式，形成 7 大项目，21 个子任务。每个项目和子任务对应相应的思政专题和话题，坚持与思政课同向同行、协同育人。

"大学英语Ⅰ"课程内容架构

对标高职英语课程标准			重组课程内容		对应职业岗位群和 VETS 证书（初级）	
主题类别	思政专题	思政话题	项目	任务	选材思路	思政目标
职业与个人	职业规划	职业类型	Item1:6 学时 Job seeking and Employment （求职与就业）	1.1 Speaking: Talking about jobs （职业描述）2 学时	高职院校是培养高素质技术技能型人才的摇篮，学生需要熟悉职场不同的蓝领职业，结合学生专业对应的职业岗位群进行学习	引导学生正确认知职业类型，胸怀美好职业发展梦想，努力把握求职机会，在选择与专业相关的职业中实现自我价值最大化
		职业选择		1.2 Reading: Job Interviews （参加面试）2 学时		

续表一

对标高职英语课程标准			重组课程内容		对应职业岗位群和 VETS 证书（初级）	
主题类别	思政专题	思政话题	项目	任务	选材思路	思政目标
	职业规划	职业发展		1.3 Writing: Letter of Application（写求职信）2 学时	参考 B2 Unit8 Careers 第 143 页 的 Focus、第 144 页的 TextA 和第 161 页的 Writing	
职业与个人	职业精神	职业理想	Item2: 8 学时 Job Etiquette（工作礼仪）	2.1 Speaking: Office Equipment Description（办公设备描述）2 学时	参考 B2 Unit2 The Office 第 20 页的 Focus，设计谈论成为一名办公室秘书的职业理想和办公室设备用途的对话	牢记习近平总书记的"青年成才"观，引导学生在未来岗位工作中实现职业理想，掌握正确的办公室礼仪，恪守职业道德和规范，协作共赢
		职业道德		2.2 Reading:Office Etiquette（办公礼仪）4 学时	参考 B2 Unit2 第 22 页的 Text A	
		职业规范		2.3 Writing:Business Cards(商务名片)2 学时	参考 B2 Unit2 第 37 页的 Writing	
职业与社会	文化交流	国家认同	Item3: The Way of Communication（交往之道）8 课时	3.1 Speaking and Listening: How to Meet People; Spelling Names（人际交往）2 课时	交往之道内涵丰富，蕴含的文化博大精深，学习不同国家人们之间的互致问候、互相介绍的典型表达，基于不同的国情社情，了解中西方文化交流习惯，参考 B1 Unit1 第 1 页的 Focus 和第 7 页的 Listening1	通过了解不同民族文化交流习惯，让学生学会得体和文明交际，进行有效的跨文化交流，尊重他人和他国文化，热爱坚守中华传统文化，增强国家认同，提升文明修养
				3.2 Reading: Barbecue Party（户外烧烤聚会）4 课时	参考 B1 Unit1 第 2 页的 Text A 课文	
		国际理解		3.3 Speaking: Making Introduction（做介绍）2 课时	参考 B1 Unit1 第 6 页的 Speaking 活动	

续表二

对标高职英语课程标准			重组课程内容		对应职业岗位群和 VETS 证书（初级）	
主题类别	思政专题	思政话题	项目	任务	选材思路	思政目标
职业与个人	人文底蕴	文学艺术	Item4: Regional Customs（地域风情）8 课时	4.1 Reading: Chinatown in London（伦敦的唐人街）4 课时	介绍伦敦的唐人街，了解唐人街的中国建筑、文化艺术、节日庆祝和生活方式　参考 B1 Unit2 第 28 页的 Text A 课文	通过对比中西文化，引导学生讲好唐人街社区文化故事，感受祖国的人文底蕴，培养家国情怀，获得强烈的文化认同感
职业与环境	职场环境	审美情趣		4.2 Listening: Festival Asia（亚洲节日）2 课时	完成听力填空，设计对比亚洲节日和中国节日的活动　参考 B1 Unit2 第 33 页的 Listening4	提升文明文化修养和审美情趣，增强文化自信
		职业安全		4.3 Speaking:Traffic Signs（交通标识）2 课时	看图连线，阅读分析标识语，归纳交通安全标识语的表达技巧，熟练谈论交通安全标识　参考 B1 Unit2 第 19 页的 Focus	现代社会一定要提高交通安全意识，通过实践安全标识语的英文表达，培养学生的职业安全意识
		制度环境	Item5: Shopping Environment（购物环境）8 课时	5.1 Speaking: Shopping Preference（购物喜好）2 课时	用英语正确表达购物地点和习惯，对比传统购物和网购，讨论生活中的消费陷阱，了解我国关于非法"校园贷"的制度文件　参考 B1 Unit3 第 37 页的 Focus	引导学生正确认识购物，了解金融制度和知识，警惕非法"校园货"，谨慎网购
		数字环境		5.2 Reading: How They Make You Buy（促销策略）4 课时	了解商家诱导购物手段和策略，控制购买欲望　参考 B1 Unit3 第 38 页的 Text A 课文	理性购物，建立正确的消费观和价值观，不攀比、不盲从、不浪费
	社会责任	公益活动 志愿服务		5.3 Writing: Neighbourhood Shopping Guide（区域导购）2 课时	设计志愿服务社区的导购活动，制作一张导购示意图，用英文标识街区和购物场所等　参考 B1 Unit3 第 55 页 Project	引导学生做公益活动，志愿服务社区，为居民做好导购

续表三

对标高职英语课程标准			重组课程内容		对应职业岗位群和 VETS 证书（初级）	
主题类别	思政专题	思政话题	项目	任务	选材思路	思政目标
职业与环境	生态环境	绿色发展	Item6: Health Problems（健康问题）8 课时	6.1 Speaking: Healthy Food（健康食品）2 课时	从习近平总书记提出的"五大发展理念"中的"绿色"理念入手，用英语表述健康绿色食品，组织讨论"健康的饮食习惯和生活方式" 参 考 B1 Unit7 第116 页的 Focus	引导学生树立绿色发展意识，养成绿色、健康的生活和工作习惯
	职场环境	制度环境 职业安全		6.2 Reading: Modern Health Hazard（现代健康风险）4 课时	现代社会生活和工作节奏加快，需要强化健康风险防控，达成人与社会的和谐 参 考 B1 Unit7 第116 页课文	了解"五大发展理念"关于绿色、协调的和谐发展战略；引导学生通过科学规划、自我调节、自我约束与管理的健康途径，和谐发展；树立职场安全意识，保持工作与生活的平衡
				6.3 Listening: At the Chemist's（在诊所）2 课时	参 考 B1 Unit7 第 123–124 页 的 Listening2 和 Speaking 任务	树牢健康生活和工作理念，强化健康风险防控
职业与个人	职业规划	职业选择 职业发展	Item7: Manufacturing（制造行业）8 课时	7.1 Speaking: Manufacturing Products（制造产品）2 课时	用英语正确表达制造业产品 参考 B2 Unit3 第 40 页的 Focus	了解"中国制造"产品，理解"工匠精神"，增强民族自豪感；树立正确的职业价值观，提升职业素养和职业规划能力，激励青年学子走技能成才、技能报国之路

对标高职英语课程标准			重组课程内容		对应职业岗位群和 VETS 证书（初级）	
主题类别	思政专题	思政话题	项目	任务	选材思路	思政目标
职业与环境	职场环境	制度环境	Item7: Manufacturing（制造行业）8 课时	7.2 Reading: The Pros and Cons of An Assembly Line（装配线的利弊）4 课时	组织课前讨论智能制造时代，技术发展和应用带来的机遇和挑战，如很多制造业行业无需人工用到装配生产线了 参考 B2 Unit3 第 42 页的 Text A 课文	深入理解《中国制造 2025》发展战略规划；通过学习装配线的利弊，引导学生了解"中国制造"到"中国智造"的转变，增强科学技术自立自强的意识，实现"匠心筑梦"
职业与社会	科学技术	技术发展技术应用		7.3 Listening: How to Make a Chewing Gum（制作口香糖的流程）2 课时	复述制作口香糖的流程，了解产品生产流程 参考 B2 Unit3 第 47 页的 Listening1	通过了解口香糖的生产流程，正确认识技术应用价值和发展制造业的重要性，引导学生树立正确的职业价值观和职业认同感，努力成为大国工匠
合计					54 学时	

（二）教学对象及分析

本课程开设在每学年第一学期，教学对象为我校非英语专业一年级学生。问卷调查和测试统计分析学情如下：

（1）学生生源结构复杂，有普通高考生、技能高考生、单招生、社招生、退役士兵等，学生个体差异较大，对专业岗位缺乏准确认知。普遍词汇量不足，听说能力较弱，读写能力不强且发展不均衡。

（2）学生具有一定的逻辑思维、图示信息获取和汉语文字表达能力，但英语表达实践不够，用英语讲好中国故事的语言得体性和熟练程度欠佳，对相关职业岗位情境比较陌生，缺乏跨文化交际意识。

（3）学生喜欢混合式教学模式，喜欢情境式、小组合作式学习，但面临生词障碍，害怕口语交际，缺乏信心，在英语学习上普遍专注力、自控力较弱。

（三）课程教学目标

确定培养学生的"英语语言技能、岗位职业能力、跨文化交际能力、自主发展能力和人文素养""五位一体"的课程思政建设目标，终极目标定位为培养具有国际视野、家国情怀，能够在日常生活和职场中用英语进行有效沟通的高素质技术技能人才。通过本课程学习，让学生达到课程标准所设定的四项学科核心素养的发展目标，能用简单的英语讲好中国故事，传播中国之声，增强国家认同，坚定文化自信，逐步形成正确的价值观、必备品格和关键能力。

（四）教学策略

基于"OBE"教育理念，以生为本构建"三段混合、四环相扣、五维结合、多元交融"的教学模式。

充分利用职教云平台、教学资源库、教学微视频、微软小英 APP 等信息化资源，采用"课前学练、课中实操和课后拓展"三段混合式教学手段，课程思政教学按 Planning（"课程思政"目标规划）、Designing（"课程思政"教学设计）、Enacting（"课程思政"实施）、Evaluating（"课程思政"评估）四个步骤展开。各项目主要采用情境教学法、合作探究法和任务驱动法等，按初阶、进阶、拓展任务层层递进，将思政教育、英语通用知识的学习和技能训练有效融合。

三段混合	四环相扣	五维结合	多元交融
● 课前学练 ● 课中实践 ● 课后拓展 ● 线上线下混合	● Planning-目标规划 ● Designing-教学设计 ● Enacting-思政实施 ● Evaluating-思政评估	● 知识考核评价 ● 能力考核评价 ● 价值考核评价 ● 情感考核评价 ● 素质考核评价	● 情境载体融合 ● 职场分析融入 ● 工作任务融入 ● 小组合作融入 ● 信息技术融入

"三段混合、四环相扣、五维结合、多元交融"教学模式

二、主要做法

课程团队"以学生为根本，以语言为基础，以思政为切入点"，积极推进混合式教学改革，以语言技能训练为载体有效"嫁接"思政教育，在"润物细无声"的语言学习中培根铸魂、启智润心。

（一）构建特色教学体系

遵循"语言知识为基、职业技能为核、职业素质为魂""三位一体"的教学设计思路，以培养学生的英语学科核心素养、英语语言技能和岗位职业技能为育人目标，从教材选定、师资培训、教案设计和教学资源建设等方面加强英语课程思政与专业教学的有机融合，形成了融知识、能力、素质和情怀培养于一体的特色教学体系，体现了"四位一体"的课程思政特征。

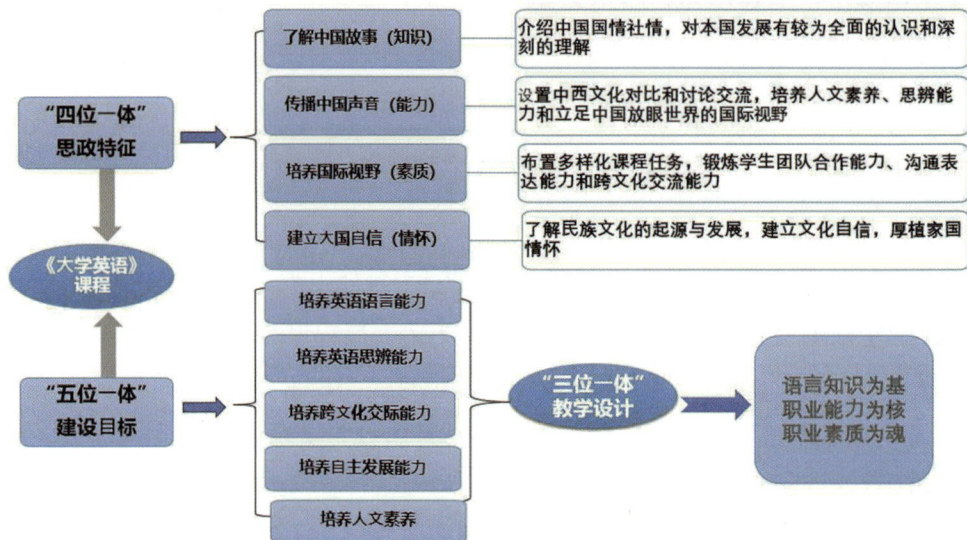

课程教学设计、建设目标和思政特征示意图

（二）实施特色教学

1. 自主吸收，任务驱动

课前学练环节，学生领取教师发布的学习任务清单，自主完成预设练习；教师收集数据，调整教学策略。

2. 分组学习，合作探究

课中实操环节，以优势互补、小组合作为原则，教师答疑解惑，导入"语"中有"育"、"育"中有"语"的各类情境活动。学生通过探究学习，完成语言技能训练任务，感悟语言思想意蕴，提高语言应用、文化交流表达效果，培养团队协作精神和英语思维能力。

3. 沉浸实践，体验职场

课后拓展环节，一是在职教云平台发布巩固练习，学生打卡实践、提交作品，教师点评；二是定期开展英语角、英语演讲、英语趣配音比赛等第二课堂实践活动，提升学生的语言应用迁移能力；三是引入职场情境，学生通过情境操练，实现英语语言技能与岗位职业素养的有效融合；四是学生争当支教志愿者，主动服务地方，将英语知识转变成基于价值观的态度和实际行动。

课后拓展实践

四届"大学英语"课程学生作品展览

（三）建设师资队伍

（1）加强思想引领，将"大学英语课程思政"建设纳入"与书记相约、展英语风采"党建品牌创建的重要内容，推动课程思政理念深入人心。

（2）成立以院长为组长的"大学英语课程思政"建设领导小组，探索"英语课程思政"在课外实践项目如技能竞赛、英语角、趣配音等活动中的呈现方式，使活动成为课程育人、文化育人、学院文化建设的亮点和拓宽思政教育的有效载体。

（3）加强教师教学思政实践能力和社会服务能力建设。近五年先后三十多次开展示范课研磨、观听课程思政建设讲座培训，十多次邀请专家指导思政实践教学，做到了教学相长。

（四）优化评价体系

采用"五维、多元、全员、全过程"评价体系，从"知识、能力、价值、情感和素质"五个维度入手，通过平台练习、课堂参与、作品成果等，师生、生生、督导开展多元考核，评价内容和方式综合、全面，思政导向明确，全员协同育人，育人自育。

"大学英语"课程创新考核评价一览表

评价维度	评价要素	评价标准（含思政元素）	评价依据	考核方式与权重	
知识能力	基本知识技能	能掌握常用语言知识点，能活用知识完成作业、分析和解决职场问题，能够用英语讲好中国故事、传播中国之声，跨文化沟通能力较强	职场涉外沟通交流情况，个人笔记，课堂笔记，课堂练习，专项测验	形成性量化考核30%（实践教学考核20%+能力考核10%）	小组互评
					教师评定
					实训作业
					课堂展示
				终结性考核30%	期末考试
价值塑造	品德修养	增强国家和区域认同，坚定文化自信，树立人类命运共同体意识，逐步形成正确的价值观和必备品格，具备工匠精神	社会主义核心价值观践悟，语言思维提升，自主学习完善，多元文化交流	形成性量化考核10%	作业作品
					回答问题
					活动展示
情感与素质	学习态度	守时守规，积极参加课堂活动，按时完成课外实践作业	课堂表现记录，课外实践成果，考勤表，师生观察	形成性量化考核10%	学生自评
					小组自评
					教师评定
	沟通团结协作	善于沟通交流，团结协作完成项目、作品，认真完成小组课前课后合作任务	小组作业，作品，活动记录，自评及互评记录等	形成性量化考核10%	学生自评
					小组自评
					教师评定
	创作精神	对作业练习、教学或管理提出问题或看法，提交的实践作品有质量，有创意	个人实践作品，自主学习计划，学习活动，口头或书面提议	形成性量化考核10%	学生自评
					小组自评
					教师评定
总计：100分					

三、教育效果

本课程"语"中有"育"，"育"中有"语"，思政建设取得阶段性成效。

（一）课程研究成果丰硕

团队积极参与"三教改革"，认真落实"三全育人"，建成课程思政教学资源库1个，发表思政论文4篇，出版专著2部，结项教学创新研究课题2项，立项1项，获省市厅级以上荣誉近 40 项（其中思政研究专项 2 项）。

（二）课程评价为优

一是职教云评价反馈显示学生评教满意率达五星 100%。二是督导评价教学团队德、智、情育人并行，课堂教学平均分在 96 以上。三是学生英语技能省赛 2 次夺冠，组委会和参赛院校认可度高。四是企业和行业对毕业生的语言技能和素养适应岗位需求的好评度不断攀升。

（三）思政教改和示范成效明显

一是"线上"与"线下"结合、"课内"与"课外"并重的通识课程育人氛围蔚然成风。二是本课程思政示范案例荣获校级一等奖，在本校和三峡职院基础课部推广学习；师生团队相继荣获国家级和省级职业技能比赛一等奖 4 项，二等奖 12 项。三是团队 5 次高效服务"一带一路"，促进中外人文交流，被宁波职院表彰、咸宁日报登载。

四、特色创新

（一）以德立人，彰显语言课程育人功能

课程建设凸显育人，以"职业精神、文化交流、社会责任、科学技术"等为专题，以"求职应聘、人际交往、健康问题、制造行业"等为主题进行思政浸润，寓枯燥的德育教育于语言教学中，促使学生自觉将"小我"融入祖国和世界的"大我"，立德树人。

（二）以改育人，实现外语思政铸魂目标

实施"多元交融、四环相扣、五维评价"教学模式，教改中强化价值引领、知识传授和能力培养，教育学生"不忘本来、吸收外来、面向未来"，从而达到语言"显性教育"与思政"隐性教育"的有效融通，培根铸魂，启智润心。

（三）以文化人，"因事而化"关注情怀培养

以"工匠精神"作为"课程思政"切入点，讲中国故事，显家国温暖，做到了文以载道、化人。后疫情时代教学中，本课程的工具性、人文性和思想性高度统一。抗疫衍生的国家认同、国际理解、协作共赢、职业安全、绿色发展等思政话题提升了学习内驱力和思辨能力，涵养了人文情怀。

三十八、传承与创新：华流才是顶流

——歌曲《青花瓷》在歌曲弹唱课程中的思政教学实践

湖北职业技术学院　郁青

一、案例背景

学前教育专业旨在培养具有良好师德和专业素养的幼儿教育工作者。本课程以歌曲《青花瓷》为教学内容，结合歌曲弹唱技能与思政教育，旨在提升学生的音乐素养，深化对传统文化的认同感。教学对象为学前教育专业学生，他们对钢琴弹唱略有基础，但对传统文化的了解和思政教育的融合尚需加强。教学目标是通过歌曲弹唱，让学生掌握音乐技能，同时感受和传承中国传统文化，培养爱国情感和社会责任感。教学策略采用互动式教学，结合多媒体教学资源，引导学生主动探索和体验，以期达到教学目标。

二、主要做法

（一）导入新课

在课程开始时，教师播放《青花瓷》音乐视频，营造出一种沉浸式的学习氛围。视频中，周杰伦的歌声与青花瓷的精美画面交织，激发学生对歌曲学习的兴趣。

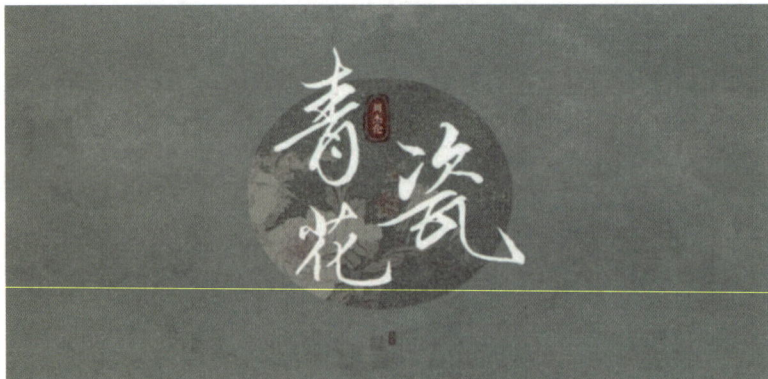

教师引导学生分享对歌曲的初步印象，鼓励他们表达对歌曲旋律、歌词和情感的理解，为后续的深入学习打下基础。

（二）翻转课堂，分组介绍《青花瓷》创作背景

为了让学生更深入了解《青花瓷》的创作背景，教师采用翻转课堂的教学模式，将学生分成四个小组，课前每组负责收集、研究资料，课中分组讲述《青花瓷》的创作故事，包括作者的灵感来源、歌曲的创作过程以及它在文化传播中的作用。

创新点：通过这种方式，学生不仅学习到了音乐知识，还锻炼了团队合作和研究能力。

（三）分析歌曲《青花瓷》

在分析教学过程中，教师巧妙地将思政元素融入到音乐学习中。步骤如下：

（1）教师引导学生探讨"青花瓷"在中国文化中的象征意义，让学生理解到传统文化不仅是历史的积淀，也是民族精神的体现。

（2）感受民族调式之美——分析歌曲的调式。本曲采用了民族五声调式，教师介绍五声调式——宫商角徵羽的特点，本曲采用的是五声调式里的宫调式，让学生感受到民族音乐的独特魅力。

（3）体会中华文字之美——分析歌曲的歌词。通过分析歌词中的人文情感，让学生认

识到艺术作用中情感表达的重要性。

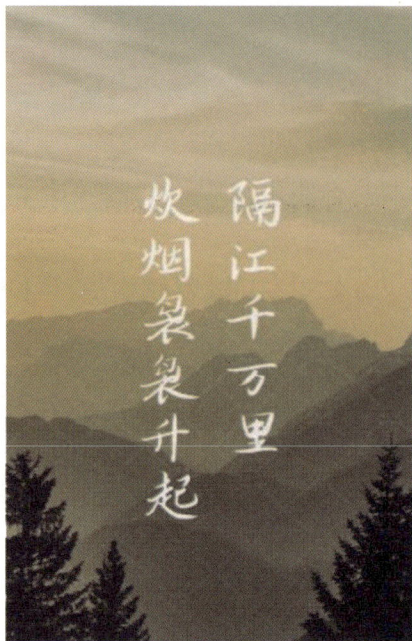

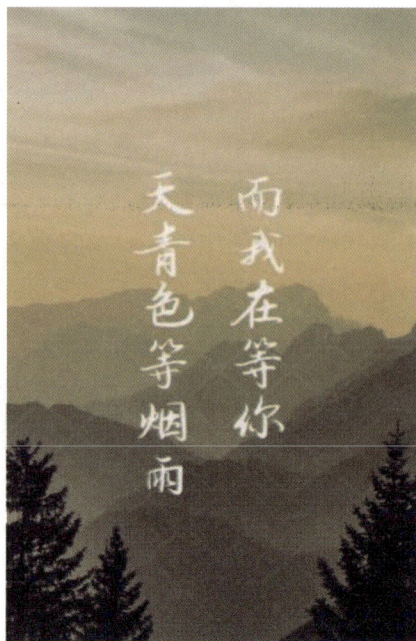

（4）欣赏民族乐器之美——分析歌曲的伴奏乐器。本曲采用民族乐器古筝和竹笛作为伴奏乐器，让学生体会到民族乐器的韵味。

（四）歌曲教学

（1）教师教授歌曲乐谱，详细讲解弹奏技巧，强调节奏和旋律的准确性，尤其注意延音线音符时值的准确性。

（2）逐句教唱，注重气息控制和情感表达，让学生体会歌曲的情感深度。

在教学过程中，教师还会穿插一些音乐理论知识，帮助学生更好地理解歌曲的结构和表现手法。

青花瓷（菲伯尔一级难度）

制谱：草莓

（五）分组练习与展示

（1）将学生分组进行弹唱练习，教师鼓励学生在保持歌曲原貌的基础上，融入自己的理解和感受，进行个性化的表达。

（2）练习结束后，各小组进行展示，其他学生进行点评，提出改进意见。

创新点：这种互动式的学习方式不仅提高了学生的参与度，也促进了学生之间的交流和学习。

（六）思政讨论

在课程的最后阶段，教师组织学生讨论歌曲中的思政元素，如何通过音乐传递正面价值观，如何在音乐中体现爱国情感和社会责任感。学生在讨论中积极发言，分享自己的见解和感受，进一步加深了对思政教育的理解。

（七）课程总结

教师对歌曲教学和思政教育的结合点进行总结，强调音乐教育在培养学生全面发展中的作用。教师鼓励学生课后继续探讨其他优秀的民族音乐，提升音乐素养和思政意识。

（八）课后拓展

在学生走园见习期间和参与社区文化活动中，将所学知识和技能应用于社会实践，为早日成为一名合格的幼儿教师增加实践经验。

三、教育效果

通过本课程的学习，学生不仅提升了弹唱技能，更在情感和价值观上得到了丰富。根据课程结束后的满意度调查，95%的学生表示对课程内容满意；在课程前后分别进行了文化认同感问卷调查，90%的学生认为通过本课程加深了他们对中国传统文化的理解和认同，深刻体会了中国传统文化的魅力，也感受到只有民族的才是世界的，增强了文化自信和爱国情感，学生在展示和讨论中展现出了较高的思政意识和文化认同感。

四、特色创新

本课程的特色在于将民族风的流行音乐与现代思政教育相结合，创新性地采用了翻转课堂和互动式教学方法，分析音乐作品的民族调式之美、中华文字之美、伴奏乐器之美，使学生在轻松愉快的氛围中学习，潜移默化地增进了学生对民族文化的认同感。课程还特别强调个性化表达和创造性思维的培养，鼓励学生在歌曲弹唱中融入自己的理解和感受，实现教学内容与学生个性的有机结合。

三十九、争分夺秒　展职业精神

——"How to stop procrastinating"课程思政案例

湖北职业技术学院　孙秀君

一、案例背景

课程思政是思政教育的外延与拓展。公共英语作为必修科目，不能仅仅只传授语言知识和技能，更应在潜移默化中传递语言背后所蕴含的世界观、人生观和价值观。目前公共英语课存在重工具性、轻人文性，职业素养方面的培养缺乏力度等问题，因此，把培养社会责任、职业道德等要素融入到课堂教学，实现公共英语教学的课程思政功能，成为当前公共英语课程的重要目标。

本课程全面贯彻党的教育方针，以立德树人为根本任务，秉承"授人以鱼，不如授人以渔"的教学理念，施行"以学生为主体，教师为主导"的角色转换，以思政为目标对教材内容进行整合。采用任务驱动式、互动讨论式、线上线下相结合的教学模式，合理使用信息化平台、手机 APP、外研职教 APP 等信息化手段。

二、主要做法

本案例授课内容为《新生代英语 - 高级教程 2》（思政版）的第一单元"How to stop procrastinating？"。案例以"学习者为中心"，采用任务驱动法、情境教学法和体验式教学法，同时运用"线上 + 线下"混合式教学手段。教师充当"脚手架"的设计理念贯穿整个教学过程中，使学习者自主发现问题、分析问题，共同合作、交流讨论，最终解决问题，如图 1 所示。

课堂采取"课前准备、课中探究、课后延伸"的三步四环节五任务教学流程，每个步骤和环节都设计有和教学方法相对应的教学活动，线上线下混合教学活动贯穿教学始终，如图 2 所示。

图 1　互动讨论

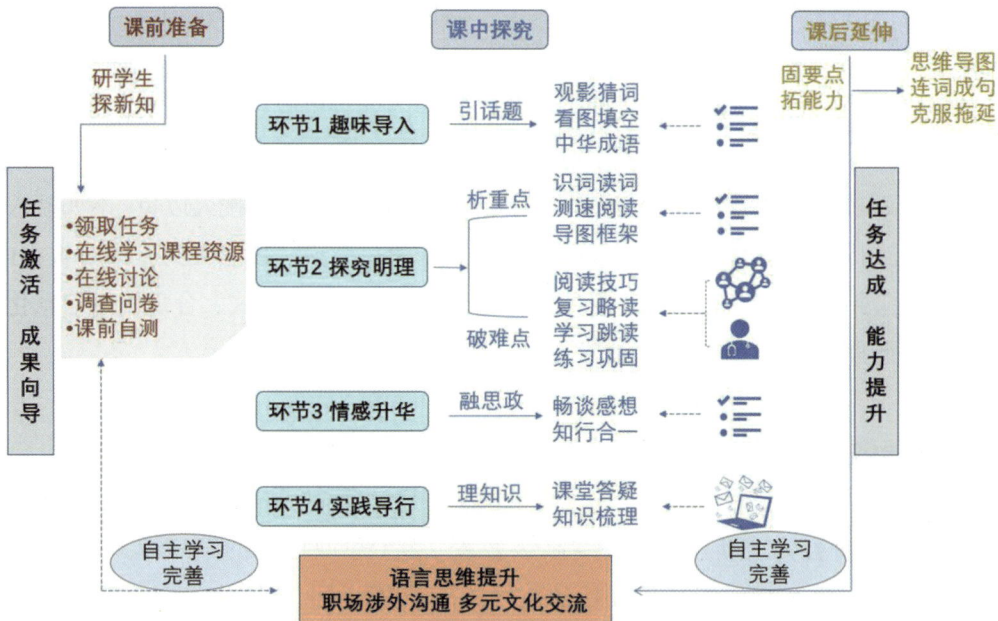

图 2　教学流程

（一）课前准备

课前，在对本课进行教学分析时，根据职业标准，结合岗位需求，确定教学目标；基于学情分析，结合每次教学任务的差异确定重难点。图 3 所示为学情分析。

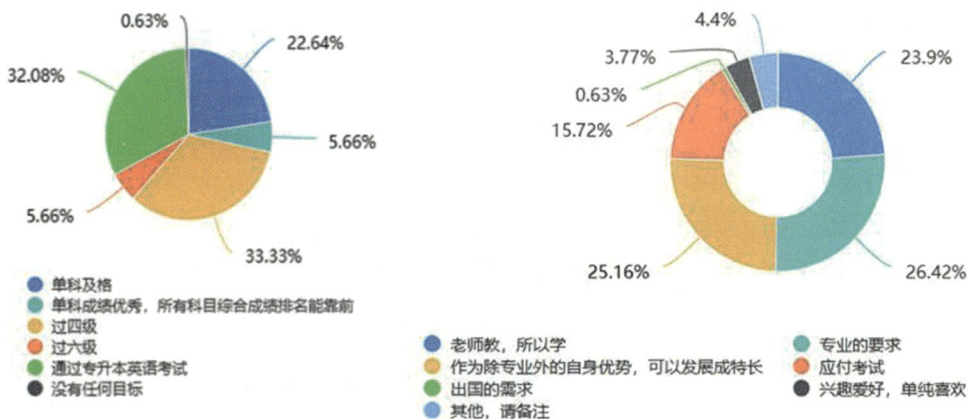

图 3 学情问卷调查

（1）知识基础：已掌握与"时间"主题相关的基本词汇，具备日常听说能力。

（2）认知能力：明白截止日期的重要性，对时间流逝有紧迫感。

（3）行为偏好：大部分同学生活、学习中，或多或少有过拖延的情况。

（4）学习特点：本学期一部分学生主要是以通过英语等级考试为学习目的。

（二）课中探究

单元名称	Unit 1-3 Reading	授课对象	22 级护理专业学生	学时	2
教学内容		How to stop procrastinating?			
教学实施					
课中探究					
任务 1 引话题	观影猜词 看图填空 中华成语	线上	1. 观看《功夫熊猫》视频片段，并猜词 2. 根据视频内容填空 Today is history, tomorrow is a mystery, but today is a gift, that is why it is called present. 	观点展示 成语翻译 引入主题	知晓学生需求 主题内容预测 找准文章难点 引出文章话题
					10'

| 任务2
析重点 | 1. 识词读词
procrastinate/
procrastination/
wait for/pass
away
2. 测速阅读
3. 导图框架 | 线下 | 1. "明天是个谜"
临渴掘井的人到渴了才挖井，寒号鸟总等着明天再垒窝，可是"明日复明日，明日何其多"啊！

2. 测速阅读
阅读理解练习的同时统计阅读时长，统计数据，让学生了解到各自和较好英文阅读水平的差距

3. 通过绘制图表，整理文章框架
 | 划出
重点

分析
线索

回答
问题

学习
词汇 | 掌握阅读技巧

学习重点词汇 | 20' |
| 任务3
破难点 | 1. 阅读技巧
2. 复习
Skimming
（略读）技巧
3. 学习
Scanning
（跳读）技巧
4. 练习巩固 | 线下 | 1. 讲重点句型，复习阅读技巧
2. 通过略读找每段主旨句，练解题技巧

3. 通过找专有名词、连接词和主题相关词，连词成句 | 理解
句意

完成
任务

游戏
巩固

答疑
总结 | 练习巩固
学练做 | 35' |

续表二

任务3 破难点			4.练习巩固			
任务4 融思政	1.朗读古诗《明日歌》，体会其中蕴含的珍惜时间的道理，克服拖延症，知行合一 2.畅谈护士职业素养中"守时、准时"的重要性，不能成为临渴掘井的人，更不能因为拖拉导致严重的工作事故	线下	1.学生展示 2.畅谈分享 正确佩戴计时怀表，强化守时意识，养成规范的职业操作习惯	朗读、背诵中国古诗，结合自身专业，畅谈感受	通过耳熟能详的中国古诗，回顾文章主题，引导学生进行文化融合，切身认识到时间管理的重要性；结合专业素养要求，树立积极严谨的时间观，对时间管理有更全面、深刻的认识	15'
任务5 理知识	课堂答疑 知识梳理	线上 线下	1.在线测试 2.根据任务完成度进行综合评价	在线答题 回顾要点	强化 重难点 评价反馈	10'

（三）课后延伸

分层发布朗读或背诵重点句型的课后任务，布置每个学习小组搜集关于"急救黄金4分钟"的视频或宣传材料（见图4），并分享自己的感想，鼓励学生归纳更多克服拖延症的方法，达到固要点、拓能力的教学目标。

图4 观看"心肺复苏——心脏急救的'黄金4分钟'"演示

三、教育效果

通过开展"课程思政"教学对学生产生了深刻的影响。

第一，落实了立德树人的根本任务，帮助学生树立了正确职业观，充分发挥了课程思政在构建"三全"育人体系方面的促进作用。

第二，体现了"互联网+"的现代化教学，课堂结构科学合理，立体呈现教学内容，分层设计作业任务，不同基础学生都能实现学有所得。

第三，学生积极性提高，对课堂充满兴趣，如通过观看搜集到的视频和素材，大部分学生能主动总结归纳出"4分钟"的重要性、不要超过10秒钟、迅速采取行动等信息，并踊跃分享感受（见图5）。通过多种课堂活动，层层递进，"要我学"转变为"我要学"。

第四，在掌握语言技能的同时也对学生进行了职业素养的进一步塑造，实现了价值塑造、知识传授和能力培养的有机统一。

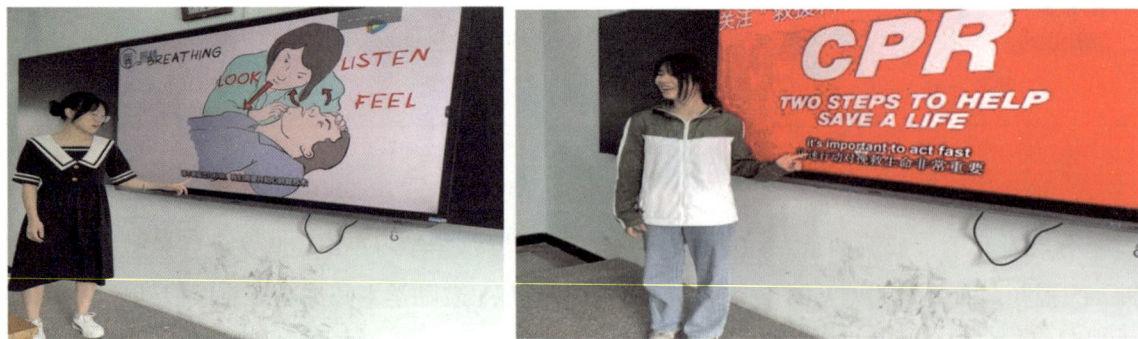

图5 学生分享

四、特色创新

（一）结合育人目标，树立正确三观

作为公共英语教师，坚持立德树人，充分发挥英语课程的育人功能，将课程内容与育人目标相融合，积极培育和践行社会主义核心价值观。在教授显性的知识和技能的同时，也要进行隐性的价值引领和道德塑造。

（二）结合文化自信，开展情感教育

结合公共英语和课程思政建设的过程中，认真学习习近平总书记提出的四个自信，即"道路自信、理论自信、制度自信、文化自信"。其中，习近平总书记特别强调"文化自信"的重要性，指出"文化自信是一个国家、一个民族发展中更基本、更深沉、更持久的力量"。在实际教学过程中，传统文化的导入可以使学生对平常司空见惯的事情有更加明晰的了解，辩证地认识到优秀的文化不在远处的西方，而在我们耳濡目染的五千年华夏文明之中。

（三）结合职业素养，培养职业道德

除了语言技能、文化素养，高职学生的英语学习还有一个隐性的学习需求，便是与职业相结合。不同专业对学生的职业素养要求存在差异，教学团队从不同岗位、不同专业中挖掘思政元素，精选可匹配的教学内容，培养学生符合行业要求的职业素养。

通过不同的尝试，使公共英语教学中的思政元素外化于行，内化于心，让课程思政教育真正达到润物细无声。

四十、知敬畏珍爱生命　勇担当守护健康

——"大学生心理健康教育：感悟生命"课程思政案例

湖北职业技术学院　胡敏　陈芷妍

一、案例背景

"大学生心理健康教育"是一门公共基础课程，以全面提升学生心理健康素养，优化心理品质，培养健全人格，开发心理潜能，增强学生的责任感和使命感为课程目标。"感悟生命"是本课程主题之一，授课 2 学时，重点培养学生珍爱生命、感恩生活的积极心理品质，提高学生面对挫折和危机的心理复原力，在生活中去践行生命的意义。授课对象为医学院检验专业大一学生，经过前期课程学习，学生已经了解心理健康的相关概念，掌握人际交往、情绪管理等方法技巧。本次课程将通过案例故事、视频音乐、团体辅导、冥想等方式，引导学生感悟生命的独特性，体验生命的意义，勇于面对生命中的挫折，在奋斗中创造多彩人生。

医学生在未来的工作中面对生老病死，需要为守护生命而努力，而只有首先勇于直面自我生命的意义才有可能最大限度地为捍卫他人生命而奋尽全力。

二、主要做法

在课程教学中设立知、德、学、行四元课程思政目标（如图 1 所示）。知，通过画出生命线等活动促进学生自我认知，感悟生命的独特性，引导学生立大志，确立生命的方向，做到自尊自信；德，通过感恩冥想、团体合作引导学生关爱他人，提高生命的质量，引导学生明大德，培养理性平和的心态；学，通过优秀校友的故事激励学生勤学苦练，增加生命的厚度，引导学生成大才，弘扬不懈奋斗的精神；行，通过贝多芬和张定宇的案例鼓励学生面对困难百折不挠，摆正生命的态度，引导学生担大任，形成乐观向上的积极心态。

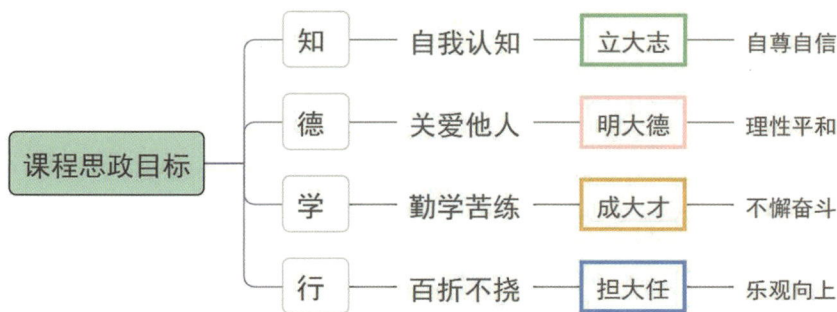

图 1　课程思政目标

将生命教育的教学内容与课程思政相融合（如图 2 所示）。通过课堂活动让学生感知生命的长度、体验生命过程，引导学生珍爱生命、关爱他人；通过案例分析促进学生探索生命的意义、创造生命的价值，在其中融入医学职业精神与工匠精神；最后通过冥想、绘画等形式让学生体悟生命之美，帮助学生学会感恩、保持积极向上的生命态度，体现了教学内容与课程思政元素的层层递进。

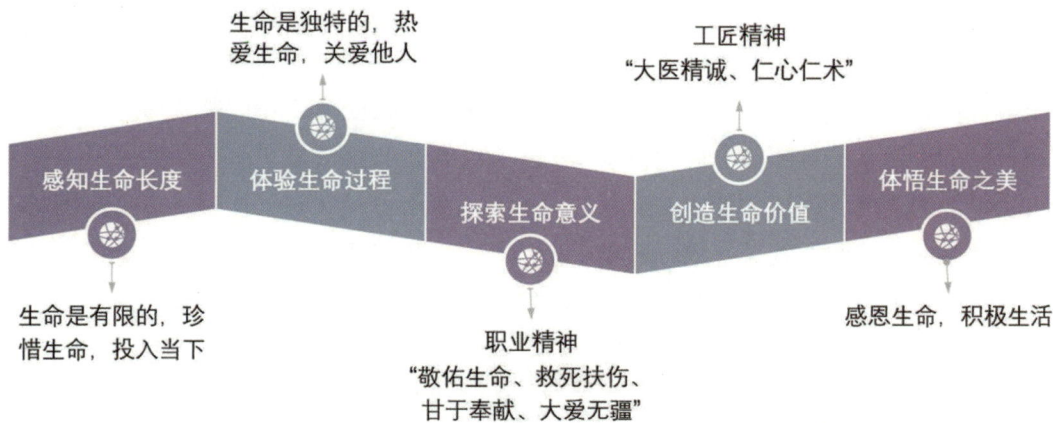

图 2　生命教育课程思政设计

（一）课前：生命调查，感知生死

在传统观念中，死亡是讳莫如深的话题。大学生处于青春年华，死亡对他们来说也是一个比较遥远的话题。但对于医学生来说，他们在未来的工作中可能面临许多生死的问题，需要对死亡有正确的认识，对生命有人性的关怀。

教师在智慧职教平台发布生命调查"死亡离我有多远？"包含是否经历过祖辈死亡、是否经历过宠物死亡、是否和父母讨论过死亡等选项，让学生参与投票和讨论（如图 3 所示）。帮助学生思考生命与死亡的关系，对生命的脆弱性和有限性有所感知，学会珍视生命。

调查：死亡离我有多远？

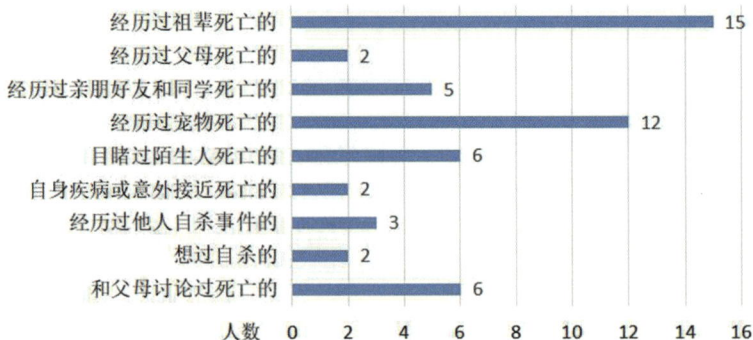

图 3　课前调查结果

（二）课中：探索生命的意义，应对生活的挫折

1. 悦动生命，感受生命的力量

教师播放两首不同风格的乐曲，一首是贝多芬的《命运交响曲》（如图4所示），在创作这首乐曲时，贝多芬的听力已经日渐衰微，但他说："我要扼住命运的咽喉，绝不能让它毁灭我！"《命运交响曲》体现了贝多芬一生与命运搏斗的勇猛精神，是一首英雄意志战胜宿命、光明战胜黑暗的壮丽凯歌，体现了生命的顽强不屈与坚强的力量。生活中有苦难、失败和不幸，也有欢乐、成功和希望，这就是所谓的命运。但是，人不能听从命运的安排，应该掌握自己的命运，并且随时与厄运抗争。另一首是舒伯特的《魔王》（如图5所示），这是一首叙事性的乐曲，讲述父亲抱着病危的儿子策马狂奔穿越树林，但魔王还是勾摄了孩子的魂魄，父亲回到家中才发现怀抱中的孩子已经死去。用不同的音调表现出面对死亡时沉闷可怕的气氛、紧张惊恐的情绪和悲愤沉痛的心情。

图 4　贝多芬《命运交响曲》PPT

图 5　舒伯特《魔王》PPT

音乐能够带来更深入的情感体验，将美育与心育融合，以美育心，引导学生在悦动的旋律中感受生命的力量，面对死亡的恐惧与悲伤，体验乐曲中表现出的不同生命特点，感悟生命的顽强与脆弱。

2. 多彩人生，画出我的生命线

学生回顾自己以前的生命历程，用彩笔画出自己的生命线，标记出过去对自己有重大影响的事件，包括快乐的事和痛苦的事，思考自己未来的生命旅程，写下未来想做的事以及可能遇到的困难。小组内分享自己经历的生命事件，以及对未来的人生规划（如图6、图7所示）。

通过绘制生命线引导学生认识生命的有限性和独特性，帮助学生回顾自己的生命历程，增强自我认知，从积极心理学的角度培养学生自尊自信、理性平和的良好心态，正确看待生命中经历的挫折事件，对未来充满信心和勇气。在这个环节中，教师根据学生的画作进行有针对性的提问和引导，因材施教，循循善诱。对于阳光乐观的学生赞赏其积极向上的生活态度，对于消极退缩的学生引导其看到挫折事件中的积极意义，增强对未来的信心。

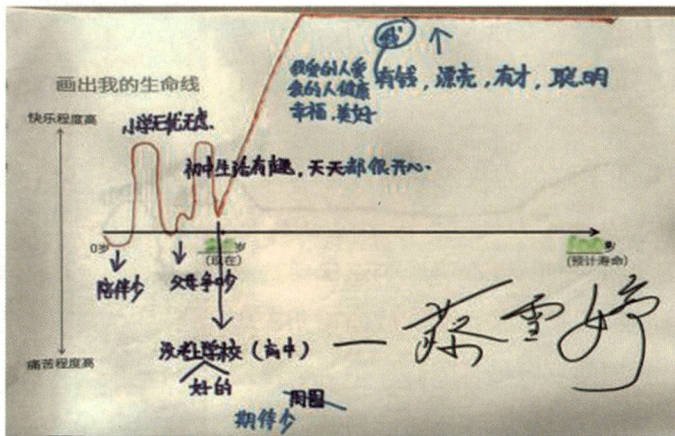

图 6　学生作业示例 1

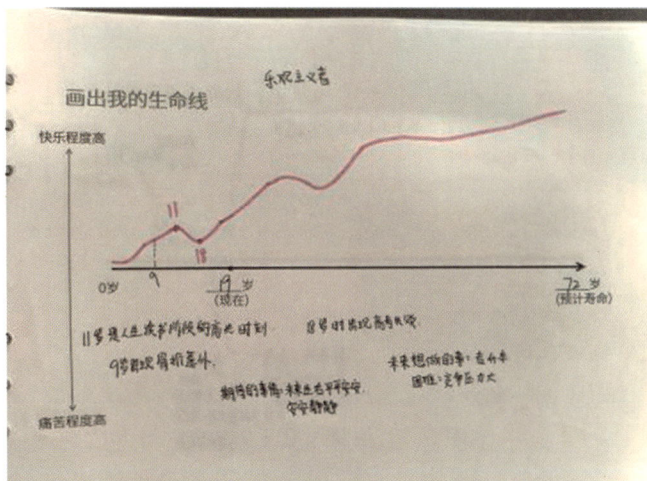

图 7　学生作业示例 2

3. 敬畏生命，面对生命的挑战

（1）观看对"人民英雄"张定宇（如图 8 所示）的采访。2020 年初，在"疫情风暴眼"武汉，时任武汉市金银潭医院院长的张定宇，拖着"渐冻"之躯坚守抗疫一线，带领医院职工救治了 2800 余名患者。他的生命已经进入了倒计时，正在被渐冻症无情地侵蚀，但他却从未表现出悲怆和无奈，他主动出击、临危不惧，冲锋在前、顽强不屈，始终以昂扬的斗志和积极的姿态与疫情作战、与渐冻症抗争，展现出一位无私无畏、勇于担当、仁心仁术、护佑生命的好医生形象。

通过张定宇的生命故事让学生感受到生命的意义之所在——生命的意义从不在于时间的长短、名利的多寡，而在于发自内心的奉献和创造！奉献让生命的光辉不断延续，创造让生命的内涵不断延伸！让学生认识到生命的价值是在关爱自我与关爱他人中实现的，要勇于面对生活中的困难和挑战，对自我和社会负起责任，才能创造人生的价值。

（2）阅读湖北职业学院优秀校友周拉才让的人生故事。周拉才让（如图 9 所示）是学校医学院 2015 届毕业生，2023 年 5 月荣获"博世 - 联爱"青海优秀基层儿科医生奖。周拉才让校友是一名青海藏族的孤儿，从小生活在孤儿院，在校期间克服语言障碍，勤奋学习，全面发展。为改变家乡医疗卫生人才匮乏的局面，在毕业后回到青海省黄南藏族自治州库泽县人民医院从事医

图 8　"人民英雄"张定宇

疗工作，在工作中给予了患儿和患儿家庭无限的人文关爱，受到了医院和病患的好评。

周拉才让校友的故事让学生感悟生命的意义在于自己去创造。周拉才让校友在孤儿院长大，生命的底色也许并不鲜艳，但他在校期间勤学苦练、磨炼技能，毕业后选择扎根基层、服务家乡，用爱和温暖守护患者的健康，为儿科医学事业贡献自己的力量，谱就了平凡而伟大的生命之歌。

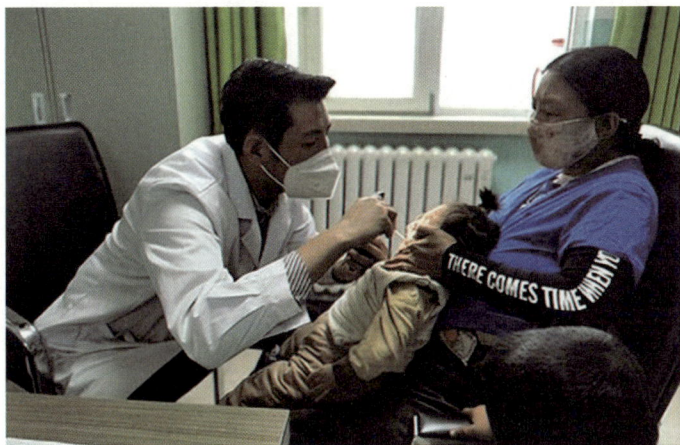

图9　优秀校友周拉才让

4.感恩冥想，传递生命的温暖

观看习近平总书记讲话片段"感谢美好生活的创造者、守护者"，引导学生关注生活的美好，学会感恩城市中为我们创造美好生活的各行各业的人们。

在舒缓的背景音乐中，教师带领学生进行生命的冥想，回顾生命的历程，感恩在我生命中一路扶持我的人，感受生命在爱的传递中得到滋养和成长。冥想结束后，小组开展祝福串联活动，每位同学在白纸上写下你对右边同学的生命祝福，送出一份祝福，收获一份祝福（如图10、图11所示），课程在温馨和谐的氛围中结束。医学生虽肩负着未来要救死扶伤的使命，但很多疾病是难以治愈的，医生的工作是"偶尔治愈，常常帮助，总是安慰"，医护工作者要具备一颗仁心，常常为患者带来心灵的抚慰，时时传递生命的爱与温暖。

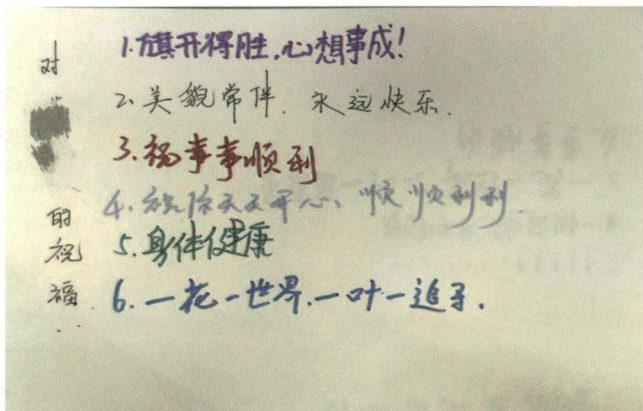

图10　学生祝福串联1

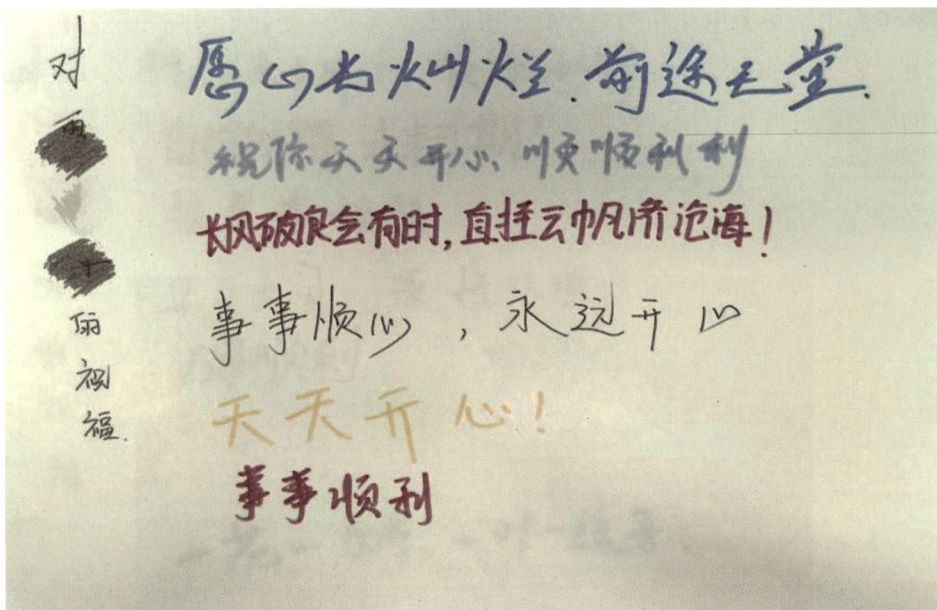

图 11　学生祝福串联 2

（三）课后：绘制海报，展现生命之美

　　课后以小组为单位制作"珍爱生命 守护健康"主题海报（如图 12、图 13 所示），促进学生对生命的理解，珍爱自己的生命，关心他人的生命，主动发现生活中的生命之美，展现生命的力量，在团队合作中互相关爱，传递生命的温暖，体验生活的幸福与快乐。

图 12　学生作品示例 1

图 13　学生作品示例 2

三、教育效果

本次课程以丰富多彩的活动为途径开展感悟生命课堂教学，营造民主平等、温馨和谐的课堂氛围。教学过程中以学生为主体，学生变被动为主动，在音乐、绘画等艺术体验活动中进行生命意义的自我探索、自我展现，发掘自己生命故事中的积极能量；在案例讨论中学习职业榜样，提高生命的质量，增加生命的厚度，树立正确的生死观，追寻自己的生命价值；在团队合作、小组活动中感受生命中的温暖与爱的传递，关爱他人，感恩生活（如图 14、图 15 所示）。

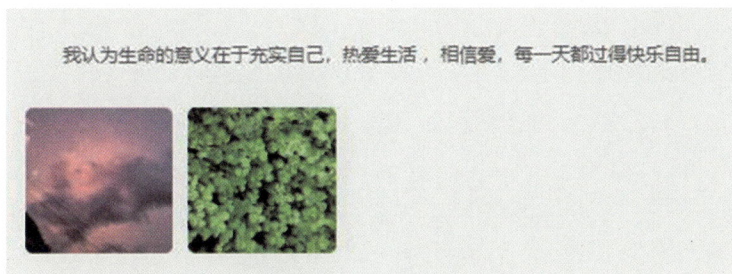

图 14　学生课后感悟 1

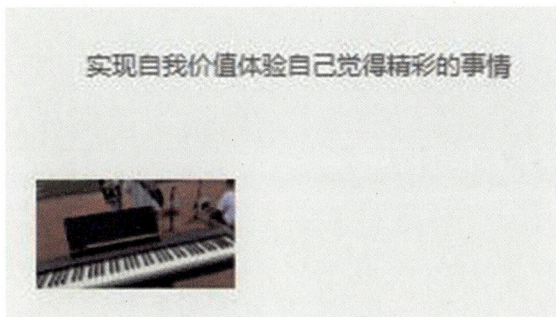

图 15　学生课后感悟 2

四、特色创新

重构心理健康教育传统课堂，注重课堂形态多样化、立体化。课程以实践活动为主，采用"团体辅导式"的模式进行教学。教师在课程中通过案例分析、小组讨论、音乐、绘画、冥想等多种方式开展课堂活动，根据学生心理发展特点和成长需求设计教学内容，做到人人都能参与、讨论和思考，注重学生在课堂中的参与感和体验感，将课程思政元素内化于心，让学生对生命保持敬意、心怀温暖，在实践中践行生命的意义。

3

医 学 类

四十一、助佑母婴安康 "植四感育五心培六力"沉浸式育人

——"母婴护理"课程思政案例

湖北三峡职业技术学院　乔珺　李琴　黄莉　张晓旭　向倩

妇幼保健是健康中国战略的重要内容，孕产妇健康状况关系到国家未来储备人才质量。《"健康中国2030"规划纲要》提出"突出解决好妇女儿童、老年人、残疾人、流动人口、低收入人群等重点人群的健康问题。"随着国家"三孩"政策全面开放，"母婴护理"课程重要性日渐凸显。

一、案例背景

（一）课程简介

"母婴护理"课程基于妇产科护理工作任务和岗位需求，贯彻"以人的健康为中心"护理理念，参照"生命周期"模式设计，对学生职业能力培养和职业素养养成起重要支撑作用，开设于高职第三学期。

（二）学情分析

授课对象为高职二年级学生，通过前导课程已掌握女性生殖系统解剖生理知识，能正确完成基础护理技术操作，具备一定的健康评估能力。问卷调查显示学生更愿意接受沉浸式学习，具备团队合作意识，并能熟练使用学习软件和虚拟仿真设备，但对妇产科护理岗位缺乏了解，对孕产妇及妇科疾病患者情感共鸣不足。

（三）课程目标

基于学情分析，依据专业教学标准，结合人才培养方案，对接护士执业资格考试要求，

确定三维教学目标，本课程旨在培养具备"四感"（政治认同感、职业道德感、职业认同感、社会责任感）、"五心"（爱国心、同理心、细致心、仁爱心、敬业心）、"六力"（敏锐观察力、自主学习力、团结协作力、岗位胜任力、创新创造力、持续发展力）的高素质技术技能型母婴护理人才。

（四）教学策略

针对妇产科理论知识抽象、实践操作受限的特点，教学团队加强虚拟仿真实训环境和网络平台建设，课前通过学习平台发布自学任务，课中运用 3D 软件、仿真模型和虚拟设备讲解和练习，实现线上线下混合式教学。

以真实案例为情境，教师运用 CBL 教学法、讲授法、启发式等教法，学生通过自主探究、小组合作、归纳分析等学法，提高对妇产科护理岗位的认识，掌握专科护理技能，提升岗位胜任力。

二、主要做法

（一）基本思路

1. 创新思政设计框架，实现课程思政与专业教育同向同行，打破思维樊篱

构建"一中心、二贯穿、三主题、四阶段"思政设计框架，以"关爱母婴"为中心，将"政治认同、劳模精神"贯穿始终，结合岗位需求把课程内容整合为"认识女性、孕育生命、迎接新生、产后呵护、生育保健"五大模块，赋予"科学精神、医者精神、人文素养"三大思政教育主题，突出"感-知-融-创"能力递进设计理念，打破思政教育与专业教学的思维樊篱。

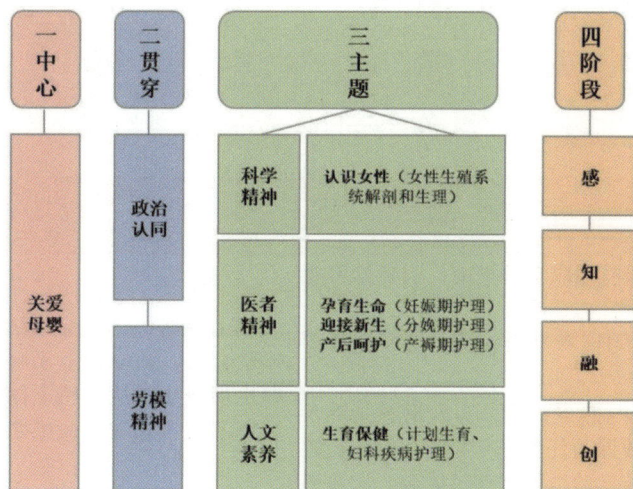

"母婴护理"课程思政建设体系图

2. 传承职业精神内核，实现课堂教学与社会服务相伴随行，拓宽育人思路

（1）发布体验式课前学习任务。如学生穿戴孕妇体验装置完成走、跳、蹲、躺等日常活动，记录脉搏和呼吸数据，从切身体会和科学数据中感知孕妇不易，初步建立关爱母婴的职业信念。

（2）打造"薪火相传"思政案例库。收集行业前辈、妇幼楷模、学长榜样的临床案例，树立母婴护理模范人物，结合不同的教学内容，向学生传播先进事迹，引导学生传承前辈信念、感悟劳模精神、体会榜样力量，将医者精神厚植于心。

（3）设计富含思政元素的拓展任务。结合多途径、多形式的实施方式，如布置宣教视频拍摄、医院见习、母婴讲堂当宣教助理、基层社区卫生机构中参与家庭访视和宣传栏制作等，培养学生的社会责任感，增强职业信念，拓展育人空间，拓宽育人思路。

（二）具体实施过程

根据课程特点和学生认知规律，设计"三段-四阶-六环"教学模式，以"孕育生命"模块任务三产前检查（2学时）教学内容为例，具体展示如下。

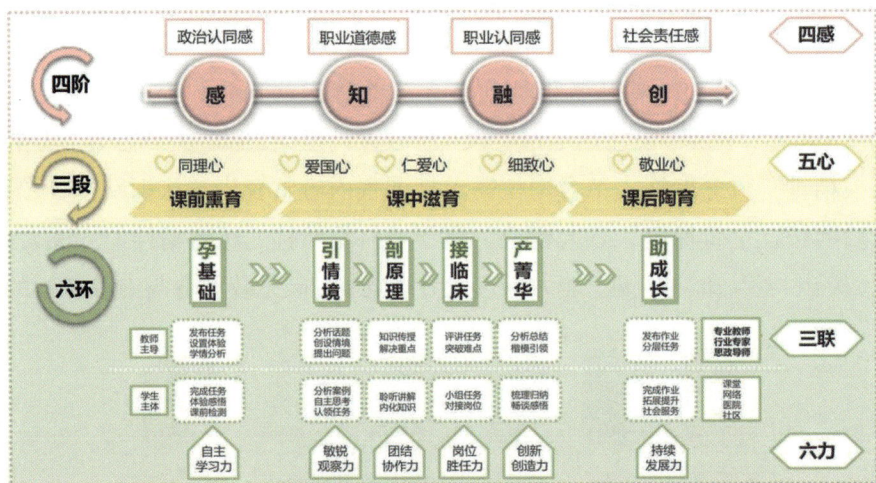

教学阶段	教学环节	教学内容	思政元素	职业素养
课前熏育	孕基础	① 课前领取学习指南，明确学习要求； ② 学习课程平台教学资源，完成课前检测； ③ 参与热点讨论，引发情感共鸣；分组完成课前任务——穿戴孕妇体验装置，上传实验数据和感想体会，形成感性认识	医者精神：学生穿戴孕妇体验装置，从知识上了解孕期生理变化，从情感上体会孕期不易，感知生命来之不易	职业道德感 同理心 自主学习力

续表

教学阶段	教学环节	教学内容	思政元素	职业素养
课中滋育	引情境	教师以课前讨论"2020 年全国孕产妇产前检查率达 97.4%"导入新课，以临床专家提供的真实案例创设情境，设置问题	政治认同：教师发布热点讨论，引导学生畅谈感想，使学生了解国家母婴保障举措对产检的促进作用	政治认同感 爱国心
	剖原理	通过大数据分析实验数据和感想体会，教师借助虚拟系统、动画等手段突破教学难点，发布课中检测	医者精神：通过词云提炼学生观点，内化医者仁心职业操守	仁爱心
	接临床	学生分组制定产前检查流程，上传学习平台进行师生共评；教师根据学情讲解关键点。学生在虚拟医院系统完成产前检查任务，解决教学重点	关爱母婴：讲授产前腹部检查操作时，指导学生先搓热双手再接触孕妇腹部；操作中保护隐私、关注孕妇感受，学生懂得换位思考，从细节体现对孕妇的关爱	细致心 敏锐观察力 团结协作力 岗位胜任力
	产菁华	教师利用思维导图梳理重难点，引导学生畅谈职业感悟，学习劳模精神，提升职业素养	劳模精神：从"薪火相传"思政案例库中抽选行业前辈"万婴之母"林巧稚院士为产妇细心剔除鱼刺的事迹，引导学生畅谈职业感悟，再次强化爱岗敬业的劳模精神和关爱病人的职业素养	职业认同感 敬业心
课后陶育	助成长	①完成课后检测，预习新课；②综合评价不合格者返回平台学习，合格后认领课后任务；③综合评价合格者制作孕期宣教视频，教师选取优秀作品发布到短视频平台；④综合评价优秀者到母婴讲堂当宣教助理，进一步提升岗位能力和人文素养	服务社会：安排学生分批次到医院做宣教助理，协助临床护士传播健康知识、普及健康理念、服务社会	社会责任感 创新创造力 持续发展力

三、教育效果

（一）虚拟仿真叠加临床实境，让学习兴趣"浓"起来

VR 仿真和虚拟病房的应用，使原本专业性较强、较难理解的课堂变得丰满充实，极大地激发了学生的学习兴趣，将"要我学"转化为"我要学"。通过创设临床情境，对接岗位任务，锻炼学生临床思维能力，提升岗位胜任力。在线课程平台数据显示，学生课堂互动参与度达 98.7%，课后作业平均成绩为 87.32 分。

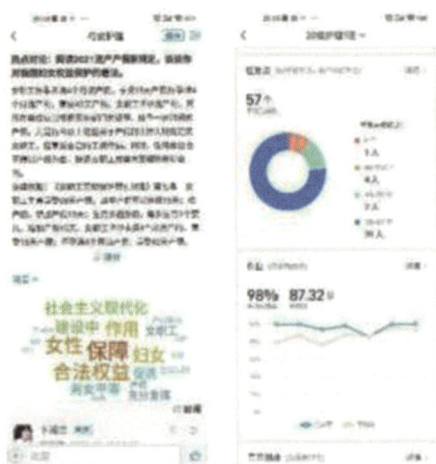

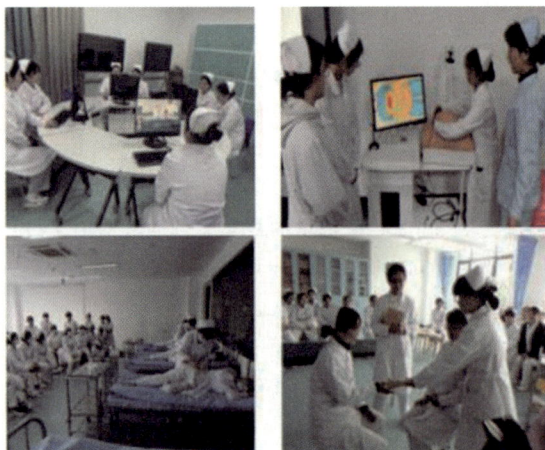

（二）课程思政渗透专业教育，让育人效果"实"起来

教学全过程渗透思政教育理念，内化学习动力，充分发挥专业教育与思政教育协同育人作用。师生思政意识和传播能力明显提升，实现了双轮驱动、同频共振的育人效果。

学生在 2022 年湖北省职业院校技能大赛中获一等奖 5 项、二等奖 1 项，能创作高质量健教视频和宣传手册，并创办"月子中心"作品参加创新创业大赛。"母婴护理"获评校级"课程思政"示范课程，团队教师获 2021 年湖北省职业院校教学能力大赛一等奖、校级课堂革命典型案例三等奖，立项省级教研课题 3 项、校级教研课题 1 项，教学与思政育人成效显著。

（三）课堂教学链接社会服务，让职业信念"立"起来

学生通过社会实践形成感性认识，能在操作中保护隐私、关注细节、关爱女性，获病人及家属广泛好评，实现理论与实践无缝衔接，提高沟通交流能力及人文关怀素养，切实体会护理工作者的责任担当，实现知行合一。问卷调查显示：学生对于母婴护理职业认同感提高46.3%，关爱母婴健康的职业情感提升 37.4%，职业信念得到了显著增强。

四、特色创新

（一）"三联－四感－五心－六力"贯通增值性成长链

专业教师、行业专家和思政导师打造"三联"教学团队，精研教学细节，深挖思政点，厚植政治认同感、职业道德感、职业认同感和社会责任感；融合思政元素与课堂环节，培育爱国心、同理心、细致心、仁爱心和敬业心；贯通专业教育和思政教育，提升敏锐观察力、自主学习力、团结协作力、岗位胜任力、创新创造力和持续发展力。建立个人学习档案，综合评价学习效果和思政教育成效，学习过程全程记录，育人效果及时反馈，形成个体化学习报告，纵向对比知识能力、职业精神提升幅度，实现增值评价。

（二）"多点串联－多阶递进－多维互补－多区联动"密织沉浸式育人网

创新"一中心、二贯穿、三主题、四阶段"的思政设计框架、建立"薪火相传"思政案例库，围绕"关爱母婴"这一核心理念，建立系统化的思政育人体系。设计"三段-四阶-六环"教学模式，延展"课前熏育-课中滋育-课后陶育"三个教学阶段，搭建"感-知-融-创"四级能力递进阶梯，打造"仿真模拟-沉浸体验-虚拟现实"体验式教学环境，联动"学校-医院-社区-网络"四维教学区间。通过思政元素多点串联，学生能力多阶递进，教学环境多维互补，教学地点多区联动的沉浸式课堂体验，有效促进知行合一，达成教学目标和育人目标，具有较大的借鉴和推广价值。

四十二、弘扬劳动精神　培植中医药情怀

——"天然药物学"课程思政案例

湖北职业技术学院医学院　高保英

一、案例背景

"天然药物学"是我校高职药学专业的一门专业课，教学对象为大一年级学生，开设于第二学期。该课程实践性强，通过学习，学生须熟悉药用植物的基础知识，包括植物分类，植物的根茎叶花果实的组成、形态和类型。同时，学生需掌握常用中药的来源、采收加工、炮制、贮藏和养护、性状特征、功效等知识。本课程为学生今后从事中药种植、中药采购、中药调剂、中药仓储、中药质量检验等工作提供知识、技能和素养储备。

劳动教育是新时代党对教育的新要求，是中国特色社会主义教育制度的重要内容，是全面发展教育体系的重要组成部分。结合天然药物学实践性强的课程特点和高职学生进取心，依托学校药用植物园，将劳动教育有机融合到课程的整个教学过程中，学习空间从室内延伸到室外，学习时间从课堂延伸到课外，旨在学习专业知识的同时，落实劳动教育，弘扬劳动精神，培植学生中医药情怀。

二、主要做法

充分依托药用植物园，将劳动教育贯穿到天然药物学课程教学的整个过程，既培养学生的劳动精神和认真负责的态度，又培植学生的中医药情怀。

（一）组织现场教学，实现劳动与教学完美结合

药用植物园有近百种药用植物，种类多，为开展现场教学提供了得天独厚的条件。教学时，将学生分组开展除草劳动，要求学生将杂草整株拔起，观察杂草的根、茎、叶，引导学生学习植物的分类、根系的类型、茎的结构以及叶的形态等知识。在鲜花盛开和结果期间，

组织学生边劳动边观察花的形态和果实的类型。学生认真聆听老师讲解，看一看茎叶，闻一闻花香，尝一尝果味，解剖一朵花一颗果实的结构，在劳动中学习，轻轻松松掌握了植物根茎叶花果实的形态、结构和类型。依托植物园，学生熟悉了双子叶植物和单子叶植物的区别，禾本科、菊科、伞形科、豆科、唇形科等植物的特征，识认药用植物近百种，如图1所示。

图1　现场教学 学生边劳动边识药

（二）落实劳动教育，弘扬劳动精神

充分发挥药用植物园的劳动教育功能，根据药用植物的生长周期，课程组利用课外活动时间和周末，组织学生到园地参加整地、栽种、浇水、施肥、采收加工中药等劳动。

为了更好地组织劳动，将21级药学专业96名学生分成10组，每组9～10人，组长1名，每次根据劳动任务的多少安排1～2组学生参加劳动。劳动之前，高保英老师会根据劳动内容有选择性地向参加劳动的学生介绍除草的方法、铁锹的使用技巧、给新栽种的种苗浇水的方法、挖穴栽种种苗的技巧等，同时叮嘱学生注意劳动安全，养成收放劳动工具的好习惯。每次劳动完成后，由组长填写劳动记录，记录劳动的形式、参加劳动的学生、植物园的基本情况以及对植物园存在的问题提出的建议。将劳动教育记入天然药物学的平时成绩，每劳动一次记2分，还可以为劳动教育课程加分。园区初建至今两年时间，组织学生参加劳动教育近200次，参加劳动的学生达1500多人次，种植药用植物100多种。

在劳动中，引导学生分工合作，交流劳动心得，互帮互助。通过劳动，学生感受到药农种植中药的不易，懂得了尊重他人劳动成果，变得谦虚礼让，增强了责任担当，磨练了意志，变得热爱劳动，感受到劳动的光荣和劳动带来的喜悦，如图2所示。

图 2　学生在栽种红花

（三）建立认养责任制，增强责任感

在学生与药用植物园逐渐建立了感情之后，建立认养责任制，将园中的近百种植物交由学生认养，每个学生认养一种，以进一步增强学生的责任感。认养人在高保英老师的指导下负责被认养植物的浇水、除草、松土、施肥、采收以及日常巡视工作，学生认养植物后，需要认真查阅并学习该植物的生长习性，根据天气情况和植物生长状况，利用课余时间浇水、除草、松土、施肥，并认真填写劳动日志，用文字和图片记录植物的生长状况和自己的心得体会。在这个过程中，引导学生认真观察植物的生长，体验大自然的神奇与美妙，感受自然之美，如图 3 所示。

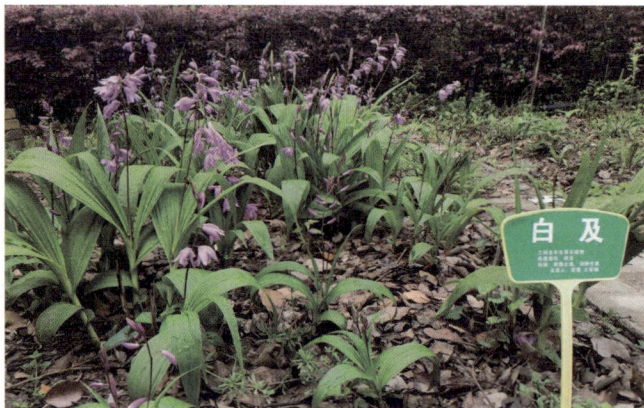

图 3　学生认养指示牌

为了更好地展示学生的劳动成果，教学团队还组织学生拍摄植物不同生长时期的照片，建立药用植物电子图册。这不仅增强了学生的观察能力，还使学生进一步体会到了劳动带来的成就感。学期末，将植物生长情况和劳动日志作为该生课程成绩的一部分。认养责任制将劳动教育有效地融入学生日常生活，不仅培养了学生的劳动精神，还增强了学生的责任感，

培养了学生的自信心和成就感。

（四）学以致用，培植中医药情怀

为了让学生将所学知识应用于实际，并传承中华传统文化，课程组利用中华传统节日端午节，组织学生开展"中医药传统文化传承"系列活动。这些活动不仅增强了学生对中医药的理解，还加深了他们对中医药文化的情感认同。

学生将药用植物园的植物制作成腊叶标本；将采收的中药制作成药材和饮片标本，将薄荷、艾叶采收干燥，制作成香包；艾叶制成艾绒后制作成艾条。通过这些动手实践，学生不仅掌握了药材处理与加工的技能，还体会到了中药材在日常生活中的应用价值。活动期间，药学专业学生向全校师生展示标本，讲解中药功效和使用方法，指导师生自制香包、艾条，使更多的人了解并亲身体验中医药的魅力。在此过程中，学生不仅提升了自己的实践能力和中药知识，还通过分享与交流，增强了对中医药文化的认同与自信，如图4所示。

图4　端午节活动现场（师生自制艾条、香包，识别中药）

三、教育效果

通过劳动和教学的有机结合，药用植物园的劳动教育取得了显著的教育效果。首先，学生不仅掌握了植物根茎叶花果实的组成、形态和类型，认识了近百种药用植物，还通过亲身参与熟悉了这些植物的生长习性，达成了天然药物学课程相关知识的学习目标；其次，通过劳动，学生不仅掌握了劳动技巧，还体验到劳动成果带来的成就感和丰收的喜悦。劳动教育，不仅增强了学生的责任感，更增强了学生的自信心；劳动教育，不仅让学生热爱上了劳动，更让学生学会了欣赏大自然之美！依托植物园的劳动教育，不仅弘扬了劳动精神，也培植了中医药情怀。真正实现了以劳树德，以劳增智，以劳育美，以劳健体。

这些教学改革举措，也得到了兄弟院校专家的高度评价。他们认为"以药用植物园为平台开展劳动教育，可有效激发学生的学习积极性、主动性，既培养了学生的综合素质，又提升了课程实训质量，为其成长为实用型人才埋下了一颗种子"，如图5、图6所示。

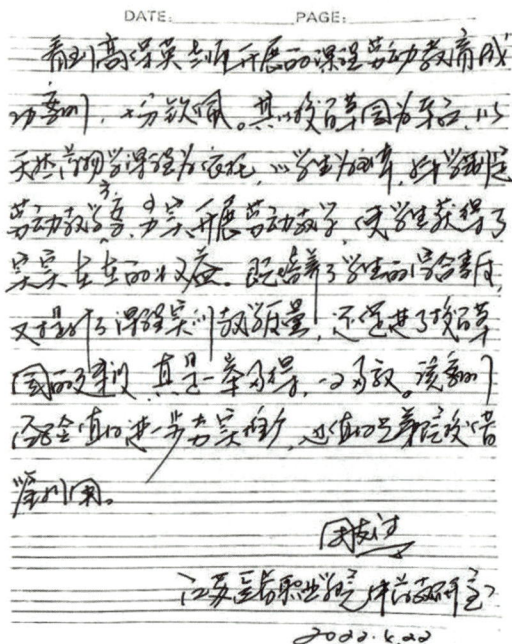

图5　同行给予的评价

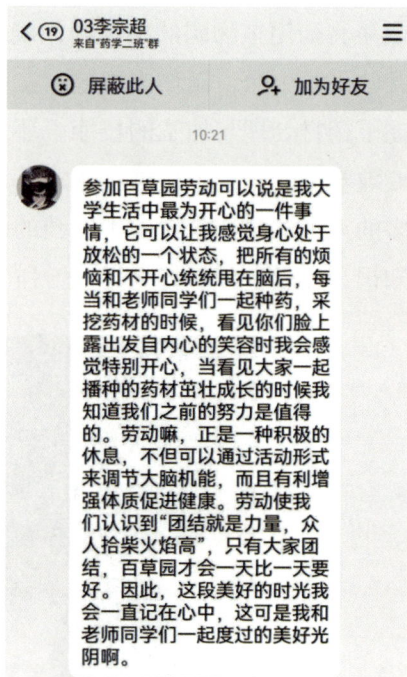

图6　部分学生的劳动体会

四、特色创新

劳动教育最能诠释陶行知先生的"知行合一"理念。天然药物学课程教学把劳动精神作为课程思政的重要目标，创造性地将课程学习与劳动教育有机结合起来，打破了传统课题的时空限制，师生把学习空间从教室延伸到室外，教学时间也从课堂45分钟延伸到课外实践，植物园成为师生共同学习和成长的教育场域，由此形成一种无处不教育、无时不教育的良好氛围，真正做到学在其中、乐在其中。

这一模式不仅激发了学生的学习积极性，还让他们感受到劳动的价值和知识的力量，实现了劳动教育与专业学习的双重提升。这种将劳动教育与专业课程有机融合的创新举措，为天然药物学课程的教学注入了新的活力，也为其他课程的思政元素融入提供了有益的探索路径。

四十三、"艾"的就是你

——"中药炮制技术：艾叶净选加工"课程思政案例

湖北生物科技职业学院　张茜　翁涛

一、案例背景

中药炮制技术是中国传统医药的一门独特制药技术，被列入第一批国家非物质文化遗产名录。在中医基本理论指导下，对中药材进行炮制加工，进而使药材符合标准，是中药饮片生产过程中的典型工作任务，同时也是中药材生产与加工专业人才培养的基本要求，其加工过程中所用到的知识和技能属于"中药炮制技术"课程的核心内容。

（一）课程及单元教学内容简介

"中药炮制技术"是中药材生产与加工专业的核心课程。该课程秉承中医药传统文化，传承中医药传统技能，具有丰富的课程思政元素。课程教学内容均选自生产过程中的典型工作任务，主要包括浸、漂、润，炒、炙、煅，蒸、煮、燀等传统炮制理论知识以及相应的传统操作技能。通过本课程学习，学生能够热爱中医药传统文化，掌握使用传统炮制技能加工出符合标准的中药饮片的能力，并具备现代化中药材炮制加工创新意识。

本课程单元选自净选加工项目库中的艾叶净选加工项目，主要包括艾叶的挑选分档、润艾醒艾、杵捣过筛及卷制艾条四个部分。

（二）教学对象及分析

本课程教学对象为中药材生产与加工专业学生，开课学期为大二下学期，通过大二上学期"中药鉴定技术"课程的学习，学生已掌握艾叶的基本知识，能鉴定艾叶来源，能识别药用植物艾的各个部位。

学生知识学习能力存在个性化差异，对已学知识掌握情况不一，大多数学生属于视觉、动觉型学习者，职业素养还未完全形成，自律性和总结归纳意识有待提高。对专业有认可，对文化有认同，个性不够成熟，可塑性强，善于利用网络资源进行学习和探索。

（三）单元教学目标

1. 知识目标

（1）掌握艾叶净选加工工艺流程。

（2）掌握艾叶净选加工关键质控点。

（3）了解艾叶净选加工的质量评价标准。

2. 能力目标

（1）能够对艾叶进行净选加工。

（2）能处理艾叶净选加工过程中的问题。

3. 素质目标

（1）培养学生爱中医药传统文化、爱家乡的情怀；引导学生树立服务农村、治理乡村的理想。

（2）培养学生专注、精益求精的工匠精神、劳动意识和诚信品格。

（3）培养学生的团队协作能力，发现问题和分析问题的能力。

（四）教学策略

课程以真实工作任务驱动，依托职教云线上资源，充分运用动画、微课、演示、视频、讲授等方法手段，开展线上线下混合式教学。教师运用直观演示等教学方法，引导学生通过自主探究、小组合作等学习方法完成自学和讨论，全程贯穿"尊师爱徒"的职业精神和"炮制虽繁必不敢省人力"的匠心精神。

二、主要做法

结合我校"立德树人、立足湖北、面向全国、服务三农"的办学定位，以湖北"蕲艾"产业为背景，以艾叶净选加工这一真实生产任务为学习载体，开展理实一体化教学，让学生亲身体验"艾"从草到宝的逆袭过程，感受中药炮制加工的神奇力量，树立"服务农村经济发展，助力乡村产业振兴"远大理想，培养爱家乡、爱人民、爱祖国的情怀。教学过程以查（资料）、引（任务）、思（流程）、验（方案）、展（成品）为主线展开，将知识技能和思政评价考核体系融入其中。

（一）课前——查

教师通过职教云课程平台在线上传微课等学习资料，发布学习任务书，设定课前测验时间及试题，及时查看学生完成情况，解答学生完成任务时的疑惑，对小组及个人进行评分。

学生以小组为单位，根据任务书查阅湖北蕲艾产业情况，中药艾叶质量标准，艾叶古法手工制作知识；搜集中药艾叶的生长、采收、鉴定及历史渊源等资料；根据已学知识及查阅资料完成课前测验，整理查阅资料及疑难问题上传职教云平台。

通过以上任务，提升学生协同合作能力，同时让学生认识艾叶药用历史，潜移默化地培养学生对中医药文化的认同感。

（二）课中——引

教师播放《神奇的蕲艾》视频，借助视频内容引导学生感受中医药文化的博大精深，进而激发学生对中医药文化和家乡的热爱。提出问题"艾叶炮制加工有哪些步骤？"，引导学生小组讨论并发言。最后，师生共同总结本次课程的典型工作任务——艾叶的净选加工。

（三）课中——思

教师结合视频内容，布置任务——艾叶净选加工工艺流程，学生小组讨论并撰写工艺流程图。小组作业提交后，教师引导各小组发现设计工艺的不足之处。通过组间讨论，总结出工艺关键点。教师作最终点评，确定本次课最优炮制工艺方案，并做好实施准备。

通过上述课中"思"的讨论，培养学生主动发现问题和分析问题的能力，团队协作能力得以进一步提升。

（四）课中——验

学生根据优化的炮制工艺方案，完成艾叶的挑选、分档、润艾、醒艾、杵捣、过筛、卷制艾条等操作步骤。遇到问题，及时反馈并与教师探讨，将关键操作步骤拍照或录制小视频，上传至云课堂。教师全程巡回指导各小组，及时记录各小组优缺点，针对操作中的难点，与学生探讨并现场演示标准操作，以解决艾叶净选加工工艺的关键点。最终结合实际操作过程，对学生完成情况进行评分。

通过艾叶的挑选分档，学会对药材质量进行客观评价，树立学生的诚信品格；通过润艾醒艾的过程，艾叶功效升华，引导学生领悟处世之道；通过千万次杵捣的过程，培养学生专注、精益求精的工匠精神和劳动意识；通过卷制艾条，制草为宝，引导学生树立服务农村、治理乡村的理想；通过师教徒学，师讲徒炼，建立深厚的师徒情谊，引导学生深刻理解"尊师爱徒"的职业精神。

（五）课后——展

教师发布拓展任务——我为家乡（人）做件事，以"'艾'的就是你"为主题，以表达爱家乡爱人民的情感为重点，利用艾叶的传统文化与医学价值，设计或实施一项有益于家乡或人民的活动。鼓励学生创新思想及方法，并将成果提交至云课堂平台进行展示。

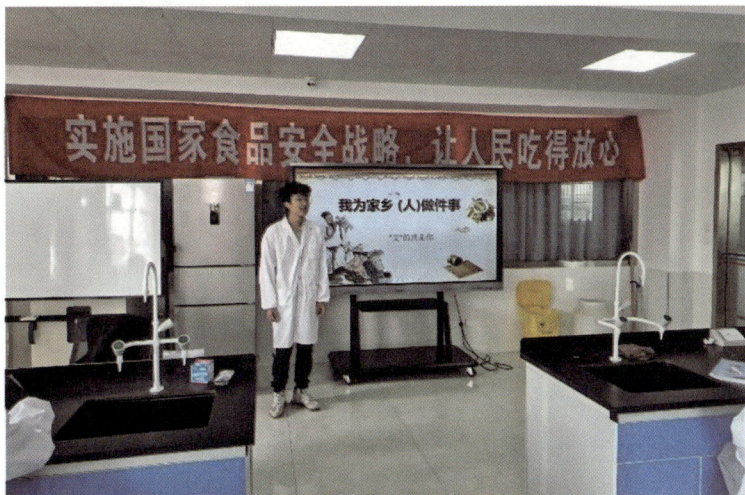

三、教育效果

利用职教云平台、视频、微课、案例等教学手段，实施线上线下混合式教学，拓展了教学时间及空间，提升了课堂教学效率。

在课堂教学中，结合生动有趣的视频，辅以小组讨论及现场演示的互动教学，让学生能自主归纳总结出艾叶的净选加工工艺并掌握工艺流程中的关键步骤，解决教学重难点。

依托职教云平台，完成线上自主学习和模拟反复练习；通过艾叶的净选加工任务，完成技能培养，虚实结合、理实一体，提升了学习效果。

四、特色创新

（一）创建"五爱·五炼·五品·育新材"课程思政育人模式

紧密结合"中药炮制技术"课程内容，精选"净、切、炒、炙、煅"五种中药炮制工艺，深入剖析内涵："净"——使药材干净纯粹，"切"——使药材工整有形，"炒"——重在火候控制，"炙"——多种辅料融合炮制，"煅"——使药材推陈出新，对应专业树人五个阶段，分别为：专业认同之初心（净），三观理念之塑形（切），为人处世之火候（炒），百家众长之融合（炙），守正创新之更始（煅），形成了符合育人发展规律、层次递进的"五爱·五炼·五品·育新材"课程思政育人模式。

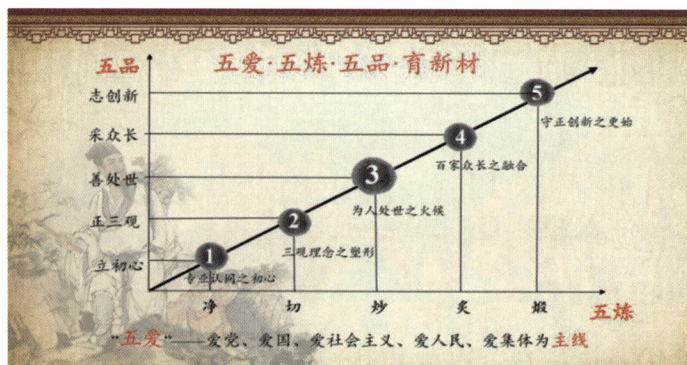

（二）创建课程思政资源融入教学模式新形式

根据资源特点，采用看视频、讲故事、析案例等形式融合到课程教学的"查、引、思、验、展＋评"5+1 教学模式中，全过程引导学生树立"服务农村，振兴乡村"远大理想。通过开展讨论、总结等课堂活动，启发学生感悟"爱家乡、爱人民、爱祖国"的情怀。课后发布"我为家乡（人）做件事"等拓展任务，让他们的高尚情怀及远大理想在家乡的土地上生根发芽，最终开花结果。

（三）评价体系

在传统课程评价体系基础上，创新性地增加了思政考核观测点和考核点，通过建立完善的评分细则，确保课程思政目标的实现。

过程性评分细则

考核环节	知识技能考核	分值	课程思政考核	分值
查	按时完成课前任务	5	中医药文化认同感	10
引	–	–	爱中医药传统文化、爱家乡的情怀	10
思	艾叶净选加工工艺流程图	10	团队协作能力	10
	艾叶净选加工工艺关键点	10	发现问题和分析问题的能力	10
	艾叶净选加工实施方案	10	–	–
验	艾叶的挑选	10	诚信品格	10
	艾叶的分档	10	–	–
	艾叶的醒艾	10	专注、精益的工匠精神和劳动意识	10
	艾叶的杵捣、过筛	15	服务农村、治理乡村理想	10
	卷制艾条	10	"尊师爱徒"的职业精神	10
展	成品质量	10	学生爱家乡爱人民的情怀	20
总分	合计	100	合计	100

四十四、以诚信待顾客　以专业荐药品

——"零售药店管理实务"课程思政案例

长江职业学院　丁汀

一、案例背景

（一）课程简介

"零售药店管理实务"课程是药品经营与管理专业的核心课程，该课程以药品零售工作岗位需求为导向，旨在培养学生药品零售业务相关的认知能力和职业技能。授课对象为二年级学生，课程开设在第四学期，学生已具备一定的药事管理知识和团队协作能力。

作为面向终端消费者的零售药店，课程总体设计从零售药店各岗位的工作任务分析入手，将具体知识内容融入实际工作项目中。课程按照"岗位分析、能力递进"的工学结合专业课程体系总体设计要求，以工作任务模块为中心构建项目化学习体系，在课程框架内构成主题学习任务，即学习情境来实现。同时，在不同的学习情境中，结合具体的专业教学内容，引用贴合的企业实例、社会事件或社会新闻，凸显药学职业道德规范对保障人民用药安全、守护人民生命健康的重要意义，潜移默化地培养学生药学职业道德素养，树立全心全意为人民健康服务的社会责任感和职业使命感。

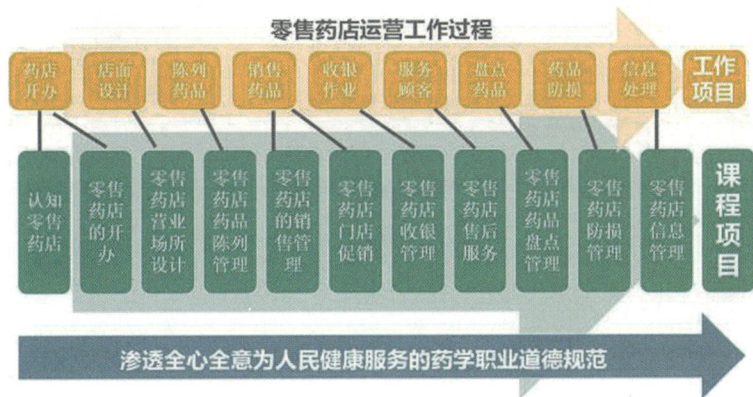

（二）教学目标

本课程的整体教学目标基于三维目标，即知识目标、能力目标和素质目标，结合现代教育理念、专业人才培养要求、课程标准及学情分析来确定。课程以培养高素质医药技能人才为核心，贯彻"厚药德、明药规、强药技"的职业教育理念，帮助学生树立"以顾客为中心"的现代社会市场营销理念。在学习和实践过程中，注重培养学生的敬业精神和职业道德，形成诚信服务、经世济民、德法兼修的职业素养，锤炼爱岗敬业、责任担当的职业精神，强化对人民生命健康负责的情感，塑造积极向上的工作态度，提升合规守法意识和诚实守信品质。

以项目六零售药店的销售管理的教学目标为例：

（1）讲解药品推介法则时，引用新冠肺炎疫情期间药店员工根据顾客实际需求推荐更经济适用的防护药械的实例，强调药品销售与药学服务的特殊性，加深学生对药学工作者坚持社会效益与经济效益并重的职业道德规范的理解，帮助学生树立以服务顾客为核心的道德责任感。

（2）讲解药品推介技巧时，通过对比不同推介方法产生的效果，突出运用专业知识和合适推介技巧的重要性，帮助学生认识到药技在岗位中的关键作用，引导学生树立德术并重、德术兼优的职业理念。

（3）讲解门店促销方法时，引用药店通过健康讲座、公益活动等以服务促销售的实例，展示药店作为药学服务的基础单位在全民健康知识普及中的责任，引导学生建立守护人民健康的社会责任感和职业使命感。

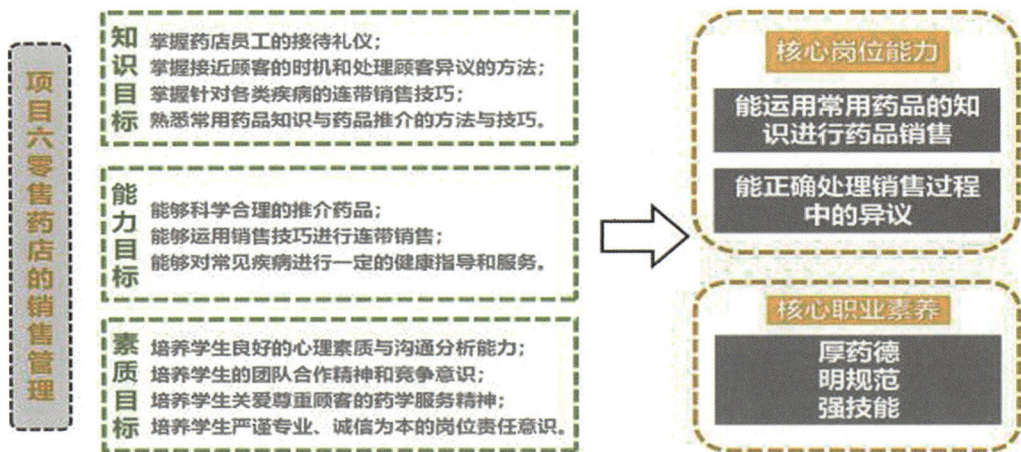

二、主要做法

（一）明晰课程思政切入点，深挖思政元素

课程秉持专业教育与思政教育融合育人的课程设计理念，明确知识点中所能够延伸的思

政元素，找出专业知识内容与思政元素的契合点，将思政元素与专业知识有机融合。通过积极培育和践行社会主义核心价值观，结合爱国主义、道德教育、民族团结教育、中华民族优秀的历史文化传统等主题，从以客户为中心、尊重竞争对手等角度出发，引导学生正确做人和做事，树立以客户为中心的市场营销理念，渗透药学事业人才必备的职业素养。

元素1：药学服务行业的认同感、社会责任感和职业使命感

通过引入社会正面新闻，当疫情到来时，有这样一群人冒着危险一直选择坚守，他们在危难关头选择担起一份责任，用实际行动为百姓健康保驾护航——他们就是我们可爱的药店人！提升学生对药学服务行业的认同感，激发他们践行医药人的社会责任与职业情操。

元素2：树立匠人精神，激发爱国情怀，增强民族自豪感

通过引入仲景宛西制药的品牌建设案例，展示该企业如何以继承和弘扬张仲景中医药文化为己任，"承医圣精华，造仲景名药"。从"中华老字号"的角度探索我国著名品牌的产品策略，强化社会责任，制定中国品牌营销策略，激发学生的匠人精神与爱国情怀，增强对民族品牌的自豪感。

元素3：坚守"药规"的职业信念和保证药品质量安全、诚信售药的社会责任感

引入南充某药店因虚假宣传夸大药效被罚的反面案例，剖析药品销售中的不诚信行为对社会带来的危害。通过对药品销售人员职业道德的分析讨论，培养学生实事求是、诚信为本、真诚守信、合法经营的职业道德观念，践行社会主义核心价值观。

（二）改进课程思政教育方法，实践双育人模式

在课程教学中，充分融入思政元素，专业知识和育人元素的深度融合，将价值塑造、知识传授和能力培养三者融为一体，厚植医药情怀与职业担当。

知识点： FAB销售法则在药品销售中的运用；药品推介的常用技巧。

素质目标：

（1）培养"厚药德、明规范、强技能"的医药人才职业特质；

（2）树立坚守职业道德，对人民健康负责的职业意识；

（3）培养诚信经营、科学荐药的医药职业道德规范。

思政育人：

（1）讲解药品推介法则时，引用疫情期间药店员工根据顾客实际需求推荐更经济适用的防护药械的实例，凸显药品销售与药学服务的特殊性，加深学生对药学工作者坚持社会效益与经济效益并重的职业道德规范的理解，树立以服务顾客为核心的道德责任感。

（2）讲解药品推介技巧时，以使用不同推介方法产生不同效果的案例进行对比分析，凸显需要运用专业知识，依托合适的推介技巧才能提供优质药学服务，守护人民用药健康，使学生深刻理解"药技"在岗位工作中的重要性，引导学生树立德术并重、德术兼优的职业理念。

教学过程：

教学活动安排			
环节	教师活动	学生活动	设计意图
课中实施 环节一：案例分析讨论	（1）案例导入：在微知库发布案例讨论帖，引用疫情期间药店员工根据顾客实际需求推荐更经济适用的防护药械的实例，组织学生展开讨论；（2）点评学生讨论情况及课前测试；（3）明确课程目标与任务单	分析案例，根据自身的理解参与讨论	（1）培养和锻炼学生分析问题的思辨能力；（2）案例讨论承上启下，同时加深学生对药学工作者坚持社会效益与经济效益并重的职业道德规范的理解，树立以服务顾客为核心的道德责任感
环节二：知识讲授	（1）结合针对性的案例，讲授知识点，梳理重难点——FAB法则、连带销售和劝说诱导技巧；（2）通过微知库平台发布随堂测试，检测学习效果；（3）针对随堂测试结果，进行知识点小结，巩固学习成效	（1）跟随教师，系统学习本节知识点；（2）通过微知库平台完成随堂测试，巩固知识点	（1）知识点梳理，使学生更深入全面地了解本节课的具体内容和要求；（2）使学生深刻理解"药技"在岗位工作中的重要性，引导学生树立德术并重、德术兼优的职业理念；（3）随堂测试强化学生对教学重点的理解，丰富并完善过程性评价内容
环节三：课内实训	（1）教师设置针对性课内实训任务——药品推介情景模拟设计，通过平台发布，并进行实训任务要求的讲解；（2）解答学生在实训中提出的个性化问题；（3）设置分组实训评分表：通过不同维度分为小组自评、小组互评、教师评分三项；（4）分组展示学生实训成果，组织学生进行评价讨论和评分	（1）领取课内实训任务单，分组讨论，完成实训任务；（2）观看各组实训成果展示，并在教师的带领下展开讨论和评价；（3）根据实训评分表，各组成员进行小组自评和小组互评；（4）记录教师的评价要点，并对本组实训成果进行修改与完善	（1）通过实训环节，考查学生对药品连带销售技巧的掌握情况，培养并锻炼学生团队协作、沟通交流的能力，提升学生推介药品的技能水平；（2）通过分组讨论，培养并提高学生探讨问题、分析问题的能力；（3）通过量化的实训评价体系，真实反映学生实训任务完成情况，有利于技能水平的提高
环节四：归纳总结	课堂总结，归纳梳理知识结构，并结合疫情防控期间的特殊情况进行知识拓展	回顾本节内容，整理知识点，并结合疫情对于医疗服务行业的影响，充分了解到本行业的发展趋势与未来的发展方向	（1）对知识点进行梳理，使学生更深入、全面地了解本项目的具体内容和要求；（2）使学生在充分理解知识与技能的同时，增强了对本专业与行业的认同感

（三）拓宽课程思政育人路径，实现全方位多维度育人格局

在课程思政建设模式上，通过实训实践中强调承担分工任务，让学生在一线实际劳动中增长才智、提升技能，树立以诚实劳动为荣的思想观念；同时运用实训成果展示与评比，使学生产生实现自我理想和抱负的心理成就感，从而提升学生对药学服务事业的热爱，增强职业认同感。同时在课程教学中，更多践行"思政在实践"的育人理念，例如在学习门店主题促销活动这一任务时，开展药膳送健康、健康进社区活动，体现思政育人。

三、教育效果

通过问卷调查、系统反馈、成绩对比、评教评学四个方面进行信息收集，结果显示学生的学习成绩和参与度有明显的提升，课程的点击率也逐步提升。同时通过完成各实训任务，学生积极讨论、相互配合、团结协作，进一步提升了职业能力和职业认同感。在思政教育与专业教育的融合方式上，改变传统的说教式方法，强调思政在实践、思政在身边的引导，学生在潜移默化中逐步提升思想觉悟和职业素养。

经过几个周期的课程实施，初步树立了良好的口碑和稳定的思政教育效果。教学团队在课程设计中，注重结合课程内容实际，明确课程思政的融入点，创新教学方法与载体途径，特别是在疫情期间线上教学过程中，该课程成为典型教学案例。教师团队持续进行教学研究与探索，通过教学课题成果反馈课程建设，推动教学模式创新，并在课堂教学与教学能力比赛中取得了优异成绩。

四、特色创新

（一）优化课程内容，提升育人功能，将立德树人根本任务贯穿教育教学全过程

本课程将工匠精神、职业道德的培育和专业能力的培养有机整合，融入教育教学全过程，基于培养高素质医药技能人才"厚药德、明药规、强药技"的职业教育理念，在确定知识目标、能力目标、素质目标的基础上，还对核心岗位能力及核心职业素养提出了目标要求，确保学生在学习过程中全面发展，培养他们的职业使命感和社会责任感。

（二）推进教学方法手段改革，创新育人手段

在教学实践中，注重拓展知识点中的思政元素，基于"德术并重、德术兼优"的职业教育理念，面向社会、结合企业精神、行业及社会价值导向，探索出"潜移默化、润物无声、柔性教育"的渗透式思政育人模式。通过典型项目任务驱动教学，学生在实训过程中承担具体分工任务，参与成果展示与评比。这种方式不仅激发了学生的成就感，还增强了他们对药学服务事业的热爱，进一步提升了职业认同感。

四十五、以爱国心、社会责、法治魂、医德范，
筑牢女性健康防线

——"临床疾病概要：子宫颈癌"课程思政案例

湖北职业技术学院　叶芬

一、案例背景

"临床疾病概要"是高职口腔医学专业的必修课程，在大学二年级开设。学生通过学习本课程，掌握与本专业密切相关的、必要的和必需的临床医学（内、外、妇、儿）知识和技能，具备良好的职业道德与人文素养，满足社会与行业对人才的需求。

"子宫颈癌"为本课程模块三"妇产科学"第四单元"妇科常见疾病"任务4的教学内容。子宫颈癌作为女性生殖系统最常见的恶性肿瘤，其教学在医学教育中具有极其重要的地位。本课程思政教学案例旨在通过探讨子宫颈癌的相关知识，巧妙融入思想政治教育，激发学生的家国情怀，增强学生的民族自豪感、社会责任感和使命感、健康安全意识和法制观念，培养学生的职业道德。

二、主要做法

1. 观看科普宣教视频，了解国家惠民政策，激发学生的家国情怀

子宫颈癌是妇科最常见的恶性肿瘤，目前我国年发病率为10万分之16.6，严重威胁广大妇女的生殖健康。从2009年开始，国家就把"两癌"（子宫颈癌、乳腺癌）筛查纳入重大公共卫生服务项目，为广大农村妇女提供了免费筛查。为了更好地进一步提升"两癌"筛查的覆盖率，从2019年起又将"两癌"筛查纳入了基本公共卫生服务项目，全国范围内所有适龄妇女均可享受免费筛查。近年来，由于子宫颈癌筛查的普及，能早期发现、早期治疗子宫颈癌和癌前病变，该病的发病率和死亡率明显下降，极大提高了广大妇女自我保健意识

和健康水平。课前，教师要求学生登录职教云观看全国妇联"两癌"防治科普宣教片（见图1），上网查阅国务院相关政策及纲要（见图2），上传观后感和学习体会，引导学生关注社会公共卫生问题，让学生全面了解我国"两癌"筛查惠民政策，充分认识"两癌"筛查对促进女性健康的深远意义和巨大作用，深刻感受党和国家对广大人民群众的温暖和关爱，真切体会社会主义制度的无比优越性，激发学生的家国情怀，增强学生的民族自豪感。

图1 "两癌"防治科普宣教片　　　　图2 相关政策及纲要

2. 开展课堂小组讨论，树立健康安全意识，增强疾病防护能力

子宫颈癌的主要病因是高危型人乳头瘤病毒（HPV）感染，性交是HPV病毒的主要传播途径。HPV病毒感染后不久，会被人体免疫力自我清除，但不当的性行为（多个性伴侣、性生活过早）可增加HPV病毒易感性和效应，导致病毒持续感染甚至致癌。在疾病病因教学环节，教师组织学生开展主题为"如何有效阻止HPV病毒传播？"的小组讨论。同学们热烈讨论，各小组代表积极回答，课堂气氛十分活跃。通过此环节，教师引导学生增强生命安全和健康首位的意识，增强自我保护的意识和能力，培养健康的生活习惯。

3. 关注社会热点新闻，严守职业道德规范，提升专业素质和责任感

子宫颈癌是可以预防的恶性肿瘤，推广HPV疫苗接种，通过阻断HPV病毒感染，能有效预防子宫颈癌的发病。疫苗作为防控传染病、维护公共卫生安全的关键防线，其安全有效与否直接影响着每一个人的生命安全和健康福祉。教师在子宫颈癌预防知识教学环节，插播了一条近期震惊全国的社会热点新闻：近日，河南省固始县的一家医疗机构的工作人员李某某，在未经过专业培训的情况下，在家中和医院以生理盐水冒充高价且关乎公众生命健康的HPV疫苗擅自给他人进行注射，这一恶劣行径严重违反了职业道德规范，严重侵犯了消费者的人身和财产权益，对消费者的生命健康构成严重威胁，挑战了法律底线，也引发了公众对疫苗安全性的极度忧虑和愤慨（见图3）。随着调查的深入，河南省固始县人民检察院迅速介入此案，针对涉事医院工作人员李某某进行了刑事立案，追究其法律责任。"宫颈癌疫苗恶性事件"新闻报道引发了大家的强烈谴责、积极热议和深度反思。教师鼓励大家畅所欲言，

谈谈对此事件的看法以及启示，利用社会反面案例对学生内心产生的震撼和冲击开展警示教育，引导学生树立法制意识和道德观念，强化他们在未来职业中坚守医德、遵守法律的信念。

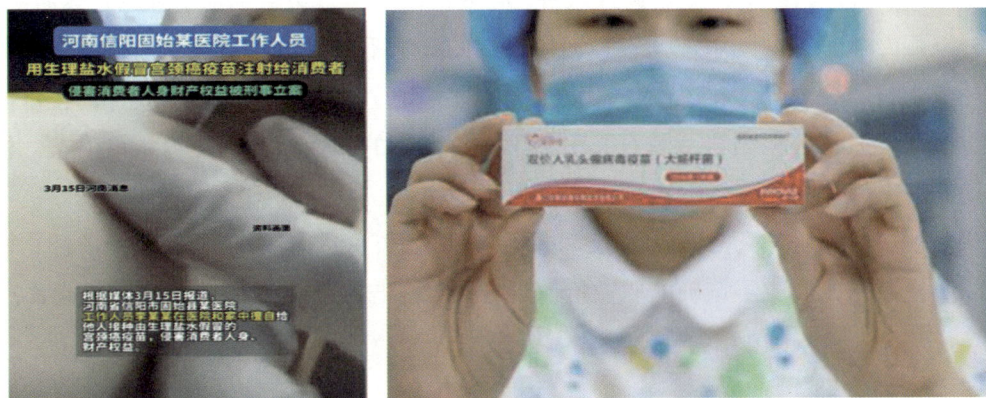

图3　河南信阳固始某医院假冒宫颈癌疫苗注射事件新闻

4. 积极参加社会实践，增强使命感和责任感，提升服务社会能力

为贯彻落实《"健康中国2030"规划纲要》和《中国妇女发展纲要（2021—2030年）》，积极响应世界卫生组织提出的《加速消除宫颈癌行动计划（2023—2030年）》，保护和增进广大妇女健康，课后，教师组织学生利用课余时间进社区、大学校园开展"两癌"知识宣教（见图4），为人民群众和大学生积极宣传"两癌"筛查惠民政策及防治知识，帮助大家提升健康意识和防癌意识。社会实践活动不仅为学生提供了展示自我和锻炼能力的平台，激发了学生的创造力和团队精神，实现了知识与实践的有机结合，还增强了学生防癌宣传的社会使命感和责任感，提升了大学生的社会服务能力。

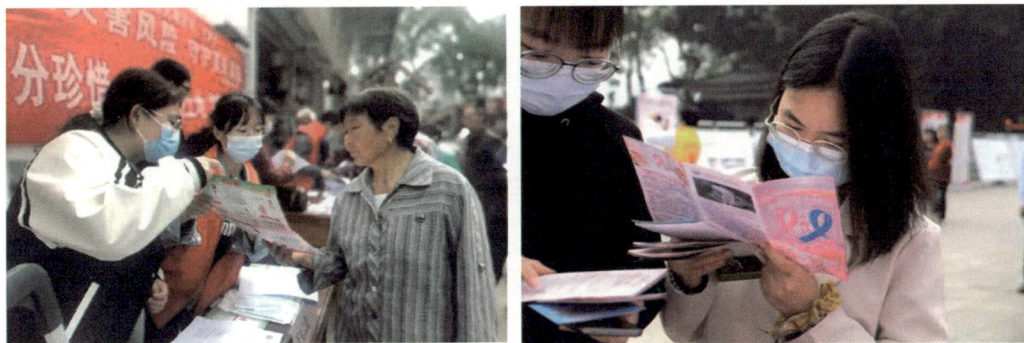

图4　爱心志愿者"两癌"筛查宣教活动

三、教学成效

在教学中，教师始终坚持立德树人宗旨，高度重视学生思想道德水平和综合素质的提升，通过充分挖掘专业知识中的思政元素，运用灵活的教学手段和方法，在课前、课中和课后各个教学环节中自然融入爱国主义、生命安全、职业道德、法制观念等思政教育，将价值引领与知识传授、技能培养相结合，教育、引导学生将高尚的职业精神内化为精神追求，外化为自觉行动，着力培养德才兼备的医学人才。

结果表明，学生在学习过程中不仅掌握了专业知识，更具备了较强的家国情怀、社会责任感和职业使命感，形成了正确的职业价值观，课堂参与度和学习积极性也有了显著提高。

四、特色创新

（1）教学方法创新，提升教学效果。灵活应用案例教学法、实践教学法、讨论教学法、警示教学法等，使课堂生动、有趣，提高学生的参与度与积极性。

（2）强化思想引领和价值引导。通过深度挖掘课程中的思政元素，引导学生树立正确的世界观、人生观和价值观，增强学生的家国情怀和民族自豪感，培养学生良好的职业道德。

（3）结合社会实践，强化社会责任感。学生通过参与社会实践活动，综合素质和能力得到有效锻炼和明显提升，社会责任感和使命感显著增强。

四十六、强化安全意识　弘扬奉献精神

——"护理技巧：静脉输血技术"课程思政案例

湖北职业技术学院　杨丽昭

一、案例背景

"护理技巧"是护理专业的核心课程之一，涵盖了对患者基本护理的各个方面，旨在培养学生具备扎实的护理基本理论知识、娴熟的基础护理操作技能和良好的职业素养，满足护理专业发展对人才的需求。"静脉输血技术"这一教学内容选自"项目四　治疗护理"，共 2 学时，是一项关键的护理技术，涉及患者的生命支持和治疗，并为后续学习血液相关疾病的内科护理课程奠定基础。通过本节课的学习，学生能够掌握静脉输血的适应症和禁忌症，正确识别和处理常见的输血反应，培养学生的医疗安全意识。教学对象是高职护理及助产专业二年级学生，学生在此前的生理学中已经学习了血型与输血，对血液的组成成分等方面的知识有一定的了解。

本次课通过血型发展史、无偿献血英雄"熊猫大侠"廖振飞的事迹，以及传染病专家桂希恩的故事，培养学生的仁爱之心和社会责任感，强化其严谨认真的职业素养。此外，通过小游戏设置，在游戏各环节贯穿思政教育，将思政要求外化于行，增强学生的临床思维和决策能力；充分利用社会实践，拓展第二课堂，并通过制作无偿献血海报，鼓励学生积极参与学校或社区组织的献血宣传活动，将课堂所学转化为实际行动，服务社会。

二、主要做法

（一）课前追溯血型发展，激发学习兴趣

教师课前在职教云发布讨论，引导学生了解静脉输血技术的历史背景。1665 年，生理学家劳维尔首次成功地实现了动物与动物之间的输血。两年后他又把这种方法冒险运用于人体并取得成功。同期，法国路易十四的御医丹尼士运用同样的方法，用 225 毫升羊血挽救了一

位贫血病患者的生命。通过血型的发展史，引导学生思考静脉输血的重要性，培养学生勇于探索和创新的精神。

（二）课中导学

1. 导入经典案例，明确学习目标

教师播放医院输错血型的新闻事件视频导入新课，引发学生的关注和思考，使学生意识到医务人员的疏忽会对患者造成严重危害，强调医务人员在输血过程中的精准操作和高度责任感的重要性，培养学生一丝不苟、严谨认真的职业态度，并通过分析视频中输血反应的类型和临床表现，使学生认识到输血反应及其预防措施的重要性，结合课前学习分析本节课的重难点，引出学习目标。

2. 观看熊猫大侠事迹，培养社会责任感

利用血型模型和图表，展示 ABO 血型系统的分型及依据。在讲述 Rh 血型系统中的 Rh 阴性血型即熊猫血时，提到由于其在人群中占比较低，故在血库中该血型常常处于紧缺状态。接着给学生播放"熊猫大侠廖振飞——17 年献血 119 次共 46 800 毫升"的视频（见图 1），弘扬并学习他的奉献与担当精神和乐于助人的品质，引出我国倡导适龄健康公民无偿献血制度，以保证临床用血的需要，让学生从中感悟到无私奉献、救死扶伤的崇高精神。

图 1 "熊猫大侠"事迹

3. 学习医者楷模，树立医者仁心

通过展示实际发生的输血反应案例，引导学生分析思考不同输血反应发生的原因和后果，并利用图片等资源，直观地展示输血反应的症状和特点，对比不同输血反应临床表现的差异，使学生加深对输血反应的理解。在讲述输血相关传染病时，分享桂希恩医生发现"艾滋病第一村"——文楼村的事迹。桂医生发现并揭开了文楼村艾滋病流行的实情，且为了证明日常的生活接触不会传染艾滋病，将五位感染者接到家中，与他们同吃同住。利用桂希恩医生的

事迹激发学生对医者楷模的敬仰之情，弘扬并学习楷模始终将患者利益放在首位的医者仁心、敢于直面传染病挑战的无畏精神以及为公共卫生事业不懈努力的社会责任感。

4. 借助输血游戏，提升决策能力

通过设计游戏"输血决策"帮助学生理解输血的适应症和禁忌症，培养学生的临床决策能力。教师准备一些临床病例卡片，每张卡片上包含患者的病情和相关检查结果，让学生分小组抽取案例卡片，阅读并讨论患者是否需要输血。教师通过使用智慧职教摇一摇功能，随机选择小组成员上台展示小组的选择并解释原因，发言完毕后小组间相互点评、打分，教师进行引导和点评，并对小组成绩进行排名和奖励。通过该游戏，学生可以在模拟的临床情景中亲身体验输血决策的过程，加强对输血适应症和禁忌症的理解，同时提升临床思维和决策能力。

（三）课后助学

课后发布"小检验"检测学习效果，安排学生分小组讨论，探讨如何在日常生活中宣传和推广无偿献血知识，并以小组为单位，制作无偿献血海报，依托"学校 - 医院 - 社区"联动育人平台，开展课程社会实践，拓展第二课堂，鼓励学生积极参与学校或社区组织的献血宣传活动，将课堂所学转化为实际行动。

三、教育效果

（一）学生主动参与无偿献血

通过与学生交流，部分学生表示以前可能存在对献血的恐惧或误解，通过本次课的学习明白了献血是安全且有意义的行为，也更加了解献血对自身和他人的重要性，同时也意识到输血事业对整个社会健康保障的重要性，提升了社会意识，激发了参与无偿献血等公益活动的积极性，如图2、图3所示。

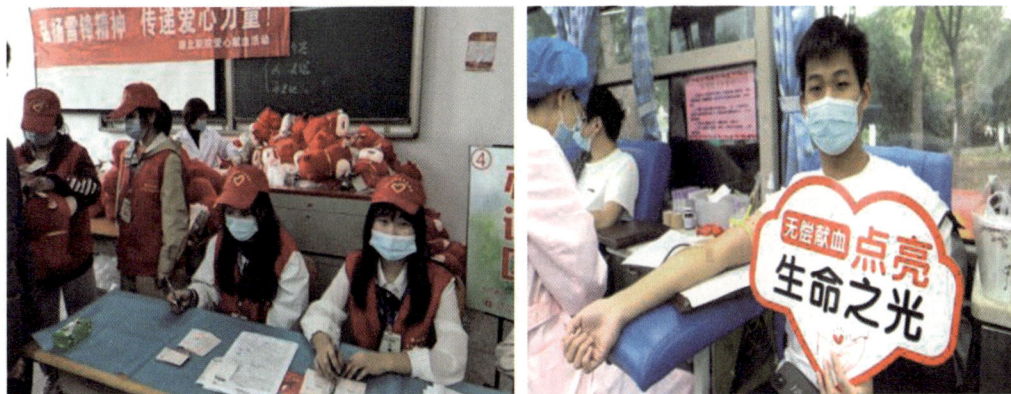

图 2　学生积极主动参与无偿献血活动

图 3 无偿献血爱心光荣榜

（二）坚定信仰，勇于求学

学生们表示对医者的使命和担当有了更深刻的认识，明白了作为一名医务人员需要在关键时刻勇敢地站出来，为患者负责。同时，也意识到运用专业知识的力量去帮助他人的重要性，并表示今后会更努力主动地学习理论知识和专业技能。

（三）风险防范意识提升

通过小组评价，学生表示运用游戏方式，相关理论知识更容易被深刻记住，普遍能掌握输血适应症和禁忌症的具体内容，且清楚地意识到违反输血禁忌症的严重后果，从而提升了风险防范意识。

四、特色创新

（1）本次课以课堂教学为主体、以社会实践为行动，保证了课程思政教学效果，实现了课内课外、校内校外协同育人模式。

（2）本次课将静脉输血与社会责任感、职业道德、仁爱之心等思政元素紧密结合，实现了专业教育与思政教育的有机融合。

（3）教学贯彻了"价值塑造、能力培养、知识传授"三位一体育人理念，学生能进一步明确自己的职业责任和使命。

四十七、育才树人　医德同铸

——"口腔修复学：可摘局部义齿的修复设计"课程思政案例

湖北职业技术学院　谢宏新

一、案例背景

"口腔修复学"是高职口腔医学专业核心课程，是研究用符合生理规律的方法修复口腔及颌面部各种缺损的一门学科。"可摘局部义齿的修复设计"单元的学时为4学时，它针对大二学生在前期掌握口腔解剖生理与义齿设计一般原则的基础上，遵循行业标准并结合患者口腔现状，为患者设计符合口腔健康原则、富有个性化特点的义齿；教学目标是通过学习讨论与反复模仿，使学生能熟练掌握可摘局部义齿的设计。

"可摘局部义齿的修复设计"这一单元融入了丰富的思政元素，教学过程中将一位患者三次义齿修复终获成功的真实案例作为切入点，通过学生讨论、教师分析，融入体恤患者、爱伤观念、医者仁心等思政元素，将健康修复、乐于奉献、爱岗敬业等职业精神贯穿教学全过程，实现育才树人、医德同铸的课程思政目标。

二、主要做法

"可摘局部义齿的修复设计"是一项科学性与实践性并重的项目，教学活动中既要培养学生严谨细致、精益求精的职业素养，更要加强学生爱岗敬业、医者仁心、乐于奉献等职业精神培养。本教学案例采用线上线下混合式教学模式，通过在讲、查、做、论、用等五个教学环节中融入思政元素，引导学生深入思考，达到情感共鸣，实现知识传授、能力培养和医德铸魂的多元统一。

（一）讲：讲述真实案例，做一个有温度的医生

万先生，男，72岁。5年前因失牙在一家民营医院做固定桥修复，义齿使用2年后，桥

体内出现疼痛，最终拔除桥体内折断的天然牙；拔牙半年后，老人慕名到当地一家公立医院选择牙种植治疗，接受治疗半年后，种植牙周围红肿、植体松动，第二次义齿修复又失败了。老人开始对义齿修复充满了恐惧，但疾病一直折磨着老人，怀着忐忑的心情老人第三次来到医院就诊。郝医生接诊了他，看到老人家矛盾的心情，郝医生耐心询问了患者的修复经历，听取了老人的需求，特别是了解到患者 10 年糖尿病的病史，对他的口腔整体情况作了认真评估，控制好糖尿病后，才为患者设计最普通的可摘局部义齿，患者欣然接受了郝医生的方案，第三次义齿修复终获成功。事后，老人回忆这次就诊经历，心中感到很温暖，郝医生问诊时特别有耐心，设身处地为病人着想。

课前，同学们通过平台在线上学习了这一案例，在课堂互动时纷纷表示，要学会换位思考，不忘初心，做医生就要做一个有温度的医生，多倾听患者的主诉，在治疗疾病的同时，多体恤患者，让患者走出阴影，帮助患者早日回归健康。

（二）查：查阅资料数据，树立为健康中国奉献青春的坚定信念

2016 年 10 月，国家发布《"健康中国 2030"规划纲要》；2017 年 9 月，国家卫生计生委发布了第四次全国口腔健康流行病学调查情况。学生通过查阅这些资料了解到，我国成人尤其是老年人牙齿存留情况较前 10 年有明显改善，但基于国情，需要修复缺失牙齿的患者基数仍然巨大。国家高度重视人民健康，坚持以人民为中心的发展理念，立足全人群和全生命周期两个着力点，不断出台满足人民群众健康需求的惠民政策。同学们通过学习这些资料，感受到随着我国国力的迅速提升，人民健康事业取得了巨大成就。这些实实在在的数据，坚定了健康中国的信念，也激励学生牢固掌握专业知识的信心，心怀家国使命，与时代共成长，更好满足人民群众的健康需求。

（三）做：突破传统教学场地，利用行业资源设计严谨细致的义齿方案

从学校附属惠济医院口腔中心借阅了 32 份真实的义齿设计工单，课中，组织学生分成 5 组合作开展可摘局部义齿修复方案设计，要求将工单任务和设计方案上传到智慧职教云"课堂作业"中，学生从学习适应症入手，通过老师演示与分析，进一步巩固重难点知识。学生第一次接触这么多真实的病例，感受到实际的工作任务远远不是课本知识描述的那么简单，要设计好一个完美的义齿，需要综合运用口腔解剖生理、口腔组织病理、口腔材料学等课程知识，必须打牢专业基础，练好基本功。各小组独立开展义齿设计的实验与方案设计，并对其他小组的方案开展"挑毛病"式的探究，相互审视、自我检讨、自我完善，直至对方案达成共识。在小组完成互评后，教师与惠济医院口腔中心三位医生共同参与线上评价，依据行业标准对每一设计方案给予评分。

学生分组讨论义齿设计方案

学生在校内实训室完成设计工单

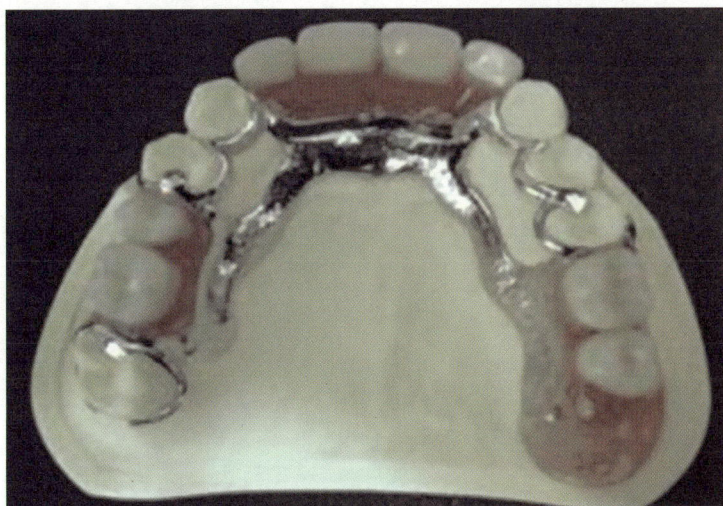

学生完成的真实工单作品

（四）论：开展课堂讨论，讲好"口腔卫士守初心"的故事

学生分组义齿设计中，我们发现大部分学生第一轮设计时，过于注重义齿美学要求，对于如何保护口腔组织健康却做得不够细致、完美，例如选择基牙过多、固位体设计过于复杂等。在讨论总结时，教师给大家强调行业一致推崇"美学改善与健康修复"理念，要求大家树立健康至上、美学适度的原则，尊重患者，心怀敬畏之心，方案的设计要体现爱伤观念，仁心仁术。面对牙列缺损患者义齿设计，一方面要开拓视野，了解并掌握行业新技术，最大限度减少患者痛苦；另一方面，既要传承经典，又要创新修复技术，诚信务实，合理使用，为患者节约诊疗成本，避免过度医疗。患者利益最大化，社会利益最大化，以高标准、严要求的职业规范约束学生，结合不当事例，讲好修复和临床底线故事，提升学生们的职业素养。

学生到附属惠济医院口腔医学中心专业见习

学生在附属惠济医院口腔医学中心与医护人员开展义齿设计研讨

（五）用：学以致用，知行合一，开展形式多样的社会实践活动

为弘扬和践行社会主义核心价值观，积极开展"口腔健康社区行"和"口腔健康校园行"活动，让学生走出课堂、走进社区开展义诊服务，理论联系实际，在实践中增强专业本领。学生在义诊实践中接触到大量的缺失牙齿未能及时修复的居民，现场倾听了他们失牙后的痛苦，利用自己掌握的知识和技能，帮助他们一起制订义齿修复方案。学生们在实践活动后表示，能够为患者提供一点力所能及的帮助，内心特别充实，对自己未来的职业充满了自豪感，能够在大学里学会这些知识技能，非常感恩师长教导，感恩社会、感恩患者。

三、教育效果

（1）育人效果评价好。对2020级口腔医学专业实施课程思政教育后的问卷调查结果显示，学生的自主学习动力、创新意识、职业素养等指标都明显提高。

（2）资源共享成效好。以健康修复、爱岗敬业等课程建设理念，在资源库中完成"口腔修复学"线上资源建设；口腔医学专业教学资源库入选国家智慧教育平台后，2022年3月向社会开放，目前资源被江苏医药职业学院、济南护理职业学院等9所学校调用，促进了国内同行之间的课程思政互动交流。

（3）师生大赛成果显著。2021年，学生参加湖北省医学职业院校口腔技能大赛，获得个人一等奖2项、团体一等奖2项。2022年，"口腔修复学"课程教学团队中肖严等教师参加湖北省教师教学能力大赛，获得了一等奖的好成绩。

四、特色创新

（1）突出了医学职业教育的职业性、实践性特点。以案例来感染学生，以互动来启迪学生，以实践活动引导学生，以资料查阅拓宽学生视野，让学生树立正确的职业发展观，显性教育与隐性教育相统一，潜移默化地实现育才与树人目标。

（2）充分发挥行业资源在专业教学与课程思政中的作用。以行业真实的义齿设计工单为载体，在义齿修复设计中融入医疗质量教育与安全理念教育，加强医学生医学技能和道德品质培养，医德同铸，增强了专业课的理论厚度、思想深度和情感温度。

四十八、感悟生命力量　勇担职业使命

——"护理技巧：认识隔离技术"课程思政案例

湖北职业技术学院　王蓉

一、案例背景

　　"护理技巧"是护理专业核心课程，主要培养学生具备扎实的护理基本理论知识、过硬的基础护理操作技能和良好的职业素养，满足专业发展对人才的需求。"认识隔离技术"主要教学内容为隔离的基本知识，2学时，教学重点是三区两通道和隔离原则及种类，难点是隔离原则的应用；教学对象是高职护理专业一年级学生，学生在前期已经学习了清洁、消毒、灭菌、无菌技术等内容，具有一定的理论基础。在历经人民健康和生命受到极大威胁的新冠肺炎疫情后，"认识隔离技术"内容的学习对提高护生的职业素养、感受大国担当和敬业奉献精神、领悟生命意义及职业责任具有重要意义。本次课将以新冠肺炎疫情为课程思政切入点，以虚拟仿真、医护访谈、小组合作、学习反思等手段，潜移默化地融入思政教育。

二、主要做法

　　1.展示防疫成就，激发爱国情怀，领悟生命至上

　　课前教师组织学生查阅《抗击新冠肺炎疫情的中国行动》白皮书，并在线上分享阅读体会，了解我国在隔离防疫政策上取得的成就，以及在应对重大突发公共卫生事件中所展现出的大国责任与担当，旨在让学生感受面对危难时的中国力量、中国精神和中国效率，从而激发他们的爱国热情和民族自信。

　　上课开始，教师播放我国疫情隔离防控视频，以此导入本次课的学习内容；讲解内容时结合火神山医院的搭建过程、建筑布局讲解，让学生明确学习隔离知识的意义，直观感受到我们党始终把人民的生命安全和身体健康放在第一位的理念，领悟生命与健康的意义，做到尊重生命、守护生命、抢救生命。

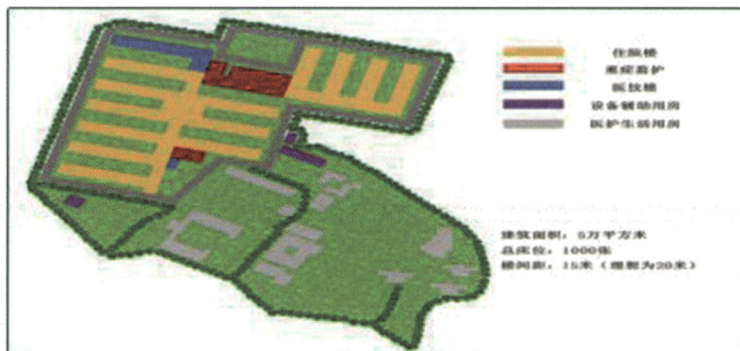

2. 借助虚拟仿真，还原临床场景，激发职业情感

掌握隔离的基本知识，并运用隔离知识抗击新冠疫情意义非凡。教学中充分融入信息技术，结合虚拟仿真教学软件——新冠肺炎病区的隔离与防护虚拟仿真软件，帮助学生突破本节课的重点及难点内容——隔离病区的功能划分、隔离原则的应用、隔离的种类。

在课上，教师使用虚拟仿真软件，运用启发式、探究式、合作式的教学方法组织学生全面参与课堂，游戏中设置关卡任务，学生体验隔离情境，初步认识真实的隔离病房的环境布局，正确辨识三区两通道，判断应采取的隔离种类，在完成任务中逐步加强对隔离原则的应用。教师在学生完成虚拟仿真任务及讲课的过程中穿插医护人员的抗疫故事，让学生在完成任务和故事分享中感受护理工作的艰辛和慎独谨慎的职业要求，学习榜样敬业奉献的职业精神；同时，虚拟仿真关卡设置的复活、错误警示等环节，加强了生命教育，强调真实世界中生命只有一次，让学生谨记隔离原则，提高隔离防护意识，形成严谨慎独的职业素养，珍爱生命。

课后，教师布置拓展任务，让学生总结其他种类的隔离防护措施，加强隔离原则的应用，进一步提高隔离防护意识和能力。

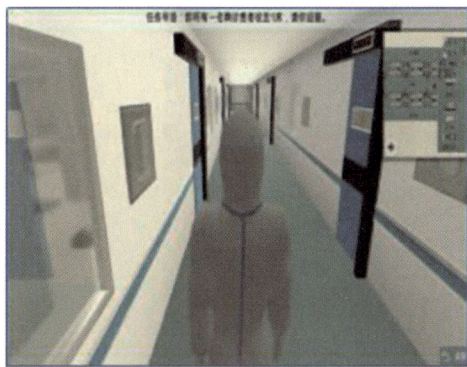

3. 分享抗疫故事，明确职业使命，张扬青春力量

疫情期间，中华民族展现出了空前的团结和力量，护士群体也面临着巨大的挑战和期望，无数的护理工作者义无反顾地承担起了职业责任和使命，逆行抗疫，展现出了中国新一代接班人的勇气和担当。作为未来的护理工作者，明确自身的职业使命和责任，在危难时刻能勇

于承担，是在隔离技术学习中必须达成的素质要求。课堂最后，教师分享徐荣、张晓静等优秀毕业生的抗疫事迹，让学生聆听他们对隔离技术应用的感悟、体会以及在隔离病区工作的真实经历，进一步领悟生命与健康的意义，学习他们在隔离防疫工作中"迎难而上、无私奉献"并"心存愿景"的青春模样，增强职业自豪感。

课后，教师组织学生线上观看全国抗击新冠肺炎疫情表彰大会，并在线上交流感悟，让学生看到国家对护理事业的认可、护理前辈们对护理工作的敬业奉献精神，增强职业认同感和自豪感，进一步明确自己的职业使命和责任。

4.访谈抗疫医护，深入沟通交流，勇担职业责任

课后，学生以小组为单位连线抗疫医护人员进行访谈，通过小组合作完成撰写访谈提纲、线上采访、报告书写、访谈反思等任务，提高学生的团队合作、与人沟通交流的能力，同时进一步了解临床隔离原则的实际应用，并通过与一线医护人员的深入交流，感受他们抗疫时期的心路历程和隔离经验，明确隔离技术的重要意义以及自己的职业目标，坚定承担职业使命和时代责任的勇气和决心，将思政教育内化于心。

三、教育效果

通过抗疫故事分享、虚拟仿真训练、一线医护访谈、抗疫历程学习等手段有机融入思政教育，学生在做中学、在学中做，奠定了学生学习的情感基调，唤起了学生对生命的尊重和对职业责任的认识；借助课后测试及线上问卷调查，学生知识、能力和素质目标达成情况均较往届课程思政教学实施前有所提高：99%的学生认可本次隔离知识与思政教育结合的方式；97%的学生认为本次课学习加深了其对家国情怀、职业使命和责任的理解；95%的学生在公共危机再次发生时有勇气承担职业责任；97%的学生会更加珍重生命和健康。通过与参与过新冠抗疫的一线护士同行交流，对本次课专业知识与思政元素的融入方式评价较高，认可学生的访谈过程。

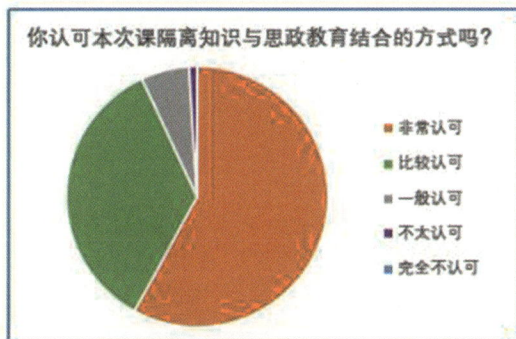

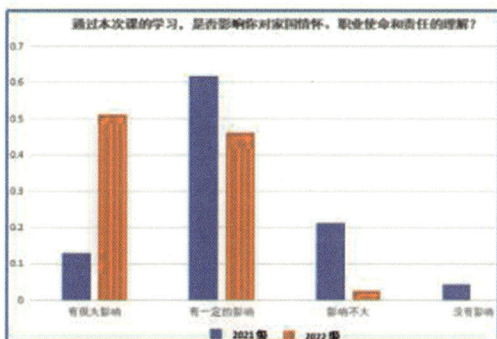

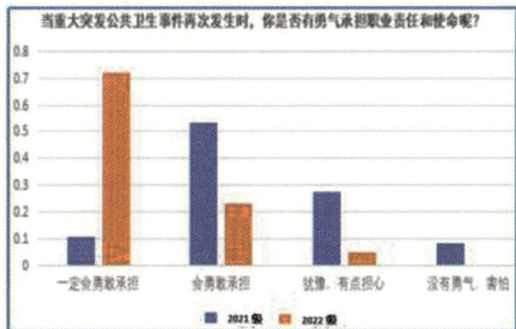

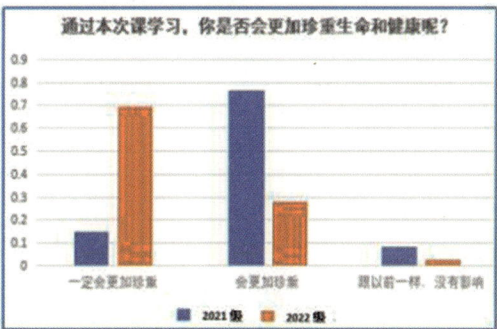

四、特色创新

1. 契合真实临床，奠定职业情感

以新冠肺炎疫情防控为思政切入点，通过虚拟仿真软件，借助火神山医院的建筑布局，真实还原隔离病房环境，在提高课堂真实性趣味性的同时，让学生能够切实感受隔离防控的不易和生命的可贵，增强职业自豪感和认同感，燃起奋发努力的职业情感。

2. 学习榜样故事，唤起责任意识

通过抗疫故事的分享以及与一线护士的访谈，用榜样力量激励学生前行，学生从护理前辈们抗疫时期的心路历程和隔离经验中，进一步明确职业目标，坚定了勇于承担职业使命和时代责任的勇气和决心。

四十九、心脉守护　德技双馨

——"护理药理：心血管系统药物"课程思政案例

湖北职业技术学院　徐晓晴　李文敏

一、案例背景

1. 课程教学内容简介

"护理药理"课程研究药物与机体（包括病原体）之间相互作用的规律及机制，为合理用药、防治疾病提供理论依据及科学思维方法。它是高职护理专业的专业基础课程，为后续的"基础护理""成人护理""儿科护理""老年护理"等课程提供知识储备和理论基础，也为学生养成现代医药高素质人才的职业道德、专业价值观奠定基础。

2. 教学对象及分析

教学对象为护理专业的学生，教学时间跨第二、第三学期。学生已学习部分医学基础课程，有一定医学逻辑思维，但尚需加强严谨性。学生擅长使用软件，具备团队协作意识，沟通能力较好，但缺乏创新意识。

3. 本单元教学目标与教学策略

教学目标：以心血管系统药物为主题，学生需掌握高血压药、抗心绞痛药、抗动脉粥样硬化药、抗心律失常药、抗慢性心功能不全药的作用、用途及不良反应以及药疗护理技能；能够进行心血管系统疾病的用药调查与咨询服务；树立民族自信，具备较强的责任感、创新意识和团队协作精神。

教学策略：采用线上线下混合式教学，结合讨论法、案例法、实践法、画图法和讲授法，全面培养学生的素质、知识和技能。

二、主要做法

结合学习的内容，为心血管系统药物提炼出"四心"教学方法。

1. 知国情 有信心

教师通过雨课堂发布课前任务，要求学生查阅中国心血管疾病现状的相关资料，如患病率、知晓率、控制率、高危因素及并发症等，让学生对心血管疾病的严重性有一个清晰的认识。通过小组分工，学生在课前整理并上传调查结果。

通过课前的导学，学生了解到中华人民共和国成立前我国居民死因主要为传染病，人民生活水平低下，平均寿命不到 40 岁，心血管病少见。新中国成立后人民生活水平不断提高，生活方式逐渐改变，以心血管疾病为主的慢性病逐渐成为造成居民死亡的主要原因。2023 年中国心血管疾病患病人数达到 3.3 亿，威胁着国民生命。且我国人口基数巨大，随着经济迅速增长，社会人口结构（城镇化和人口老龄化）以及生活方式的改变（不健康饮食、活动不足和吸烟等），各种危险因素广泛流行，且在相当一部分地区心血管疾病的知晓率较低、控制率低，危险因素未能得到有效控制，心血管疾病的负担较重，并仍然呈现逐渐增加的趋势。这种导学模式帮助学生了解心血管疾病在我国逐渐成为居民主要死亡原因的历史背景，从过去传染病为主的死因结构转变为今天以慢性疾病，尤其是心血管疾病为主的状态。通过对比中华人民共和国成立前后人民生活水平、医疗条件的变化，学生进一步认识到心血管疾病在我国不断上升的趋势及其广泛影响。这不仅增强了学生对心血管药物学习的兴趣，还激发了他们的责任感和使命感。

此外，教师结合国家卫生健康委 2023 年印发的《健康中国行动——心脑血管疾病防治行动实施方案（2023—2030 年）》，让学生认识到国家为提升心血管健康水平所做的努力和决策。通过对该方案的学习，学生不仅加深了对心血管疾病防治的理解，也更加坚定了在未来工作中，自己可以为国家公共卫生事业贡献力量的信念，培养了他们的爱国情怀和民族自豪感，增强了民族自信心。这一教学环节不仅提升了学生的专业素养，还将课程思政有效融入专业知识的传授中。

2. 学技能 必专心

心血管系统药物复杂难学。课堂上，教师引导学生专心学习，心无旁骛，并与课堂评价相结合。课后，每章节都要求学生自己独立画出思维导图，厘清每种药物的用途、不良反应等，牢记药物禁忌，树立药品安全的重要性。同时，强调在护理工作中，还要细心谨慎，如护士在配药和给药时，必须仔细核对药物名称，避免因为药物名称相似而导致用药错误。

3. 进社区 献爱心

课后，学生参加"孝心护理"志愿者服务队，通过党团日活动、送服务下乡、走进社区、上门服务等方式开展丰富多彩的志愿服务和社区教育活动，社会反响良好，形成了品牌。比如到汉川市垌塚镇新华村开展"孝心护理乡村行，送医送药送健康"活动，给老人测量血压、血糖，科普心脑血管疾病及用药安全，提高老人对心血管疾病的知晓率，强化老人健康观念，并贴心提醒血压偏高的老人们注意日常饮食，按时服药。服务过程中，注重心理疏导，告知老人高血压药价格便宜，保证积极用药，将血压控制在正常范围内，不会影响寿命，减轻患病老人的精神压力，帮助其建立积极的心态和信心。到文昌阁社区开展心血管药物健康宣教和用药调查，指导用药注意事项、康复注意问题等。

参加"孝心护理"志愿者服务队的同学们能够从不同的角度思索社会医疗问题，促进学生为医学事业及人民健康继续努力奋斗。

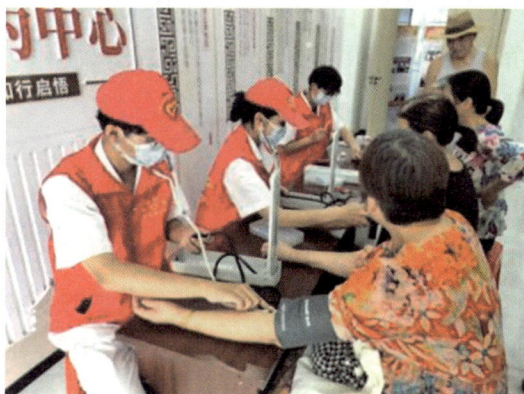

4. 促发展　知创"心"

在学习 β - 受体阻滞剂时,学生通过查阅 1988 年诺贝尔生理学或医学奖获得者詹姆斯·W. 布莱克(James W. Black)的研究,深入了解了这一类药物的历史背景和重要性。布莱克是第一个意识到心绞痛的替代治疗方法可以通过减少心脏的氧气需求来实现的科学家。他将研究的焦点放在了心肌细胞上的 β - 受体上,成功开发出了 β - 受体阻滞剂,为心血管疾病的治疗带来了革命性突破。

现在 β - 受体阻滞剂在心血管疾病的治疗中占据重要地位,不仅用于心绞痛,还用于急性心肌梗死、充血性心力衰竭,以及各种房室性心律失常和高血压。詹姆斯·W. 布莱克通过敏锐的科学观察,突破了传统治疗手段的局限,开创了新的治疗模式。他的研究不仅在理论上为心血管疾病的治疗提供了重要支持,而且通过药物的实际应用,显著降低了心血管疾病的发病率和死亡率,延长了全球数亿患者的生命。

通过学习 β - 受体阻滞剂的发现及其在心血管疾病中的应用,学生认识到医疗创新的重要性,并学习詹姆斯·W. 布莱克的科研精神,明白创新对于推动医学进步和解决临床难题的重大意义。

三、教育效果

1. 思想价值引领

在教学中融入思政教育,可以帮助学生认识到,药理学的学习不仅仅是对专业知识和技能的学习,更是对社会、政治、文化等多方面知识的学习。通过讨论药物的社会影响和伦理问题,学生能够更加深刻地理解自己的专业与社会责任之间的联系,进而形成正确的价值观和人生观。

2. 社会责任感增强

通过课程思政的实施,学生能够将医学专业知识与社会责任紧密结合,意识到在医疗服务中应优先考虑乡村和社区的健康需求。学生的社会责任感得以增强,他们在参与社区健康活动和乡村医疗服务时获得了社会的认可和支持,这不仅促进了个人的成长,也推动了社会健康事业的发展。

3. 学生全面发展

教育的目标不仅是培养学生的专业技能,还应注重学生的综合素质培养。学生在专心学习专业知识的同时,还需要掌握护理中的人文关怀、团队合作、与患者有效沟通以及创新思维等。这种全面的发展不仅提高了学生的职业素养,也为他们今后的职业生涯奠定了坚实的基础,使其能够更好地适应快速变化的医疗环境。

四、特色创新

1. 运用多种教学手段，启迪学生深入思考

通过线上线下混合式教学模式吸引学生注意力，结合视频教学、移动设备（如手机）查阅资料，借助雨课堂平台互动，教师能够有效启发学生深入思考心血管疾病的现状及其对人体健康的影响。这样的教学方式不仅激发了学生学习心血管疾病药物的积极性，还通过实践引导学生深入基层开展护理工作，培养学生爱岗敬业的职业精神，从而达到了理想的教学效果。

2. 多维度润物细无声，融入多种思政元素

在教学设计中全面融入思政元素，并加入国家政策、名人故事以及职业精神教育等内容，这样的设计让思政教育自然渗透于教学过程，潜移默化地培养学生的社会责任感和职业道德。

3. 孝心护理走进社区，提高知晓率和控制率

开展心血管疾病防治进社区活动，学生参与健康宣教，帮助提升公众对心血管疾病的知晓率和控制率。这一实践不仅让学生将学到的理论应用于实际，还促进产教融合，提升了教学的实际效果和学生的社会责任感，进一步推动了健康中国行动的落实。

五十、医者仁心　生命至上

——"病理学：病毒性肝炎"课程思政案例

湖北职业技术学院　闵静

一、案例背景

"病理学"是临床医学专业的必修课程，是研究疾病的发生发展规律的一门医学桥梁课程，并为专业课程学习打下良好基础。病毒性肝炎是目前我国发病率最高的传染病之一，其中最常见的是乙型肝炎。根据 1992 年的流行病学调查，中国的乙型肝炎病毒（HBV）携带者人数约为 1.2 亿人，占当时总人口的近 10%。随着国家在乙肝防控方面的持续努力，特别是乙肝疫苗的广泛接种，感染率显著下降。截至 2020 年，全国 HBsAg（乙肝表面抗原）流行率已降至 5.86%，1 至 4 岁儿童的流行率更是降至 0.3%。

尽管如此，乙型肝炎仍是中国公共卫生领域的重要挑战，持续的防控和治疗工作仍需加强。本次课旨在通过学习肝炎相关知识，并结合案例和媒体报道，引导学生树立民族自信心、社会责任感以及科学精神，培养家国情怀和责任担当，促使学生全面发展，成为德才兼备的医学人才。

本次课重点是病毒性肝炎的基本病理病变、分类及临床特点，难点是病理类型及特点。教学对象是高职临床医学专业一年级学生。学生在前期已学习肝炎病毒分类、传染途径，炎症分类及炎症基本病理变化。

二、主要做法

（一）基于平台的主题探究学习，思政深度融入——我国乙型肝炎发病率

在智慧职教云课堂上发布讨论任务，将班级分为 6 个小组，每组制作 1 部视频作品，围绕我国乙肝国情展开主题讨论。讨论问题包括：① 乙型肝炎传播途径有哪些？② 从 1990 年到 2020 年乙型肝炎发病率有哪些变化？③ 工作和生活中遇到乙型肝炎患者或病毒携带者该

如何进行指导？请学生画出思维导图，引导学生思考肝炎的危害。组建"专题学生团队"，实时引导并及时回答学生问题。

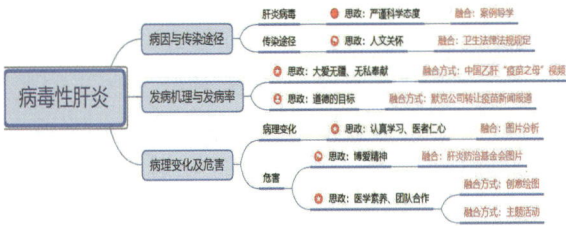

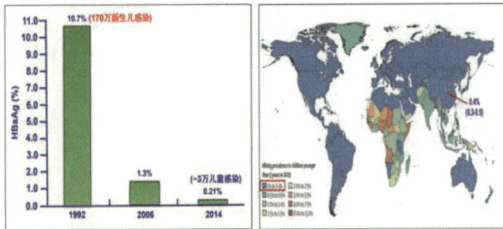

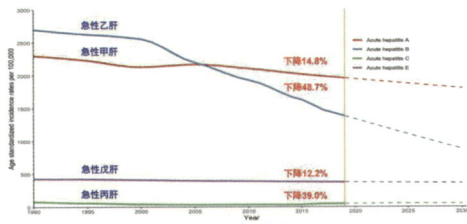

（二）时间见证历史——以史为鉴，医者仁心，树立全心全意为患者服务精神

对于乙肝这种几乎无法治愈的传染病，疫苗几乎是一种救赎。当中国第一支乙肝疫苗问世时，它被认为是与"神舟飞船"和"杂交水稻"相当的科技成果。以图片方式显示肝炎防治重要时间节点，中国的乙肝病毒携带者数量下降了近1/4。从"中国乙肝疫苗之母"陶其敏到中国乙肝防控史上泰斗级人物庄辉院士，学习他们的医者精神与家国情怀。

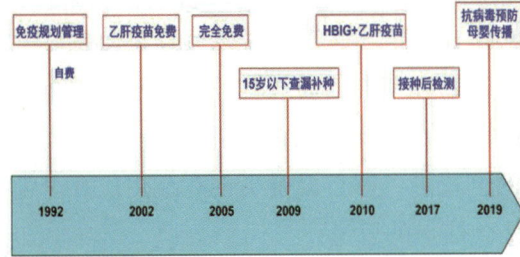

（三）案例夯实基础——从病案而来，分组讨论，互动学习，营造氛围，通过病案研讨强化学生的职业素养与人文关怀意识

肝炎类型多样，其传染性、治疗方式和预后存在显著差异。尤其是慢性中度肝炎，常伴有肝功能异常，传染性强，对人体健康危害极大。而急性重型肝炎具有高死亡率，需紧急处理。在医学教学中，通过线上互动，与临床导师探讨不同类型肝炎的传染性、治疗方法及护理要点，有助于学生深化理解。通过线上互动学习模式，学生不仅能学习最新的临床治疗策略，还能学习到护理中如肝功能监测、营养支持、感染预防等重要细节，深刻体会扎实的专业知识对于未来临床实践的重要性。

（四）比赛拓展技能——绘图比赛、归纳总结，感受学习的快乐，培养职业专注

在教学过程中，通过分型讲解与逐层剖析，帮助学生理解肝炎的病理学分型。采用提问的方式，引导学生逐步归纳总结不同类型肝炎的病理特点。通过智慧职教平台进行"头脑风暴"，学生利用图表对病理学知识进行归纳总结，促进深度理解。

为了让学生感受学习的乐趣并激发他们的创造力，课程设计了创意绘图比赛。学生通过绘画，表达对医学、人生态度、生态和谐及社会热点的思考。

课后，学生以小组为单位制作宣传视频，对课堂所学内容进行展示。此次活动不仅得到了学生的积极响应，提升了学生的合作能力与沟通能力，同时也培养了他们服务社会、奉献社会的意识。这些活动记录将作为课程考核成绩的一部分，进一步激励学生的学习热情与责任担当。

左上 优秀作品：无声的危机 卫生技术学院 韩文茜（一等奖）
左下 优秀作品：盘中餐 - 脂肪肝 护理学院 周雅（二等奖）
右上 优秀作品：清茶利肝 医学院 齐艺霖（一等奖）
右下 优秀作品：乙型肝炎视频作品 医学院 李鑫悦（一等奖）

（五）医学问题、社会问题、法学问题思考——乙肝主题班会，掌握知识的同时要融入
　　　医者精神

乙肝的认知不足与防治迟缓，导致公众对乙肝患者的恐慌与歧视不断蔓延，乙肝问题逐渐演化为社会问题和法学问题。这不仅影响了患者的生活质量，也加剧了社会的偏见。因此，

学生应通过学习认识到乙肝不仅是一个医学问题，更涉及社会公平和法律保护。

为此，在课程中安排了乙肝主题班会。在班会上，学生通过案例分析讨论乙肝患者在社会中面临的歧视与挑战，并学习相关的法律法规，探讨如何从法律角度维护乙肝患者的权益。

课后，利用周末时间组织学生整理与乙肝相关的法学知识，制作视频并进行班级和社区的宣传。这一活动不仅增强了学生对乙肝的全面理解，也培养了他们的医者精神，树立了社会责任感。通过这一系列活动，学生的职业道德和综合素质得到了进一步提升。

三、教育效果

借助"肝炎"视频、案例、先行者故事、新闻报道等资源，生动展示医务工作者在抗击乙型肝炎中的无私奉献精神，进一步激发了学生的集体主义和爱国主义精神。

组织学生开展"乙型肝炎"卫生宣传教育，鼓励学生学以致用、服务地方，学生的素质能力与知识技能得到了进一步提升。一个道德高尚的医务工作者应具备理性的谦卑、职业操守和医学人文的朴素境界，这些在教学过程中逐步内化为学生的职业素养，为他们未来成为德才兼备的医务人员奠定了坚实基础。

四、特色创新

（一）对标国家形态学创意绘图比赛，将思政教育润物细无声融入

学生以人体结构、生命奥秘、人生意义、生态和谐及社会热点为主题，通过创意绘图的形式，展现他们对医学与人文的深入思考。这不仅激发了学生对人文美学的感知和理解，还将思政教育自然渗透到课程中，促进了知识与价值观的融合。

（二）运用多种教学手段和平台，启迪学生深入思考和感悟

以形态学虚拟平台、显微镜互动平台作为支撑，采用案例教学、情景教学、理实一体化等方式进行线上线下混合式教学，启发学生深入思考疾病的发生与发展。通过这种"以学生为中心"的教学改革，使学生在学习知识的同时内化了"医者仁心"的职业理念，思政教育润物细无声地融入教学过程，提升了课堂的思政效能。

（三）以中国乙肝防治工作时间节点贯穿课堂全过程，医教融汇，临床导师参与教学思政改革

学习中国乙肝防控史上泰斗级人物庄辉院士对乙肝防控的总结，结合临床导师进一步解读肝炎与肝硬化、肝癌的关系，让学生认识到乙肝防控与治疗的长期性和重要性。这种医教融合的模式将临床实践与思政教育相结合，使学生能够更加深刻理解医务人员肩负的社会责任。